董昕/著

居所变迁:
住房、土地与人口迁移的关系研究

RESIDENTIAL MOBILITY
A STUDY ON THE RELATIONSHIP
BETWEEN HOUSING, LAND, AND POPULATION MIGRATION

社会科学文献出版社
SOCIAL SCIENCES ACADEMIC PRESS (CHINA)

序　言

做一个有良知的经济工作研究者*

董昕博士曾就读于南开大学，获学士、硕士学位；后在财政部财政科学研究所攻读并获博士学位。此后曾在中国社会科学院农村发展研究所从事两年的博士后研究，当时我是她的合作导师。博士后出站后，她进入中国社会科学院城市发展与环境研究所（现改名为生态文明研究所）工作至今。董昕博士数年笔耕不辍，撰写出专著《居所变迁：住房、土地与人口迁移的关系研究》，嘱我为此书作序。我认真拜读后，颇受启发。主要有以下几点体会，就教于董昕博士和读者众公。

一　要在城乡二元结构的框架下来研究住房、土地与人口迁移之间的关系

作者提出："住房与土地已经成为影响中国人口迁移的关键因素，这使得研究住房、土地与人口迁移的关系具有重要的现实意义和理论价值。"因此，本书基于中国的城镇化进程对住房、土地与人口迁移进行系统性研究。作者认为在影响人口迁移的众多因素中，土地与住房的影响逐渐突出，尤其是对人口持久性迁移的影响更为重要。首先说住房，中国住房市场的现状对乡—城迁移家庭的持久性迁移来说也是切实的障碍。再说土地，它是更关键的因素。作者指出："城市土地制度构建下，国有土地使用权出让收入已经

---

* 本文所引带引号的文字，除特别标明者外，皆出自本书。

成为地方财政收入的重要组成部分。""1997年，国有土地使用权有偿出让收入占地方财政收入的比重只有1.3%；而到了2019年，国有土地使用权出让金占地方财政收入的比重已经达到69.9%。2010~2020年，国有土地使用权出让金占地方政府性基金收入的比重一直在75%以上。"

这些土地增值收益用来干什么？"土地出让收入使用范围涵盖征地和拆迁补偿支出、土地开发支出、城市建设支出等。其中，城市建设支出主要包括城市道路、桥涵、公共绿地、公共厕所、消防设施等基础设施建设支出。2006年，全国城市维护建设财政性资金收入中，土地出让转让收入占比为24.9%；到了2016年，全国城市维护建设财政性资金收入中，国有土地使用权出让收入占比已达到55.5%。可见，在城镇化进程中，土地使用权出让收入为城市的维护和建设提供了重要的资金支持"。中国以往的城镇化进程反映了土地增值收益"取之于农、用之于城"的过程。以后的发展应该像习近平总书记指出的那样——"要解决土地增值收益长期'取之于农，用之于城'的问题，破解'农村的地自己用不上、用不好的困局'"[①]。

二 乡—城迁移的重点是农民工的持久性迁移

在中国的城镇化进程中，需要大量的劳动力来建设城市、发展非农业生产。劳动力从哪里来？这就涉及人口迁移。作者列举了几种人口迁移模式。重点剖析了乡—城迁移人口的持久性迁移以及这种模式所遇到的障碍。她认为："与其他国家相比，中国人口迁移的最大特点是乡—城迁移的不完全、不彻底，实现了人口从农村的流出，却没有实现人口在城市的定居，迁移的持久性差。"

乡—城迁移人口的主体是外出农民工。据统计，2022年全国农民工总量29562万人。其中，外出农民工17190万人。由于中国长期以来形成的城乡分隔的户籍制度以及改革开放以来形成的中国特有的农村土地集体所有、

---

① 中共中央党史和文献研究院. 习近平关于"三农"工作论述摘编[G]. 北京：中央文献出版社，2019.

农户承包经营的土地制度，农民工具有身份的二重性，他们既是农民又是工人。按照从事的职业来说，他们是工人。但他们的户籍在农村，绝大多数人在家乡有承包的农地，有宅基地，有房子。这是他们与许多发展中国家外出务工的农民的本质差别。这就使中国的二元结构不是发展经济学所说的一般发展中国家的经济二元结构，而是中国特有的经济社会二元结构。在中国特有的城乡二元结构的现实条件下，外出农民进城打工，绝大多数是边缘性的流动人口，低工资使大部分农民工无法支付在大城市的定居成本，他们享受不到与城市居民一样的社会福利和保障，实现不了农民工及其家属向城市的长久性迁移，他们的生活水平、生活条件和消费方式与城市居民比仍有较大差距。这部分人是边缘性、钟摆型的流动人口，这样的城镇化是依旧固化着城乡二元结构的城镇化。

农村人口向外地城镇转移、安家落户的重点应该是举家外出的农民工。对进城农民工、个体工商户、民营企业职工等应逐步区分不同情况、分门别类地纳入社会保障和基本公共服务网络之中。任何一个城市要维持城市正常运营、居民要提高生活质量，对劳动力的需求，尤其是服务业方面劳动力的需求，都是多层次、多元化的。同时，新的业态会催生新的就业需求。要从包容和共享的理念出发，使不具备条件或者不想落户的外来人口知晓自己的权利和义务，要让他们享有与当地户籍人口同等的最基本的公共服务，从而为他们融入城镇生活创造条件。上亿的进城农民工如能享受到城市工人相应的社会保障和公共服务，提升人力资本，他们在医疗、卫生、养老、子女教育、住房等方面的负担减轻了，收入增加了，他们的经济净收入增量就能转化为生产和生活消费，成为促进国内市场的强劲动力。促进房地产产业良性运行，"三产"繁荣兴旺，新型城镇化进程就能健康发展。

三 住房的安全感不在于产权，而在于产权背后隐含的契约精神

作者指出："从各方调查结果来看，租赁住房已经成为农民工群体最主要的住房来源。同时，大部分农民工又认为自购住房是留城的必要条件"。其实，不仅是农民工，就是在大城市漂泊的城市白领们，也一样认为购房才

能在城市定居。

"新时期农民工问题研究"课题组成员于2017年12月16~20日在深圳宝安区对46名农民工进行了一对一的深度访谈,体会到农民工有无归属感的一个重点是有无稳定的住房。我们访谈的相当一部分农民工,尤其是在谈婚论嫁的农民工,希望企业能够提供廉租房。我们访谈的唯一明确表示想在深圳留下来的农民工,是一位41岁的女性,1993年7月到深圳,1997年经老乡介绍进入中国长城科技集团电源事业部,一直干到现在。现在做基层管理工作,老公也在深圳。她表示:"我这个年龄,在深圳待习惯了,哪里也不想去,早就有了归属感,住在厂里的房子,不会随便被赶出去。想把户口迁移过来。"访谈的另一位58岁的男性保洁工是随儿子过来的,他们一家都住在中国长城科技集团深圳园区里,公司提供的住房430元租金/间(40多平方米使用面积),他们租了两间,儿子和儿媳妇一间,老两口带孙子住一间。每间都有独立的卫生间和厨房,公司给配热水器,其他电器是自己配的。企业提供的廉租房使农民工能支付得起定居成本,那位女性农民工说的一句话令我印象最深,"住在厂里的房子,不会随便被赶出去",农民工乃至更广泛层面的职工关注的不是产权,而是产权带来的安全感。

在我国,《中华人民共和国宪法》明文规定:"公民的合法的私有财产不受侵犯。"《中华人民共和国民法典》明文规定:"居住权人有权按照合同约定,对他人的住宅享有占有、使用的用益物权,以满足生活居住的需要。"安全感只能来源于对法律的有效维护和对其内涵的契约精神的尊重。

四 关注弱势群体的生存权和发展权是我们不变的初心

书中提到有学者认为"迁移人口,特别是乡—城迁移人口,在住房方面需要付出比当地居民更高的代价,其住房面积较小,而且集体户流动人口的住房条件很差,农业户口性质对贫民窟居住发生率有着显著的影响"[①],

---

① 蒋耒文,庞丽华,张志明. 中国城镇流动人口的住房状况研究[J]. 人口研究,2005(4):16-27.

由于自身的经济能力有限,绝大多数乡—城迁移人口只能租住城乡结合部的农民私房或市中心价格相对低廉但条件较差的房屋。还有相当一部分乡—城迁移人口租住在城中村、地下室、小产权房等居住条件较差的非正式住房中。城中村为大量乡—城迁移人口提供了可支付的低价住房,成为乡—城迁移人口的聚居区。近年来,中国许多城市正在进行大规模的城中村拆迁,由于没有合适的住房,农民工可能外流,影响城市的正常运行。

作者在全书结尾部分提出系统的政策建议,成为全书的点睛之笔。她提出:"迁移人口作为一个规模庞大的社会群体,其内部的收入差异较大,阶层分化也已经显现。因此,在扩大迁移人口住房保障覆盖面的同时,需要注意群体内部的阶层分化与收入差异。"要"以多样化、分层次的住房保障应对迁移人口群体的分化"。尤其是她提出:"发挥兜底作用的救济性住房保障的供应……那些在流入城市非正规就业的零工、散工等无固定雇主的农民工群体,其收入保障水平相对最低,应成为住房保障中受到重点关注的人群。……在中国城镇化的发展过程中,不能也不可能永远将农村作为农民工在城镇失业后的退路,必须为农民工在城镇提供社会保障,住房保障也是其中不可或缺的组成部分。发挥兜底作用的救济性住房保障的供应亟须提上日程,为失业等陷入困境的人提供基本的庇护场所。"

作者提出一个重要问题,即:我们应关注外出农民工中非正规部门就业的社会底层受雇农民工(没有订立劳动合同的雇员与打短工、打零工的以及季节工、劳务派遣工、劳务外包工等),他们缺乏劳动保障、社会保障,无法解决子女入学门槛等问题。在社会风险下显露出极大的脆弱性,是一个承担极高风险的群体。

唐代大诗人杜甫的《茅屋为秋风所破歌》里有一句诗:"安得广厦千万间,大庇天下寒士俱欢颜!"他所说的寒士仅包括贫寒的读书人。他的境界局限于知识分子这一阶层。印度圣雄甘地曾说过:"衡量一个国家文明程度的四个标准是:看这个国家的人们怎么对待动物、女人、老人和弱者"。

共产党人的初心就是关注弱者,解放全人类。恩格斯在《共产党宣言》1888年英文版序言中指出:"被剥削被压迫的阶级(无产阶级),如果不同时使整个社会一劳永逸地摆脱任何剥削、压迫以及阶级差别和阶级斗争，就不能使自己从进行剥削和统治的那个阶级（资产阶级）的控制下解放出来"。后人曾总结概括为：无产阶级只有解放全人类，才能最终解放无产阶级自己。《中华人民共和国宪法》开宗明义指出："中华人民共和国是工人阶级领导的、以工农联盟为基础的人民民主专政的社会主义国家。"这是我国的国体。工人阶级要发挥领导作用，各级政府及公职人员不仅要代表工人阶级中的优秀分子，如科学家、医生、工程师、教师、农艺师、企业经营管理人员、技工及其他专门人才，同时也要关心工人阶级中最弱势群体的权利和利益。中国的工人阶级必须把对自己队伍中最弱势群体的关爱真正落实，其中一个重要的方面是保障非正规就业农民工中最弱势群体的生存权和发展权，包括居住权，切实维护和增进他们的经济利益，唯有这样，工人阶级在国体中的领导地位才能真正落实。

五 结语

我与董昕博士在她博士后研究期间相识。后来我主持"新时期农民工问题研究"课题时，考虑到农民工的住房问题也很重要，特邀她加入课题研究，她欣然同意。这次嘱我作序，她感叹道："感觉现在写东西有些僵化，没有数字好像就不会说话了，所以写出的东西不生动没灵性。"我想了一下，前一段我的一个学生也说过类似的话，说没有数据好像不会写文章了。实际上，数据能构成经济关系，为进行数量经济分析提供基础，但它只是分析的工具，关键还是立意和思想境界。我们要不断反问自己：搞研究，究竟为了什么？在冷静地对城乡的经济与社会现象进行剖析时，我们应具有怎样的价值观念和人文理念？应该说，实证经济学和规范经济学之间并无绝对严格的区分，价值观几乎总是依赖于整个一系列的事实信念，事实和价值的相互影响正是推进科学工作的动力[①]。事实上，几十年来对中国改革实践进行的实证分析正是因为不同的价值取向而形成了鲜明的思想分野。说到

---

① 马克·布劳格. 经济学方法论 [M]. 北京：商务印书馆，1992.

底，为什么人的问题，仍是一个根本性的问题、原则的问题。我们的研究应有利于增进中国弱势群体的福祉，有助于保障他们的物质利益、尊重他们的民主权利这一基本准则的真正落实。

诗人海子曾写过一首诗。诗的第一句写道："从明天起，做一个幸福的人。"我想，在浩瀚的历史长河中，渺小如微尘的你我，只要站在历史发展的正确方向，为弱者鼓与呼，做一个有良知的经济工作研究者，即使我们的名字，将来被掩埋在历史的尘埃中，可我们的一生，都将是幸福的人，都将在平静无悔的心境里度过。

张晓山

2023 年 4 月 15 日急就

目　录

第一章　引言 ·· 001
 第一节　研究背景及意义 ·· 001
 第二节　国内外研究进展 ·· 012
 第三节　研究目标与研究内容 ·· 022

第二章　理论分析框架 ·· 028
 第一节　理论脉络：迁移流动的人口 ································ 028
 第二节　理论脉络：固定不动的土地与住房 ······················ 030
 第三节　模型构建：住房、土地与人口迁移的关系 ············ 032
 第四节　本章小结 ·· 044

第三章　中国的人口迁移制度演进与迁移特征 ······················ 045
 第一节　人口迁移的政策与制度变迁 ································ 045
 第二节　人口迁移特征总结 ·· 055
 第三节　本章小结 ·· 067

第四章　中国的住房与土地制度变迁及市场状况 ··················· 068
 第一节　住房与土地制度变迁 ·· 068
 第二节　住房市场发展：销售市场与租赁市场 ·················· 090

第三节　土地市场发展：国有土地与集体土地 ………………… 100
　　第四节　本章小结 ……………………………………………… 106

第五章　迁移人口的住房及土地权益

　　第一节　乡—城迁移人口的住房及土地权益 ………………… 107
　　第二节　城—城迁移人口的住房 ……………………………… 114
　　第三节　本章小结 ……………………………………………… 119

第六章　住房价格与人口迁移

　　第一节　住房价格与迁移人口的住房支付能力 ……………… 121
　　第二节　住房支付能力对人口迁移的影响 …………………… 125
　　第三节　人口迁移对住房价格的影响 ………………………… 135
　　第四节　本章小结 ……………………………………………… 143

第七章　住房产权与人口迁移

　　第一节　流入地住房产权对人口迁移的影响 ………………… 145
　　第二节　户籍地县城住房产权对人口迁移的影响 …………… 153
　　第三节　本章小结 ……………………………………………… 158

第八章　住房保障与人口迁移

　　第一节　住房保障对人口迁移影响的总体分析 ……………… 160
　　第二节　住房保障对人口迁移影响的个体分析 ……………… 164
　　第三节　保障房类型对人口迁移影响的对比分析 …………… 169
　　第四节　本章小结 ……………………………………………… 173

第九章　农村土地权益与人口迁移

　　第一节　农村土地权益对人口迁移的影响 …………………… 175
　　第二节　人口迁移对农村土地权益处置的影响 ……………… 184
　　第三节　本章小结 ……………………………………………… 190

第十章　结论与建议 ··· 191
　第一节　分析结果总结 ··· 191
　第二节　相关政策建议 ··· 194

参考文献 ··· 200

图 目 录

图 1-1　1950年以来全球城镇化率变化 …… 003
图 1-2　代表性国家的城镇化率变化 …… 004
图 1-3　各大洲的城镇化水平变化 …… 005
图 1-4　中国常住人口城镇化率变化 …… 006
图 1-5　中国人均GNI在世界上的相对水平 …… 007
图 1-6　中国城镇化率在世界上的相对水平 …… 007
图 1-7　本研究的技术路线 …… 026
图 3-1　全国人口普查流动人口数 …… 057
图 3-2　全国农民工总量 …… 058
图 3-3　全国外出农民工中省内流动与跨省流动比例 …… 062
图 3-4　全国外出农民工与本地农民工占比 …… 063
图 3-5　全国农民工年龄结构 …… 065
图 3-6　农民工从业的行业分布 …… 066
图 4-1　中国商品住宅销售面积变化 …… 093
图 4-2　CPI、住房售价、住房租金同比涨幅对比 …… 099
图 8-1　公共财政住房保障支出 …… 161

表目录

表 3-1	流动人口分布地区变化	060
表 3-2	外出农民工流入的城市类型	063
表 3-3	农业户籍流动人口的收入水平	066
表 4-1	全国商品房销售面积及其变化	093
表 4-2	我国三大城市群商品住宅销售情况	094
表 4-3	部分国家竣工房屋套均建筑面积	098
表 5-1	进城农民工的居住和生活设施普及率	108
表 5-2	不同人口规模城市的进城农民工人均居住面积	108
表 5-3	进城农民工解决居住问题的方式	109
表 5-4	不同行业农民工的住房类型	110
表 5-5	农民工的住房满意度	111
表 5-6	农民工家庭在流入地以外城镇购房的主要原因	114
表 5-7	流动人口在流入地的住房类型	115
表 5-8	流动人口家庭在流入地的住房支出状况	116
表 5-9	非农业户籍流动人口在流入地的住房类型	116
表 5-10	流动人口在流出地的住房类型	118
表 5-11	流动人口在流出地的住房面积	119
表 6-1	外出农民工家庭在不同区域的房价收入比	123
表 6-2	流动人口家庭住房支出占收入的比重	125

表 6-3	变量描述性统计（住房价格与人口迁移 1）	127
表 6-4	回归结果（住房价格与人口迁移 1）	128
表 6-5	变量描述性统计（住房价格与人口迁移 2）	132
表 6-6	回归结果（住房价格与人口迁移 2）	133
表 6-7	变量描述性统计（住房价格与人口迁移 3）	137
表 6-8	回归结果（住房价格与人口迁移 3）	138
表 6-9	变量描述性统计（住房价格与人口迁移 4）	141
表 6-10	回归结果（住房价格与人口迁移 4）	142
表 7-1	变量描述性统计（住房产权与人口迁移 1）	147
表 7-2	回归结果（住房产权与人口迁移 1-1）	148
表 7-3	回归结果（住房产权与人口迁移 1-2）	150
表 7-4	变量描述性统计（住房产权与人口迁移 2）	154
表 7-5	回归结果（住房产权与人口迁移 2）	155
表 8-1	变量描述性统计（住房保障与人口迁移 1）	162
表 8-2	回归结果（住房保障与人口迁移 1）	163
表 8-3	变量描述性统计（住房保障与人口迁移 2）	166
表 8-4	回归结果（住房保障与人口迁移 2）	167
表 8-5	变量描述性统计（住房保障与人口迁移 3）	171
表 8-6	回归结果（住房保障与人口迁移 3）	172
表 9-1	农业户籍流动人口的土地权益状况	175
表 9-2	变量描述性统计（农村土地权益与人口迁移 1）	179
表 9-3	分步回归结果（农村土地权益与人口迁移 1）	180
表 9-4	分步回归结果（农村土地权益与人口迁移 2）	181
表 9-5	农业户籍流动人口的承包地处置情况	184
表 9-6	变量描述性统计（农村土地权益与人口迁移 2）	186
表 9-7	回归结果（自家耕种）	187
表 9-8	回归结果（转租）	188

第一章 引言

第一节 研究背景及意义

2022年中国共产党第二十次全国代表大会（简称"二十大"）报告提出以中国式现代化全面推进中华民族伟大复兴，而城镇化①是现代化必不可少的组成部分之一，二十大报告也重申要推进以人为核心的新型城镇化，加快农业转移人口市民化。《中华人民共和国国民经济和社会发展第十四个五年规划和2035年远景目标纲要》强调要坚持走中国特色新型城镇化道路，深入推进以人为核心的新型城镇化战略，以城市群、都市圈为依托促进大中小城市和小城镇协调联动、特色化发展，使更多人民群众享有更高品质的城市生活。以人为核心的新型城镇化战略，离不开对住房、土地、人口迁移等相关问题的研究。

为什么要研究住房、土地与人口迁移的关系呢？这是本书首先需要回答的问题。概括地讲，主要有两方面的原因：一方面，人口迁移是一个重要的经济社会问题，它既是中国城镇化进程中的重要问题，也是全球普遍存在的重要问题；另一方面，人口的迁移流动性与住房和土地的不动产属性形成了动与不动的鲜明对比，在中国城镇化的进程中住房和土地对人口持久性迁移

---

① 关于人口从农村向城市的迁移过程、产业从农业向非农产业的转变过程，国内外文献中，有的将其称为"城市化"，有的将其称为"城镇化"，两种称谓并无本质区别，因此，本书中将"城市化""城镇化"统称为"城镇化"，不再加以区分。

的影响日益凸显。因此，本书将在中国城镇化的背景下研究住房、土地与人口迁移的关系。下文将研究背景和意义分为全球的城镇化进程及规律特征（即全球背景）、中国的城镇化发展进程与现阶段的突出问题（即中国背景）、本研究的意义所在三大组成部分。

一 全球的城镇化进程及规律特征

基于中国的城镇化进程，对住房、土地与人口迁移的研究，首先需要将中国的城镇化发展放在全球的背景下来看。一方面通过将中国的城镇化发展水平与世界其他国家或经济体的城镇化发展水平相对比，看清中国城镇化水平在全球所处的相对位置；另一方面通过总结全球城镇化的发展规律，判断中国城镇化所处的阶段，预测中国城镇化的发展趋势（董昕，2022a）。

（一）全球的城镇化水平持续提高，过半数人口生活在城市地区

城市是人类科技发展到一定阶段的产物，农产品与非农产品和服务之间能够通过高效的运输体系进行交换（O'Sullivan，2012）。城镇化则是一个人口集聚的过程（Tisdale，1942）。因此，居住在城市地区（Urban Areas）的人口比例被作为衡量城镇化水平的常用指标。从全球的视角来看，世界上的高水平城镇化是由工业革命引发的（Antrop，2004），城镇化水平的持续提高，反映了全球人口总体上不断由农村向城镇集聚。根据联合国人口署的数据，1950年的全球城镇化率（即每年年中居住在城市地区的人口比例）为29.6%；随着城镇化的持续发展，到2007年全球城镇化率已经超过50%；此后全球城镇化率进一步提升，2020年全球城镇化率达到56.2%，这表明全球已经有一半以上的人生活在城市地区（见图1-1）。①

（二）不同收入水平国家差异明显，收入高的国家城镇化率也高

在一个国家的经济从以农业为主向以城市工业为主的转变中，城镇化和经济发展是相辅相成的，城镇化进程与经济发展水平之间存在长期稳定的均衡关系（Davis & Henderson，2003；朱孔来等，2011）。城镇化有助于提高

---

① 资料来源：United Nations, Department of Economic and Social Affairs, Population Division (2018). World Urbanization Prospects: The 2018 Revision, Online Edition.

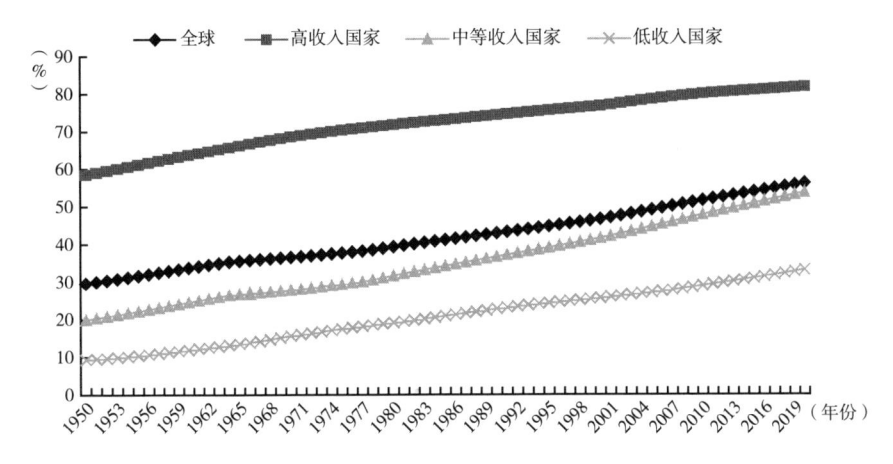

图 1-1　1950 年以来全球城镇化率变化

资料来源：联合国人口署，作者制图。

一个国家的经济增长率，缩小城乡收入差距，并增进国民福利（Bertinelli & Black，2004；曹裕等，2010；汪伟等，2022）。从联合国人口署的数据来看，不同收入水平的国家其城镇化率差异明显，高收入国家的城镇化水平较高，中等收入国家的城镇化水平次之，低收入国家的城镇化水平较低（见图 1-1 和图 1-2）。以 2020 年为例，高收入国家的城镇化率为 81.9%，中等收入国家的城镇化率为 53.7%，低收入国家的城镇化率为 33.2%。[①]

（三）城镇化进程的阶段性特征明显，城镇化率70%是重要节点

对城镇化进程的阶段性特征总结，中国学者提及较多的是"诺瑟姆曲线"或 S 形发展规律，并对其间的划分节点和形状等均有一些讨论，而外国学者关于"诺瑟姆曲线"或 S 形发展规律的引用和讨论较少（焦秀琦，1987；陈彦光、周一星，2005；周毅、李京文，2009；简新华、黄锟，2010；李恩平，2014）。其中，有学者认为城镇化水平在 30% 以下为城镇化初期阶段（缓慢发展阶段），30%~70% 为城镇化中期阶段（加速发展阶段），70% 以上为城镇化后期阶段（稳定发展阶段）（焦秀琦，1987；周毅、

---

① 资料来源：United Nations, Department of Economic and Social Affairs, Population Division (2018). World Urbanization Prospects: The 2018 Revision, Online Edition.

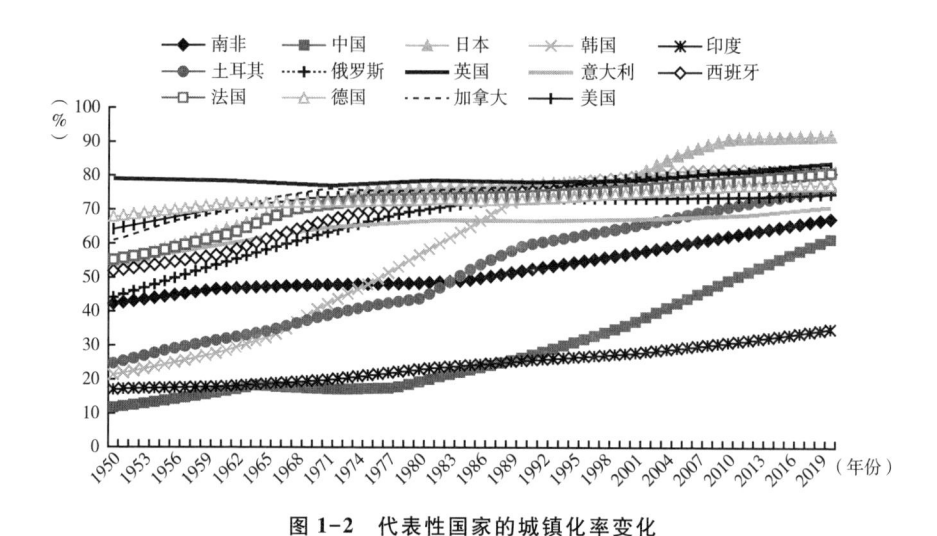

图 1-2 代表性国家的城镇化率变化

资料来源：联合国人口署，作者制图。

李京文，2009）；也有学者认为城镇化进程应该分为四个阶段，即城镇化率20%以下的初期阶段、20%~50%的加速阶段、50%~80%的减速阶段，以及80%以上的后期阶段（陈彦光、周一星，2005）。虽然学界对"诺瑟姆曲线"的节点存在不同的观点，但全球多个国家的经验数据表明，城镇化率70%是城镇化进程中的重要节点，以城镇化率70%左右为界，其前后的城镇化速度明显不同（见图1-2）。从全球各大洲的城镇化水平变化，也可以看出，城镇化率70%是城镇化进程中的重要节点。北美洲在1960年前后城镇化率达到70%，1950~1960年十年间北美洲的城镇化水平提升了6.0个百分点，但1960~1970年十年间北美洲的城镇化水平仅提升了3.9个百分点；大洋洲在1970年前后城镇化率达到70%，1960~1970年十年间大洋洲的城镇化水平提升了3.3个百分点，但1970~1980年十年间大洋洲的城镇化水平仅提升了0.8个百分点，其后大洋洲的城镇化水平出现了负增长，甚至下降到70%以下；欧洲、拉丁美洲和加勒比地区在1990年前后城镇化率达到70%，其后的城镇化水平增速也较之前有了明显降低（见图1-3）。但是，这并不是说，城镇化率达到70%以后，城镇化进程就停滞了，大多数国家在城镇化率达到70%以后城镇化水平还将进一步提高（见图1-2），只是增速有所放缓。

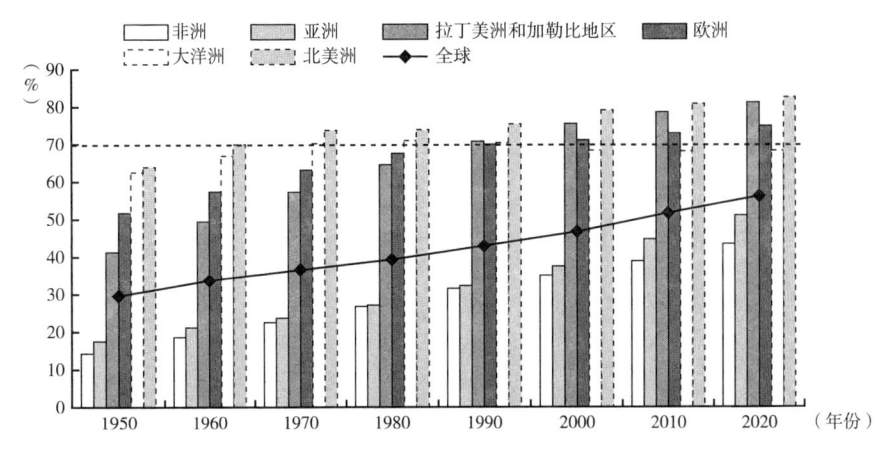

图 1-3 各大洲的城镇化水平变化

资料来源：联合国人口署，作者制图。

二 中国的城镇化发展进程与现阶段的突出问题

回顾中国城镇化的历史进程，有助于对中国城镇化所处的阶段进行判断。在对中国城镇化发展阶段进行判断的基础上，分析现阶段城镇化存在的突出问题，有利于基于问题对住房、土地与人口迁移进行研究，从而提出有针对性的政策建议。

（一）中国的城镇化进程与发展阶段

1. 改革开放以来中国城镇化水平不断提高，现阶段仍处于快速发展期

新中国成立时，中国的城镇化率仅为10.6%，从1949年到改革开放前的1977年，中国的城镇化率提高了6.9个百分点，年均增速仅为0.2%，甚至还一度出现城镇化率负增长的逆城镇化现象（见图1-4）。① 1978年改革开放以来，中国的城镇化水平不断提高，1978~2021年，全国城镇常住人口从1.72亿人增加到9.14亿人，城镇化率从17.9%提升到64.7%。1996年城镇化率超过30%以后，中国的城镇化率增速更是明显提高，1978~1995

---

① 数据来源：相关年份《中国统计年鉴》。下文如无特殊注明，数据均来自相关年份《中国统计年鉴》。

年，城镇化率年均增速为 0.6%；1996~2021 年，城镇化率年均增速为 1.4%。从全球其他国家的发展经验来看，中国的城镇化率虽然已经超过 60%，但尚未达到 70% 的阶段性拐点，城镇化进程仍处于快速发展阶段。

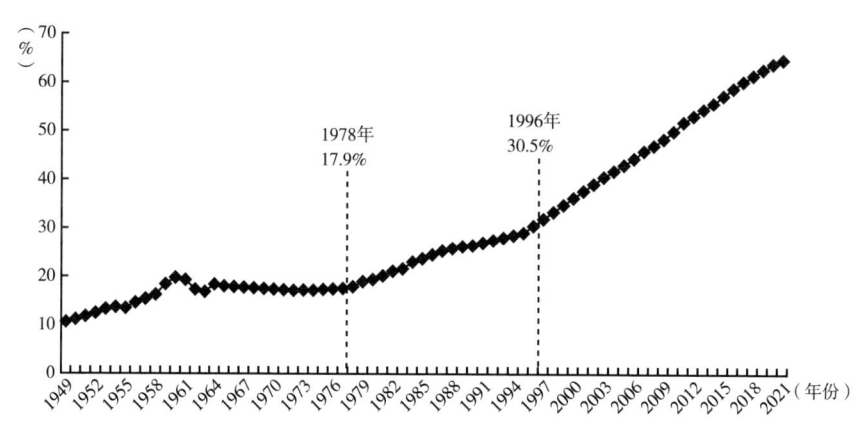

图 1-4 中国常住人口城镇化率变化

资料来源：国家统计局，作者制图。

2. 城镇化和经济发展相辅相成，中国的城镇化发展仍有较大上升空间

世界银行（World Bank）目前最新的划分标准是按 2020 年的人均 GNI（国民总收入）对各国进行收入等级的分类，人均 GNI 大于等于 12696 美元的为高收入国家或地区，人均 GNI 在 1046 美元至 12695 美元的为中等收入国家或地区，人均 GNI 小于等于 1045 美元的为低收入国家或地区；其中，中等收入国家或地区又被分为中等偏上收入国家或地区（人均 GNI 为 4096~12695 美元）和中等偏下收入国家或地区（人均 GNI 为 1046~4095 美元）。中国 2020 年人均 GNI 为 10550 美元，属于中等偏上收入国家。从图 1-5 中可以看出，中国的人均 GNI 水平与中等偏上收入国家的平均水平较为接近，从 2017 年开始略高于中等偏上收入国家的平均水平，但与高收入国家的平均水平比仍然有较大的差距，还有较大的发展空间。[1] 与此同时，中

---

[1] 划分标准和数据来源为 2022 年 3 月 22 日在世界银行官方网站（https://www.worldbank.org）上的查询结果。

国的城镇化水平尚未达到中等偏上收入国家城镇化的平均水平,更低于高收入国家城镇化的平均水平(见图1-6)。城镇化和经济发展之间相辅相成的关系还有待于持续发挥作用,中国的国民收入水平和城镇化发展仍有较大上升空间。

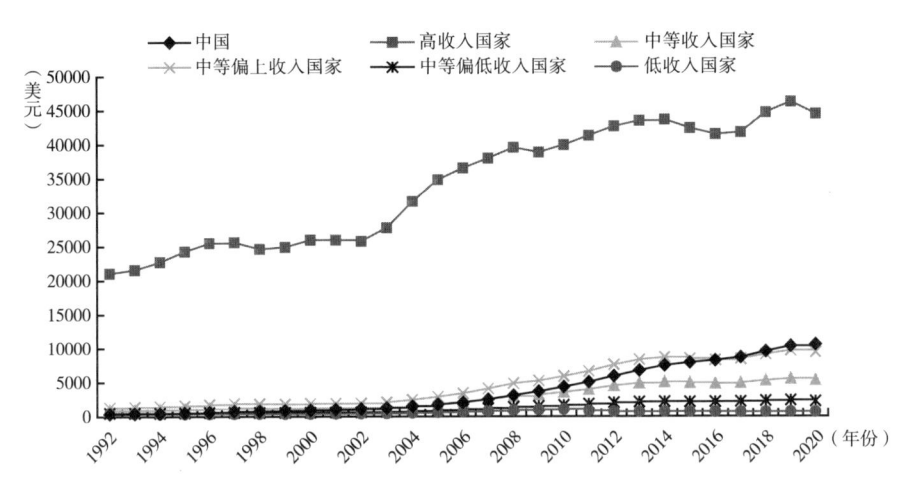

图1-5 中国人均GNI在世界上的相对水平

资料来源:世界银行,作者制图。纵轴为人均GNI,横轴为年份。

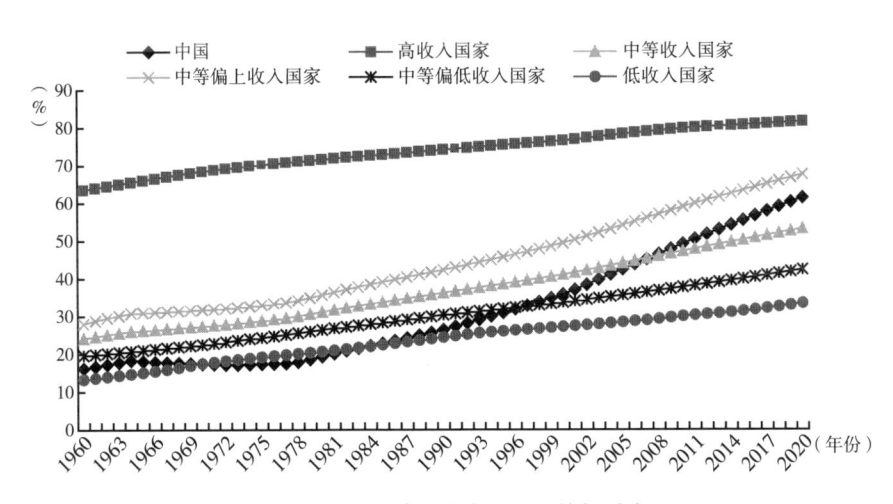

图1-6 中国城镇化率在世界上的相对水平

资料来源:世界银行,作者制图。纵轴为人口城镇化率,横轴为年份。

（二）现阶段中国城镇化的突出问题

1. 人口迁移的两个阶段未能有效衔接，城镇化质量不高

人口的迁移过程可以划分为两个阶段：第一个阶段是人口从迁出地转移出去，第二个阶段是这些迁移者在迁入地定居下来（Berger & Blomquist, 1992；蔡昉，2001）。与此同时，人口的迁移行为也可以划分为持久性迁移和非持久性迁移。持久性迁移是指迁移者打算在流入地长期居住而不打算返回原居住地的迁移行为，非持久性迁移是指迁移者没有或者不打算在流入地长期居住的迁移行为（马九杰、孟凡友，2003；蔡禾、王进，2007）。乡—城人口迁移已经成为发展中国家的重要问题（Brueckner & Lall, 2015）。目前，中国城镇化的关键问题在于大量农业转移人口从农村迁移出来，但又无法在城镇定居下来，无法实现人口迁移过程的第二个阶段，无法实现持久性迁移（董昕，2016）。这从常住人口城镇化率与户籍人口城镇化率的差值中可以反映出来。户籍人口城镇化率从2016年《国民经济和社会发展统计公报》开始报告，可以推算2015年户籍人口城镇化率低于常住人口城镇化率16.22个百分点；2019年的《国民经济和社会发展统计公报》报告的常住人口城镇化率和户籍人口城镇化率分别为60.60%和44.38%，两者仍然相差16.2个百分点，如果采用根据第七次全国人口普查数据调整后的2019年常住人口城镇化率62.71%来衡量，常住人口城镇化率与户籍人口城镇化率的差值扩大为18.3个百分点；2020年的《国民经济和社会发展统计公报》没有再报告户籍人口城镇化率，如果采用公安部新闻发布会的数据，2020年底全国户籍人口城镇化率达到45.4%，与国家统计局报告的2020年常住人口城镇化率63.89%相对比，两者的差距为18.5个百分点。[①] 无论从哪组数据来看，中国的常住人口城镇化率与户籍人口城镇化率都存在明显的差异，这种差异反映了户籍制度的问题，也反映出人口迁移的非持久性问题。增强农业转移人口迁移的持久性是中国"新型城镇化"的重要内涵（董昕，

---

① 资料来源：相关年份"国民经济和社会发展统计公报"；公安部：截至2020年底我国户籍人口城镇化率达到45.4% [EB/OL]. (2021-05-10) [2022-07-05]. https://baijiahao.baidu.com/s?id=1699387501942841391&wfr=spider&for=pc。

2015)。

2. 城镇和农村建设用地双扩张,土地和住房资源浪费严重

这种不彻底的城镇化导致很多经济社会问题,现阶段较为突出的问题之一是土地利用方面的问题。不完全城镇化导致了"城乡建设用地双扩张"现象的出现,即城镇土地快速扩张的同时,农村建设用地也在扩张。人均村庄建设用地面积从2009年的198平方米增加到2020年的250平方米①。中国土地制度保持着分明的城乡二元结构,城镇土地归国家所有,农村土地归集体所有。从1998年城镇住房分配货币化改革开始,城镇住房市场逐步建立和完善,城镇居民所有的住房所有权及其所在土地的使用权有了可以广泛交易的平台,具有了价值实现的渠道。但是,农村居民(包括农业转移人口)所有的土地与住房权益却难以得到有效的实现。农村土地与住房权益不完整,无法形成对乡—城迁移的支持。乡—城迁移人口在城市工作生活但无法扎根城市,于是很多人选择将进城务工的收入向农村转移,在农村老家新建住房却又常年不住,出现了大量"空心村",土地浪费严重。有部分迁移人口在老家附近的县城等地购房,这些住房除了逢年过节回乡偶尔居住,基本处于空置状态,也是一种对住房资源和土地资源的浪费。

3. 举家迁移成本高,留守儿童和留守老人的问题较为普遍

由于举家迁移的成本较高,尤其是住房成本较高,相当一部分迁移人口的家庭处于分居状态,留守儿童和留守老人的问题较为突出。2000~2015年,全国0~17岁的留守儿童从2010年的2904.3万增加到2015年的6876.6万,增加了近4000万,增长了约137%;其中,农村留守儿童从2010年的2699.2万增加到2015年的4051万,共增加了1351.8万,增长了50%(段成荣等,2017)。国家卫生健康委《2020年度国家老龄事业发展公报》显示,中国乡村的老龄化水平明显高于城镇:乡村60周岁及以上、65周岁及以上老年人口占乡村总人口的比重分别为23.81%、17.72%,比城镇

---

① 村庄建设用地面积数据来源于住房和城乡建设部,人口数据来源于国家统计局,人均村庄建设用地面积为计算而得。

60周岁及以上、65周岁及以上老年人口占城镇总人口的比重分别高出7.99个百分点、6.61个百分点。① 解决迁移人口尤其是乡—城迁移人口的住房问题，有助于举家迁移的实现，有助于减少留守儿童和留守老人。

三 本研究的意义所在

影响人口迁移的种种因素形成了人口迁移的动力与阻碍。更高的收入、更多的就业机会、更好的公共服务（包括教育、医疗等）、更便捷的交通条件、更丰富的生活配套设施（包括商业、娱乐等）、更舒适的气候条件等都形成了人口迁移的动力。而人口迁移的阻碍，体现在迁入地和迁出地两方面，在迁入地无法平等地享有当地户籍居民所有的各种权益、面临较高的生活成本支出等，在迁出地老家的土地和住房、能享有的社保（尤其是医保）和教育等公共服务、亲情纽带、社会文化认同等，则共同形成了对人口迁移的阻碍（董昕，2018）。无论是乡—城迁移、城—城迁移，还是乡—乡迁移、城—乡迁移，人口迁移与住房、土地均存在密切的关系，住房和土地因素对人口迁移的影响逐渐突出。

乡—城人口迁移，在概念范围上包括农民工的迁移、农业转移人口的迁移。乡—城迁移人口，是指从农村向城镇迁移的人口，既包括农业转移人口，也包括其随迁家属等；而农业转移人口，包括进城务工的农民工以及进城非务工的农业转移人口。据估算，我国农业转移人口的市民化程度仅有40%左右（魏后凯等，2013）。2021年末，户籍人口城镇化率为46.7%，比常住人口城镇化率低18个百分点。不彻底的城镇化导致了"城乡建设用地双扩张"现象的出现，即城镇土地快速扩张的同时，农村建设用地也在扩张。农村建设用地扩张主要是因为农村宅基地面积不合理地急剧增长（刘同山、孔祥智，2016）。乡—城迁移人口在城市工作生活，但出于住房、户籍等原因无法扎根城市，于是很多人选择将进城务工的收入向农村转移，在农村老家新建住房却又

---

① 资料来源：国家卫健委发布2020年度国家老龄事业发展公报[EB/OL]．(2021-10-15)[2022-07-05]．https://baijiahao.baidu.com/s?id=1713694736024458874&wfr=spider&for=pc。

常年不住，出现了大量"空心村"，土地浪费严重。乡—城迁移人口迁移的不完全还强化了农户对土地的控制偏好，抑制了农村土地流转市场的有效供给（谢冬水，2012）。乡—城人口迁移与城镇的住房、农村的土地密切相关。

城—城人口迁移，往往是人口从中小城市和小城镇向大中城市、大城市乃至特大城市的迁移。与乡—城人口迁移相比，城—城迁移人口具有较高的受教育水平和专业技术能力，在经济和社会两方面都具有明显的融入优势，融入水平较高（杨菊华，2015）。但是，我国特殊户籍制度下没有流入地户籍，城—城流动人口无法享受到流入地的住房、子女教育、福利服务等与户籍制度挂钩的公共服务，城—城流动人口的市民化问题若得不到重视和解决，真正的人口城镇化不可能实现（刘妮娜、刘诚，2014）。城—城人口迁移也涉及住房问题，尤其是在迁入城镇与迁出城镇之间的住房价格存在较大差别的情况下，在迁入城镇的住房支付能力是影响城—城迁移的重要因素。

乡—乡人口迁移中，女性比例明显高于男性是因为婚嫁后女方迁入男方所在地，女性婚嫁人口是乡—乡迁移人口群体的重要组成部分；城—乡人口迁移中，男性尤其是中老年退休男性比例较高（马小红等，2014）。在第二轮土地承包的初始分配中，大多数妇女公平地得到了土地权利，但是女性在因婚嫁等而迁移时出现了较为严重的土地权利流失现象，土地政策的不稳定和不统一影响了农村妇女土地承包权的连续性（钱文荣、毛迎春，2005）。而农村土地制度的限制，使城—乡迁移人口不能在农村置业，这在一定程度上阻碍了城镇资本向农村的转移。乡—乡人口迁移和城—乡人口迁移，也与土地和住房问题紧密相连。

住房与土地已经成为影响中国人口迁移的关键因素，这使得研究住房、土地与人口迁移的关系具有重要的现实意义和理论价值。因此，本研究将基于中国的城镇化进程对住房、土地与人口迁移进行系统性研究，基于相关研究结果为政策制定提供依据，以引导人口迁移、提高城镇化质量、合理利用土地资源，这是本研究的现实意义所在。与此同时，从理论方面、实证方面分析住房、土地对人口迁移的影响，也将丰富人口迁移等理论，从而使本研究具有重要的理论价值。

第二节 国内外研究进展

改革开放以来,与中国快速城镇化相伴而生的是大规模的人口流动迁移,乡—城人口迁移已成为中国人口迁移的主体。在影响人口迁移的众多因素中,住房与土地的影响日益突出(董昕,2017a)。本部分综述了住房、土地与人口迁移的相关文献,并对该领域的研究进行总体评述。

一 人口迁移的概念及影响因素

(一)人口迁移的概念界定

人口迁移可以分为持久性迁移和非持久性迁移:持久性迁移(Permanent Migration)是指迁移者打算在流入地长期居住而不打算返回原居住地的迁移行为,也被称为长期迁移、永久性迁移;非持久性迁移(Temporary Migration)是指迁移者没有或者不打算在流入地长期居住的迁移行为,也被称为暂时迁移、非永久性迁移、循环迁移(马九杰、孟凡友,2003;蔡禾、王进,2007)。区分持久性迁移与非持久性迁移的关键都在于对是"长久"还是"暂时"的判断,然而"长久"与"暂时"的界限并不那么清晰。一部分人的暂时性流动往往是长久性迁移的前奏(曾毅等,2011)。一些学者在研究中使用了"人口流迁"这样的概念(辜胜阻、简新华,1995;吴志明、赵伦,2010)。另一些学者则采用了时间以外的划分标准,有的将是否获得当地户口作为区分永久移民与否的标准,已经获得当地户口者便成为永久移民(邓曲恒、古斯塔夫森,2007;张庆五,1988);也有的将是否放弃农村土地作为标准,将愿意放弃农村土地者视为具有永久迁移意愿(蔡禾、王进,2007)。

与人口迁移相近的概念是人口流动。有学者认为人口迁移与人口流动是两个不同的概念:人口迁移是指具有明确的目的与动因,具有长久性倾向地超越给定地域范围的常住地改变;而人口流动则是以临时性的工作、学习、生活、旅游、休假、经商或其他经济、社会活动为目的暂时变动居住地

（曾毅等，2011）。也有学者认为流动人口是指人们在没有改变原居住地户口的情况下，到户口所在地以外的地方从事务工、经商、社会服务等各种经济活动，即所谓"人户分离"，但排除旅游、上学、访友、探亲、从军等情形（姚华松等，2008）。国家统计局对流动人口的界定与后一种比较接近，即流动人口是指人户分离人口中去除市辖区内人户分离的人口；人户分离的人口是指居住地与户口登记地所在的乡镇街道不一致且离开户口登记地半年及以上的人口；市辖区内人户分离的人口是指一个直辖市或地级市所辖区内和区与区之间，居住地和户口登记地不在同一乡镇街道的人口[①]。后一种概念和国家统计局对流动人口的界定包含了没有迁移户籍的持久性迁移人口和非持久性迁移人口。

本书对"人口迁移"的研究范围包括已迁移户籍或未迁移户籍的持久性迁移和非持久性迁移，是以日常生活和工作居住地域的改变为特征的人口迁移。"迁移人口"涵盖了除旅游度假、探亲访友、出差上学等非日常生活和工作原因以外的"流动人口"。

（二）人口迁移的影响因素

人口迁移是经济学、地理学、人口学等领域均关注的研究内容。在经济学研究人口迁移的常用理论框架中，迁移的成本收益分析是核心所在，人口迁移的动因多被解释为获得就业机会、更高的收入或是收入预期，而且更为关注劳动力的迁移（Lewis，1954；Todaro，1969；Stark & Bloom，1985；Massey et al.，1993）。哈里斯-托达罗模型（Harris-Todaro Model）为研究发展中国家的乡—城迁移提供了两部门的分析模型（Harris & Todaro，1970）。推—拉模型（Push-Pull Model）则是地理学分析人口迁移的重要工具，它将迁移者对迁出地的不满因素视为推力，而将迁入地对迁移者的吸引因素视为拉力；重力模型（Gravity Model）则是在推—拉模型的基础上加入了迁出地与迁入地距离的因素（Dorigo & Tobler，1983）。人口学对人口迁

---

① 资料来源：国家统计局. 中华人民共和国2016年国民经济和社会发展统计公报[EB/OL].（2017-02-28）[2022-07-05]，http://www.stats.gov.cn/tjsj/zxfb/201702/t20170228_1467424.html。

移的影响则更为关注迁移者自身的特征，Rogers 等（1978）分析了年龄与迁移率的关系，绘制了人的生命周期与迁移率的关系曲线，即在出生和幼儿阶段迁移率较高，之后在接受教育的阶段迁移率逐渐下降直至受教育阶段结束，随后迁移率由降转升直至 20~30 岁达到顶点，而后到退休前迁移率一路下滑，直至 60~70 岁退休后又有一个小幅的上涨过程。随着学科的融合发展，各学科研究人口迁移的理论与方法不断交叉、借鉴，也使学界对人口迁移的分析不断全面和深化。

人口迁移的影响因素包括制度因素、经济因素、社会因素、自然环境因素等。在所有阻碍中国劳动力流动的制度因素中，尚未根本改革的户籍制度是最为基本的制度约束，户籍制度的存在使绝大多数农村劳动力和他们的家属不能得到城市永久居住的法律认可，他们的迁移预期只能是暂时性的或流动的（蔡昉等，2001）。随着我国经济的发展、城镇化程度的提高和户籍管理制度的进一步松动，户籍制度对劳动力迁移的影响会逐渐淡化（张宗益等，2007）。经济因素中，收入的影响较为突出，寻找就业机会、寻求较高期望收入是迁移的主要原因（李玲，2001）。收入水平对农民工的定居地选择意愿发挥显著影响，收入水平越高，农民工定居城市的意愿也越强烈（夏怡然，2010）。社会因素中，地方公共品供给对人口迁移有显著正向影响，但不同规模城市公共品供给对人口迁移的影响强度存在差异，与向大城市迁移相比，流动人口向中小城市迁移会更多地考虑公共服务因素（杨义武等，2017）。环境因素对人口迁移的影响也受到重视，环境治理与保护、渐进性环境变化和渐进性气候变化等在内的环境因素，会通过影响人们生存型环境需求、发展型环境需求和享乐型环境需求的满足程度，进而导致人口迁移（陈秋红，2015）。空气污染会对当地人口产生挤出效应，空气质量直接关系到人口迁出决策，污染严重的地区更难留住人；经济发展水平较低地区的居民对所在地的工作岗位黏性和医疗条件黏性较弱，更容易受空气污染的影响而迁移（王兆华等，2021；曹广忠等，2021）。受教育程度、性别、年龄、外出务工时间、婚姻状况等迁移个体和家庭的特征也被纳入人口迁移的影响因素进行了分析。李强和龙文进（2009）通过对农民工留城与返乡意愿的影响因素分析，发现在诸多因素中教育的作用最为明显，人力资本水平越高的农民工留在城市的意愿就越强。李楠（2010）的研究也发现人力资本是促成乡—城迁移人口定居城市的重要因素，受教育年限、培训经历对乡—城迁移人口的留城意愿有显著的正向影响。张宗益等（2007）还对城—城迁移意愿进行了分析，发现年龄、性别、受教育程度和单位性质对迁移意愿都有显著的影响，并且与乡—城迁移影响因素存在差异，例如城—城迁移人口的性别差异较小、受教育水平较高等。与选择向小城镇迁移的农户相比，拥有较多乡村社会资本的农户更偏好迁移至县城/县级市，而不愿意去更大规模的城市定居，表明乡村联系对农户城镇迁移具有一定拉力（刘同山、孔祥智，2014）。

在影响人口迁移的众多因素中，住房的影响逐渐突出。Zhao（1999a）认为即使没有制度障碍，中国住房市场的现状对家庭迁移来说也是切实的障碍。雇主是否提供住房对乡—城迁移人口就业地点的选择影响显著（Liu et al.，2014）。在众多排斥力中，城市住房所具有的排斥作用正在日益凸显，住房已成为顶端城市排斥流动者的主导因素（李斌，2008）。当迁移者的收入水平无力承担城镇住房等支出，就谈不上在城市定居，其迁移便具有了暂时性或循环性的特点，使得劳动力乡—城迁徙过程延长，城镇化进程放缓（任媛、安树伟，2011）。

二　住房与人口迁移

（一）迁移人口的住房状况

城镇新增基础住房需求与城镇化速度同步，城镇新增住房需求增长率等于城镇化增长率（杨华磊、何凌云，2016）。迁移人口，特别是乡—城迁移人口，在住房方面需要付出比当地居民更高的代价，其住房面积较小，而且集体户流动人口的住房条件很差，农业户口性质对贫民窟居住发生率有着显著的影响（蒋耒文等，2005）。城—城迁移人口与乡—城迁移人口的居住条件差异较大，前者在居住面积、生活设施、合住比例等方面明显好于后者；同时城—城迁移人口与迁入地市民的居住条件较为接近，只是住房拥有率较低、租赁商品房的比例较高、住房保障方面受到限制和排斥（何炤华、杨菊华，2013）。

对于乡—城迁移人口住房的研究主要集中在其工作城镇的住房方面。（1）住房解决方式。偏好农村社会生活的乡—城移民，倾向于选择棚户区等非正式住房构成的移民聚居区；而偏好城市生活的乡—城移民，倾向于选择服务和基础设施较好的公寓（Erman，1997）。单位宿舍、出租私房是中国乡—城迁移人口主要的居住场所（农民工城市贫困项目课题组，2008）；其中，城中村为大量乡—城迁移人口提供了可支付的低价住房，成为乡—城迁移人口的聚居区（Zhang & Song，2003；魏立华、闫小培，2005；Hao et al.，2011；Song & Zenou，2012）。（2）居住区位与条件。由于自身的经济能力有限，绝大多数乡—城迁移人口只能租住城乡接合部的农民私房或市中心价格相对低廉但条件较差的房屋（我国农民工工作十二五发展规划纲要研究课题组，2010）；在城镇化进程中，我国乡—城迁移人口的居住空间分布逐渐从城市中心向城乡接合部（城市建成区边缘）和近郊区转移（Wu，2008；Liu & Wu，2006；Jeong，2011）。（3）住房保障。学者较为一致的观点是将乡—城迁移人口纳入城镇住房保障体系（张国胜、王征，2007；吕萍、周滔，2008；刘琳等，2009），并将住房保障纳入社会保障系统（Yu et al.，2014）。但是，学者们在具体的乡—城迁移人口住房保障方式等方面却存在分歧，有的主张以提供各种保障性住房为主（梅建明、王朝才，2007），有的主张以向住房需求者提供补贴的"人头补贴"为主（刘琳等，2009），有的则主张差异化的乡—城迁移人口住房政策（吕萍等，2012；董昕、周卫华，2014）。

对乡—城迁移人口在农村老家住房的研究较少，对乡—城迁移人口非工作城镇住房的研究更为少见。主要研究成果有：城市住房困难与农村住房闲置并存，是我国现有住房体系运行中的问题之一（吕萍、甄辉，2010）。绝大部分乡—城迁移人口在老家拥有自家的住房，老家的住房是乡—城迁移人口家庭住房消费的另一个组成部分，在一定程度上形成了对其在流入地住房消费的替代（董昕、张翼，2012）。很多国家的非持久性移民将收入积攒起来投资家乡的住房（Djajić & Vinogradova，2015）。明娟和曾湘泉（2014）的研究也发现乡—城迁移人口在家乡的住房投资现象普遍存在，乡—城迁移人口城市融入越困难，与家乡联系越密切，进行家乡住房投资的概率越高。

（二）住房价格与人口迁移

从住房价格的角度研究住房对人口迁移影响的较多，但是，大多数研究中的住房价格是指购买住房的价格，而对租赁价格的研究明显不足。Berger 和 Blomquist（1992）将迁移决策分为两个阶段，一是是否迁移的选择，二是定居地（最终目的地）的选择，并发现工资和迁移成本是决定第一个阶段是否迁移的最主要影响因素，而生活质量、工资、住房价格则是第二个阶段选择定居地的重要依据。在成本收益的研究框架下，住房价格无疑影响着人口迁移的成本。住房价格对人口迁移产生阻碍作用的最显著机制是增加了迁移人口的生活费用（Cameron & Muellbauer，1998）。家庭的迁移决策不仅取决于工作前景，还取决于相应的住房费用（Zabel，2012）。章铮（2006）的研究也发现，影响乡—城迁移人口家庭进城定居的主要因素是年收入、预期工作年限和购房支出。夏怡然（2010）的研究发现"房价高"对乡—城迁移人口定居城市的意愿起反作用。日益飙升的住房价格使流动者的迁移成本迅速增加，从而作为城市的巨大推力对外来人口构成排斥和筛选（李斌，2008）。也有研究表明住房价格对人口迁移的影响具有异质性，较高的住房价格更多地阻碍了低学历者的迁移（Zhou & Chi-Man Hui，2022），房价的上涨对住房所有者和租房者的迁移影响也不同（Meng et al.，2021）。高波等（2012）对 2000~2009 年中国 35 个大中城市的实证研究，也发现城市间的相对房价升高，导致相对就业人数减少。同时，住房价格与人口迁移是相互影响的：一个地区人口的增加（尤其是大都市区较高的人口净流入量），将带来住房价格的上涨（Potepan，1994；Saiz，2007；Jeanty et al.，2010）；而一个地区住房价格的过度上涨则会降低该地区的人口迁入速度，较高的住房价格阻碍了人口的进一步流入，使人口流向其他地区（Potepan，1994；Cameron & Muellbauer，1998；McGranahan，2008；Jeanty et al.，2010）。董昕（2015）研究发现房租收入比对乡—城迁移人口持久性迁移意愿的影响显著且存在拐点，在拐点之前，住房租赁价格相对于乡—城迁移人口的收入尚在可承受的范围内，房租收入比对迁移意愿并不显现负向影响，在拐点之后二者呈负相关关系。

（三）住房产权、住房保障与人口迁移

从住房产权、住房保障等方面研究住房对人口迁移影响的较少。住房既是生活必需品，也是家庭资产的重要组成部分（Haas & Osland，2014）。通过对比不同的住房产权情况（自有或租住）对人口迁移的影响，有学者发现住房价格的下降会对住房所有者产生"住房锁定"（House Lock）效应，降低其迁移意愿，影响迁移决策（Modestino & Dennett，2013）；也有学者的研究发现住房锁定效应并不显著（Valletta，2013）。Riley 等（2015）的研究发现，住房所有者的迁移多因为家庭结构的变化，而租房者的迁移多因为住房费用或是就业情况的变化。"家庭式迁移"日益成为人口迁移的主要趋势，并对城市居住的独立性、权属和质量提出了现实需求；迁移家庭的住房权属和质量受到家庭社会经济特征、家庭类型、地理因素以及与老家联系和在流入地融入程度的影响（冯长春等，2017）。关于住房保障对人口迁移影响的研究更为少见。Hughes 和 McCormick（1981）对英国的研究发现，地方政府提供的廉租房阻碍了劳动力的远距离迁移。程传兴等（2013）认为为外来移民提供城市住宅的解决方法和激励措施是农村劳动力城市化移民的关键所在。

三 土地与人口迁移

（一）迁移人口的土地状况

作为生活资料，土地是住房的建筑基础；作为生产资料，土地是农业的种植载体。土地从生活和生产两方面影响着人口的迁移，由于大部分乡—城迁移人口家庭在农村老家拥有农地、宅基地和自建住房，所以土地对乡—城迁移人口的影响更为突出。当前阶段相当一部分乡—城移民群体存在既希望能在城市定居又不愿意放弃农村土地的双重心理，将农村的土地视为自己在城市打工不顺时的退路，或者是自己拥有的未来可能增值的资产，因此大多农民工均不愿意放弃农村土地（李晓阳等，2015）。尽管当前乡—城移民普遍不再依赖土地生存，但是乡—城移民对土地收益的依赖和诉求也很强烈，在其城市生存和发展问题切实解决之前，剥夺其土地可能会产生新的城市贫困人群（孙中伟，2015）。

在这样的背景下，随着城镇化进程加快，城乡人口结构与用地结构的矛盾日益突出：一方面，人口大规模从农村进入城市，在城市产生了巨大的居住需求，加剧了城市建设用地的紧张；另一方面，农民工由于长期工作居住在城镇而使农村住房大量闲置空置，农村宅基地无序粗放利用现象严重（杨雪锋、董晓晨，2015）。宅基地使用中，超标占地、一户多宅、土地闲置、乱占耕地等问题大量存在（杨雅婷，2016；杨璐璐，2016）。在农地使用中，耕地抛荒现象也在全国多地普遍出现（杨国永、许文兴，2015）。

（二）土地制度、土地权益与人口迁移

乡—城人口迁移不仅与迁入地的障碍有关，如户籍制度、不能享有平等的公共服务等，还和农村的制度安排有关，中国农村的土地制度是乡—城迁移人口迁移短期性、流动性强的主要原因（Zhao，1999b；Yan et al.，2014）。不同学者对多个国家的实证研究也都表明土地产权是影响人口迁移最强的因素之一（VanWey，2005；Muriuki et al.，2011；Chernina et al.，2014；Piotrowski et al.，2013）。

乡—城迁移人口在农村拥有的土地和住房，使他们进了城也离不开农村（Chen et al.，2014）。不少乡—城迁移人口不愿意以放弃农村承包土地及宅基地换取城市户籍及商品房（罗明忠等，2012）。"想保留承包地"是大多数农民工不愿转为非农业户籍的主要原因（张翼，2011）。盛亦男（2014）的研究发现，在家乡拥有的住房、土地等实物资本具有保险功能，会降低举家迁居的可能性。农村土地市场尚未完善、农民财产权利不甚明晰，使户籍地有土地的流动人口家庭受土地"回拉力"作用而回迁意愿更强（谭静等，2014）。但是，陈会广等（2012）认为农村土地所具有的保障性功能既可以解除乡—城迁移人口城镇生活的后顾之忧，促进其留在城镇，也会因抑制即时土地资产价值的兑现而起到相反作用，从而使农村土地对于乡—城迁移的作用方向模糊不定。从人口迁移的成本和收益考虑，明晰的土地产权安排能降低农村人口向城市迁移的经济损失、心理成本和交易成本，从而增加迁移的预期收益，对乡—城迁移有积极影响（姚从容，2003；Ma et al.，2016）。

乡—城迁移人口在农村的土地权益主要体现在农地和宅基地两方面。改革开放40多年来，中国的土地制度因土地用途的不同而沿着不同的路径演进：农地制度变迁一直沿着稳定地权、促进市场交易的改革路径前进；而宅基地等非农用地的制度变迁却朝着强化地方政府垄断和土地利益最大化的方向发展（刘守英，2008；丰雷等，2013）。在这样的土地制度演进过程中，一方面，随着一系列法律与政策的制定，农地调整在制度上受到了严格的限制，地权稳定性不断增强，农地租赁市场逐渐形成并日益活跃，参与农地租赁的农户不断增多，经济发达地区的农地租赁交易更为普遍（田传浩、方丽，2013；田传浩、贾生华，2004）；另一方面，随着工业化和城镇化的发展，农村非农用地的价值不断提升，农村集体建设用地隐性流转普遍存在，但受到法律法规的限制，宅基地等非农用地的流转缺乏合法的市场通道（高圣平、刘守英，2007；常敏，2013）。不同的制度变迁路径使农地与宅基地的市场发展状况显著不同，而关于农地与宅基地对于乡—城人口迁移影响的对比分析尚属空白。

四 研究进展总体评述

（一）人口迁移的研究重点转向持久性迁移

与其他国家相比，中国人口迁移的最大特点是乡—城迁移的不完全、不彻底，实现了人口从农村的流出，却没有实现人口在城市的定居，迁移的持久性差。乡—城人口迁移的持久性差是中国城镇化质量不高的重要原因，大量被统计为城镇常住人口的乡—城迁移人口及其随迁家属，却不能平等地享受城镇居民的基本公共服务。不彻底的乡—城迁移使城镇地区的劳动力供给少于彻底的乡—城迁移下的劳动力供给，使刘易斯拐点提前到来（Cai & Ng，2014）。迁移人口未能与当地户籍人口一样享受城市公共服务，增加了其因生活工作不确定性带来的预防性储蓄，降低了消费意愿，阻碍了迁移人口这一庞大群体的需求释放，也在一定程度上削弱了中国经济增长动力。当前"新型城镇化"的核心问题就在于弱化乡—城人口迁移的短期性、流动性，增强乡—城人口迁移的持久性。因此，对持久性迁移的研究具有重要的现实意义。同时，学术界关于中国人口迁移的研究开始更多地关注人口的持久性迁移。在未来相当长一段时间内，人口的持久性迁移仍将是中国人口迁移研究的重点。

（二）住房与人口迁移关系的研究有待于拓展

随着一系列市民化政策的实施，迁移人口在城镇享受公共服务的各种障碍将逐步削弱，而住房价格、住房产权等住房问题将对人口迁移产生更加重要的影响。相较于城—城迁移人口，乡—城迁移人口的住房问题更为复杂。在工作城镇，乡—城迁移人口的住房大多是租赁或是单位宿舍，是用来满足日常居住需求的；在农村老家，乡—城迁移人口的住房与宅基地等土地权益密切相关，不具有有效的市场交易路径但具有兜底的保障和升值的预期，是用来回乡时居住和作为财产权益而保留的；在非工作城镇，除了可以满足乡—城迁移人口日常工作往返的住房外，其他乡—城迁移人口在农村老家附近的城镇或是子女就业的城镇等非工作城镇所购买的住房，都是类似于一种存款转移，兼具财富象征、保值增值、福泽后代的作用。从某种程度上可以说，乡—城迁移人口在工作城镇的住房是用来住的，在农村老家的住房是用来留的，在非工作城镇的住房是用来存的。乡—城迁移人口在工作城镇、农村老家甚至是非工作城镇的住房，构成了乡—城迁移人口的"住房多点配置"。绝大多数的乡—城迁移人口住房都是"城—乡双配置"，其中还有相当一部分是"城—乡—城三配置"。虽然在非工作城镇购房很可能是出于无力承担在工作城镇购房支出的无奈之举，在农村保留宅基地和住房也有其制度上的原因，但是这在使用和占用层面上还是构成了同一家庭的住房多点配置，从而造成住房资源和土地资源的一种浪费，也影响到乡—城迁移人口向工作城镇的持久性迁移。"住房多点配置"使住房对乡—城人口持久性迁移的影响更具特殊性与复杂性，但是关于住房多点配置对乡—城迁移人口持久性迁移影响的研究远未深入。同时，住房产权、住房保障等与人口迁移关系的研究也较为匮乏。这些都有待于在研究中加以拓展。

（三）土地与人口迁移关系的研究有待于深入

乡—城迁移人口在农村老家普遍拥有宅基地及住房，虽然现行政策强调不得将农村的"三权"（即土地承包权、宅基地使用权、集体收益分配权）作为进城落户条件，但是《土地管理法》规定"农村村民一户只能拥有一处宅基地"，如果全家都进城落户不再是农村村民，那么在农村保留宅基地就失去了法律依据；《农村土地承包法》也规定"承包期内，承包方全家迁入设区的市，转为非农业户口的，应当将承包的耕地和草地交回发包方"。农村的土地在，农村的土地权益在，乡—城迁移人口与农村的联系就更为密切，向城镇的持久性迁移就更难实现。乡—城迁移人口在农村的土地权益主要体现在农地和宅基地两方面。改革开放40多年来，中国的土地制度因土地用途的不同而沿着不同的路径演进，不同的制度变迁路径使农地与宅基地的市场发展状况显著不同，而关于农地与宅基地对于人口迁移影响的对比分析则有所不足。同时，人口迁移对农村土地权益处置的影响也有待于进一步深入研究。

第三节 研究目标与研究内容

一 研究目标

人口迁移直接影响到城镇化质量的提升、土地利用效率的提高等问题。因此，本研究的目标是，通过研究住房、土地与人口迁移的关系，为制定城乡住房与土地政策提供相应的依据，引导人口合理迁移，从而达到提高城镇化质量、减少住房和土地资源浪费、促进社会和谐发展的目的。

拟解决的关键问题，包括如下几个。

（1）住房和土地会通过怎样的途径影响人口的迁移？

随着户籍制度改革、基本公共服务均等化的推进，人口迁移的户籍障碍进一步削弱，住房和土地的影响则进一步增强。而住房和土地会通过怎样的途径影响人口的迁移呢？这个问题实际上是住房和土地影响人口迁移的机制问题，本研究对住房和土地影响人口迁移机制的理论分析将主要回答这一问题。

（2）中国住房、土地与人口迁移关系的制度基础和现实基础是什么情况？

中国人口迁移与住房、土地制度的变迁是分析中国住房、土地与人口迁移关系必不可少的制度基础。同时，人口迁移的特征、住房与土地市场的发展、迁移人口住房及土地权益状况是分析中国住房、土地与人口迁移关系的现实基础。本研究对住房、土地和人口迁移的历史与现实分析将主要回答这些问题。

（3）住房价格、住房产权、住房保障、土地权益与人口迁移的实际关系如何？

流入城镇、老家、非流入城镇的住房价格、住房产权、住房保障、土地权益与人口迁移的关系研究将涵盖一系列问题，如：城镇住房价格与人口迁移之间的相互关系？租赁住房能否支撑人口的持久性迁移？住房保障是否能解决迁移人口在流入城镇的长期居住问题？在非流入城镇购房会对人口迁移产生怎样的影响？……这些都关乎住房、土地与人口迁移之间的实际影响程度和影响方向。本研究对住房、土地与人口迁移的实证分析将主要回答这一系列问题。

二 研究思路与内容

本研究方案设计，遵循提出问题、分析问题、解决问题的逻辑思路。本研究从分析全球的城镇化规律入手，判断中国的城镇化发展阶段，提出现阶段中国城镇化的突出问题。再对国内外研究进展进行评述，提出研究目标、设计研究路线、明确创新突破点。继而对人口迁移理论脉络和土地与住房理论脉络进行梳理，并由此构建将住房、土地与人口迁移相联系的数理模型。然后通过对中国人口迁移制度演进、住房与土地制度变迁的阶段性总结，形成制度分析基础；通过对中国人口迁移特征分析、住房和土地市场发展分析、迁移人口的住房及土地权益现状分析，夯实研究的现实基础。而后对住房价格、住房产权、住房保障、农村土地权益等与人口迁移的关系进行了实证分析。最后，对分析结果进行总结，进而提出相应的政策建议。

从结构上看，本研究基于中国的城镇化进程紧紧围绕着"住房、土地与人口迁移的关系研究"这一命题展开，研究内容可以分为五大组成部分，即背景与意义、理论分析、历史与现实、实证分析、结论与建议。各部分的章节内容设计思路如下。

背景与意义部分，即第一章引言，包括研究的现实背景与研究进展两大方面。先从分析全球的城镇化进程及规律特征入手，判断中国的城镇化发展阶段，并提出现阶段中国城镇化的突出问题。再对国内外相关研究进展进行评述，从而提出研究目标、设计研究路线、明确研究的创新突破点。

理论分析部分，即第二章理论分析框架，包括对人口迁移理论脉络和土地与住房理论脉络进行梳理，并在此基础上构建将住房、土地与人口迁移相联系的数理模型。数理模型主要侧重于个体层面的迁移决策和城市层面的空间均衡，通过对数理模型的构建与分析，使住房、土地与人口迁移的内在机制得以体现。

历史与现实部分，涵盖第三章中国的人口迁移制度演进与迁移特征、第四章中国的住房与土地制度变迁及市场状况、第五章迁移人口的住房及土地权益。其中，第三章中国的人口迁移制度演进与迁移特征，既包括对户籍制度、就业制度、地域发展政策等影响人口迁移的制度变迁总结，也包括对中国人口迁移的规模特征、空间特征、主体特征的分析；第四章中国的住房与土地制度变迁及市场状况，则包括对住房与土地制度演变的阶段性总结，以及对住房市场、土地市场的发展状况分析；第五章迁移人口的住房及土地权益，主要从流入地、流出地分析乡—城迁移人口和城—城迁移人口的住房及土地权益现状。

实证分析部分，包括第六章住房价格与人口迁移、第七章住房产权与人口迁移、第八章住房保障与人口迁移、第九章农村土地权益与人口迁移。其中，第六章住房价格与人口迁移，将在分析住房价格与迁移人口住房支付能力的基础上，一方面以住房支付能力指标为变量分析住房销售价格和租赁价格对人口迁移的影响，另一方面分析人口迁移对住房价格的影响；第七章住房产权与人口迁移，将分别从流入地住房产权、户籍地县城住房产权等方面对人口迁移的影响进行分析；第八章住房保障与人口迁移，将从有无住房保障、住房保障类型等方面对人口迁移的影响进行分析；第九章农村土地权益与人口迁移，将从农村土地权益对人口迁移的影响、人口迁移对农村土地权益处置的影响两个方向分析农村土地权益与人口迁移的关系。

结论与建议部分，即第十章结论与建议，此部分结论与政策建议为两部分：其一，总结分析结果。分别对理论分析部分、历史与现实部分、实证分析部分的研究成果进行总结。其二，提出相关的政策建议。综合理论分析部分、历史与现实部分、实证分析部分的研究结果，从人口迁移、住房、土地等方面提出政策建议。

本研究的技术路线如图1-7所示。

总体而言，本研究采用的方法是定性研究与定量研究相结合的方法。具体而言，本研究将根据不同的研究内容选用相应的研究方法，主要研究内容与研究方法的对应情况如下。

背景与意义部分，采用的是文献分析和统计数据分析的方法。其中，文献分析主要是对国内外各资料库的文献进行分析；分析全球的城镇化进程及规律特征，主要利用的是联合国、世界银行的统计数据；分析中国城镇化发展阶段，主要利用的是国家统计局的数据。

理论分析部分，采用的是文献分析和数理模型分析的方法。其中，对人口迁移理论脉络和土地与住房理论脉络的梳理，主要采用的是文献分析法；对住房、土地与人口迁移的内在机制分析，主要采用的是数理模型分析法。

历史与现实部分，采用的是文献分析、统计数据分析、问卷调查与实地访谈相结合的方法。其中，对中国的人口迁移制度演进、住房与土地制度变迁的分析主要采用的是文献分析法；对中国人口迁移特征、住房与土地市场

```
研究思路              研究内容                      研究方法

背景与意义    ┌─────────────────────┐        ◇文献分析
            │  研究背景及意义        │        ◇统计数据分析
            │  国内外研究进展        │
            └─────────────────────┘

理论分析    ┌─────────────────────────────┐    ◇文献分析
            │ 理论脉络：迁移流动的人口      │    ◇数理模型分析
            │ 理论脉络：固定不动的土地与住房 │
            │ 模型构建：住房、土地与人口迁移 │
            │         的关系               │
            └─────────────────────────────┘

历史与现实  ┌─────────────────────────────┐    ◇文献分析
            │ 中国的人口迁移制度演进         │    ◇统计数据分析
            │      与迁移特征              │    ◇问卷调查
            │ 中国的住房与土地制度变迁       │    ◇实地访谈
            │      及市场状况              │
            │ 迁移人口的住房及土地权益       │
            └─────────────────────────────┘

实证分析    ┌─────────────────────────────┐    ◇调查问卷分析
            │ 住房价格与人口迁移            │    ◇统计数据分析
            │ 住房产权与人口迁移            │    ◇计量模型分析
            │ 住房保障与人口迁移            │
            │ 农村土地权益与人口迁移         │
            └─────────────────────────────┘

结论与建议  ┌─────────────────────┐
            │   分析结果总结        │
            │   相关政策建议        │
            └─────────────────────┘
```

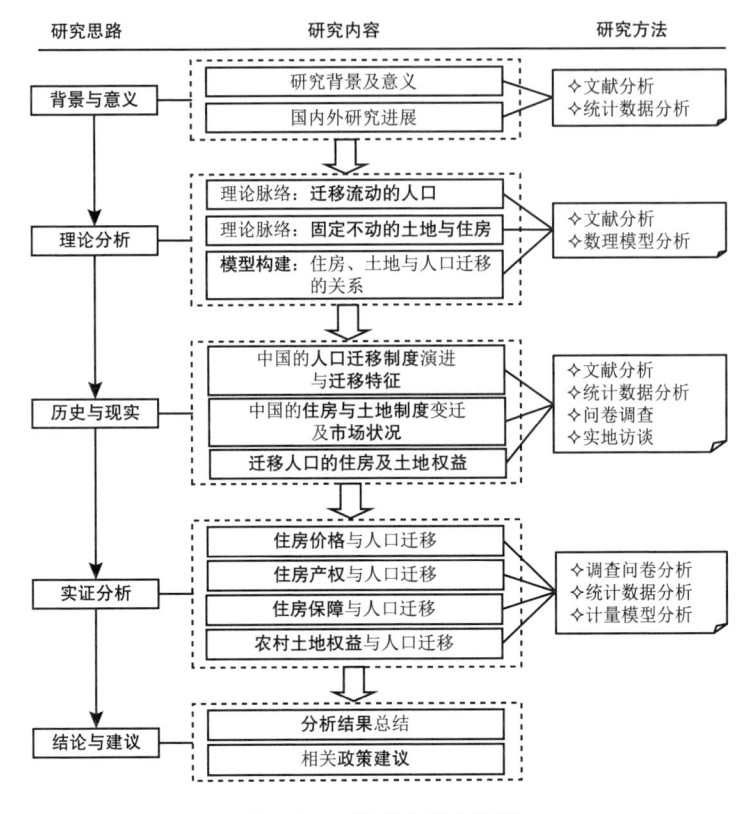

图1-7 本研究的技术路线

发展状况、迁移人口的住房及土地权益现状分析主要采用的是统计数据分析、问卷调查与实地访谈相结合的方法。

实证分析部分，采用的是调查问卷分析、统计数据分析和计量模型分析相结合的方法。其中，个体层面的分析主要采用的是 Logit 模型、LPM 模型、稀有事件模型等计量模型分析方法；城市层面的分析主要采用的是动态面板模型、空间计量模型等计量模型分析方法。

三　创新之处

本研究的创新之处主要体现在以下几方面。

一是内容结构方面，本研究全面系统地分析总结住房、土地与人口迁移的关系。已有住房、土地与人口迁移的关系研究成果主要集中于期刊论文,而期刊论文受限于篇幅等因素,往往只能针对一个问题、一个方面进行论述。对于迁移人口住房的已有研究主要集中在迁移人口在流入城镇的住房和在老家的土地方面,迁移人口在老家和非流入城镇的住房研究较少;在影响人口迁移的众多因素中,土地与住房的影响逐渐突出,尤其是对持久性迁移的影响更为重要,然而,对住房、土地与人口迁移关系的系统全面论述尚存在不足。本研究系统总结住房价格、住房产权、住房保障、农村土地权益等多方面与各类人口迁移的关系,从流入城镇、老家甚至是非流入城镇多个空间维度进行研究,无疑具有创新性。

二是数据方法方面,本研究综合利用多种方法、多来源数据,针对问题进行多层面分析。根据住房、土地与人口迁移的关系中涉及的不同问题,本研究将理论分析与实证分析相结合,综合选取各类各期的普查数据、统计年鉴数据、国家部委数据、调查问卷数据、实地访谈数据,从个体、城市、地区等多层面进行分析,丰富了住房、土地与人口迁移关系的应用研究和学术体系。

三是分析视角方面,本研究从全球的视角将国际比较纳入城镇化、住房、土地、人口迁移等多方面的研究。从已有研究成果来看,从全球的视角通过国际对比分析中国城镇化、住房、土地、人口迁移等的文献较少,而对全球发展规律的把握、对国际经验的借鉴有利于更好地拓展研究的广度与深度。从全球的视角将国际比较纳入城镇化、住房、土地、人口迁移等多方面的研究,也是本研究具有新意的地方。

第二章　理论分析框架

第一节　理论脉络：迁移流动的人口

一　从一般规律的总结转向微观机理的探究

关于人口迁移理论开端，较为一致的观点是 Ravenstein 在 19 世纪 80 年代发表的题为《迁移法则》（The Laws of Migration）的论文，总结了人口迁移的七大规律，包括：人口迁移以短距离迁移为主；迁移具有传递性，当一个快速发展城镇的周边农村人口向城镇迁移后，周边农村地区产生的空缺将由更偏远地区的人口迁入所填补；人口的分散过程与集聚过程正相反，但会呈现相似的特征；每一个主要流向的迁移都伴随着一个逆向流动；长距离迁移一般发生在向大的商业中心或工业中心的迁移中；农村居民的迁移倾向比城镇居民更强；女性的迁移倾向比男性更强（Ravenstein，1885；Ravenstein，1889）。此后相当长一段时间内，人口迁移的理论研究重点主要集中于对人口迁移的规律总结上。Hawley（1944）从人类生态学的视角提出，迁移是人类为了适应资源等生存条件而产生的行为。Zipf（1946）则认为人口迁移主要受到人口和距离两大因素的影响，提出了引力模型，即两地之间的人口迁移量与两地的人口数量成正比、与两地之间的距离成反比。Lee（1966）将影响迁移决策与迁移过程的因素总结为四个方面，即与迁出地有关的因素、与迁入地有关的因素、迁移的障碍、迁移者个人的因素。Zelinsky（1971）将人口流动转变划分为五个阶段，即前工业化社会阶段、工业化初期阶段、工业化晚期阶段、发达社会阶段、未来高度发达社会阶段。而后，人口迁移理论开始有了较为明显的变化，研究重点逐渐从宏观层面向中观层面乃至微观层面转变。Dorigo 和 Tobler（1983）建立推—拉理论（Push-Pull Model）的数学模型，并用美国的数据在区域和城市层面进行实证检验。越来越多的研究开始强调微观个体的迁移决策，微观数据对人口迁移研究的重要性也日益凸显（DaVanzo，1983；Stark & Bloom，1985；Willekens et al.，2016）。

二 由单学科拓展深入变为多学科交叉融合

以经济学为例来看人口迁移理论由单学科拓展深入变为多学科交叉融合的发展趋势。经济学中提到关于人口迁移的理论，就不能不提 Lewis 在 1954 年发表的《无限供给劳动力条件下的经济发展》（Economic Development with Unlimited Supplies of Labour），文中提出了发展中国家经济二元结构理论，建立了两部门模型，资本部门（工业）的扩张有赖于非资本部门（农业）的廉价劳动力供给（Lewis，1954）。其后，Fei 和 Ranis 对 Lewis 的两部门模型进行修正，强调了农业部门的重要性，形成了解释发展中国家经济增长的刘易斯—费—拉尼斯模型（Lewis-Fei-Ranis Model）（Ranis & Fei，1961）。之后，Todaro 又将城市失业率纳入对发展中国家劳动力流动的分析中，提出了托达罗模型（Todaro Model）（Todaro，1969；Harris & Todaro，1970）。至此，可以看到经济学对人口迁移的研究基本是在部门间或区域间的劳动力供求差异分析框架下进行的。但是，到了20世纪八九十年代以后发生了重要变化，以 Stark、Taylor 等人为代表的"移民新经济学"（The New Economics of Labor Migration）兴起，除了经济变量外，社会关系、地理环境等因素也被纳入劳动力迁移的理论分析中，明显融入了社会学的分析视角（Stark & Bloom，1985；Stark，1991；Taylor，1999；沈体雁等，2021）。与此同时，社会学、地理学等学科对人口迁移的影响分析中，也越来越多地加入了经济学的分析方法。多学科的交叉融合已经成为人口迁移理论发展的一大趋势。

三 体现出鲜明的时代特征与国家发展阶段

随着全球化的发展,国际政治、经济联系不断增强,20 世纪八九十年代以后,对人口迁移理论中关于国际移民的研究逐渐增多,研究成果日益丰富。Borjas(1989)从三个相连的问题——什么决定了国际移民流向特定目的地国家的规模和构成、移民如何适应目的地国家、移民对目的地国家经济产生怎样的影响——出发,构建理论模型并进行实证检验。Massey 等(1993)系统回顾了国际迁移的各种理论,并加以评论。国际移民中的社会网络、法律障碍、社会文化差异等都是研究中的重要课题(Fawcett,1989;Mckenzie & Rapoport,2007;Castles,2010;Mayda,2010)。也有学者将国际移民与国内移民的研究结合起来,例如,King 和 Skeldon(2010)在同一个理论框架下对国内移民与国际移民进行比较,研究国内迁移与国际迁移的关系。但是,与此同时,由于各国的发展阶段不尽相同,对中国这样的发展中大国而言,国内人口迁移尤其是乡—城人口迁移依然是人口迁移理论研究的重点(赵耀辉、刘启明,1997;蔡昉,2000;杨云彦,2003;王桂新等,2012;朱宇等,2016;段成荣等,2019)。户籍制度、土地制度等中国人口迁移中的制度限制也受到了研究者的重点关注(Chan & Zhang,1999;陶然、徐志刚,2005;Chan & Buckingham,2008;孙三百等,2012;董昕、王小映,2020)。

第二节 理论脉络:固定不动的土地与住房

一 土地与住房的固定性决定了区位的重要性

位置的固定性与不可移动性是土地这一资源要素的重要特征之一。而住房需要建筑在土地之上,住房与土地具有不可分性,除了历史保护修复等极少数情况外,住宅与土地一样具有位置的固定性与不可移动性。土地与住房的固定性与不可移动性，使得"区位"在土地与住房的理论研究中具有十分重要的位置，区位论（Location Theory）成为土地与住房理论的重要基础理论。追溯过往，可以说1826年杜能（von Thünen）提出的"孤立国"假设开启了区位论的研究，其后，韦伯（Alfred Weber）、马歇尔（Alfred Marshall）、费特尔（Frank A. Fetter）、廖什（August Lösch）、克里斯塔勒（Walter Christaller）等学者也都为区位论的发展添砖加瓦；从农业区位论，到工业区位论、商业区位论，再到中心地理论，区位理论不断丰富（杜能，1986；Weber，1962；Marshall，2009；Fetter，1924；Lösch，1954；Christaller，1966）。20世纪60年代，阿隆索（William Alonso）重新架构了杜能的农业用地模型，开创性地把城市用地分成不同的类别来判断，由此提出了区位选择理论，其核心是人们通过在地租和通勤成本之间进行权衡来决定居住区位（Alonso，1960；Alonso，1964）。

二 地租和房价始终是土地与住房研究的核心

纵观土地与住房的相关研究，地租和房价始终是土地与住房研究的核心。可以说，"地租"是土地经济研究的起点。17世纪末，古典政治经济学创始人——威廉·配第（William Petty）提出了"劳动是财富之父、土地是财富之母"的著名观点，也最早提出了级差地租的概念。18~19世纪，以亚当·斯密（Adam Smith）、大卫·李嘉图（David Ricardo）、冯·杜能（von Thünen）等为代表的古典经济学家对地租理论进行了研究；马克思对西方古典经济学进行扬弃，提出了系统的马克思主义地租理论，列宁的土地国有化理论则进一步丰富和发展（丰雷等，2017）。19世纪70年代至20世纪初，经济学界的"边际革命"，使经济学从古典经济学强调的生产、供给和成本，转向现代经济学关注的消费、需求和效用（晏智杰，2004）。20世纪60年代以后，以阿隆索（Alonso）、穆斯（Muth）、米尔斯（Mills）、伊文思（Evans）等为代表的经济学家将边际分析方法应用于传统的地租理论中，形成了新古典主义城市地租理论。在住房经济学研究领域，住宅价格（房价）也是贯穿始终的核心研究内容，特征价格法（Hedonic Price

Method）是研究住宅价格的常用方法，每套住房都提供了不同的特征束，家庭会选择自己最偏好的特征束（O'Sullivan & Gibb，2008；Malpezzi，2002）。

三　从城市内空间关系向城市间空间关系拓展

土地与住房的固定性，使土地市场与住房市场具有很强的地方属性，因而对土地与住房的研究很多是在本地市场内部进行的。研究城市经济学的经典模型之一，Alonso-Muth-Mills模型（简称"AMM模型"），就是以地租和住房价格为核心来研究城市内部的空间均衡的（Alonso，1960；Muth，1961；Mills，1967）。AMM模型假设所有地点都与市中心的距离相关联，所有人都在市中心工作，刻画了单中心城市空间结构，其最大贡献在于解释了个人的最优空间决策。而人口的迁移流动对住房和土地市场产生了重要的影响，同时，住房和土地也对人口的迁移流动产生重要影响，这要求住房与土地的研究必须突破城市内部市场的限制，对不同城市间的市场进行研究。城市经济学的另一经典模型，Rosen-Roback模型研究的就是城市之间的空间均衡，与AMM模型假设工资与居住地无关不同，Rosen-Roback模型将工资视为与居住地有关的内生变量，以特征价格为基础研究了地方特征对劳动力数量、工资和房价的影响（Rosen，1974；Roback，1982）。中国等发展中国家的人口迁移，尤其是城镇化过程中的乡—城人口迁移，与住房价格、住房产权、土地权益等的关系成为学者关注的重点（Brueckner & Lall，2015；Garriga et al.，2017；Wang et al.，2017；de Janvry et al.，2015；Gao et al.，2020）。

第三节　模型构建：住房、土地与人口迁移的关系

一　个体层面的迁移决策模型

人口迁移取决于其家庭或个人在迁出地与迁入地的效用对比。在中国，城—城人口迁移一般不涉及非住房的土地问题，可以说只涉及住房和其连带

的土地问题;相较而言,乡—城人口迁移更为复杂,不仅涉及住房和连带的土地问题,还涉及非住房的土地问题。因此,个人层面的迁移决策模型,以乡—城人口迁移为主要分析思路,然后再拓展至城—城人口迁移。由于在非持久性迁移中迁移者通常不会考虑住房或土地产权的购置与处理,为了将住房和土地因素更全面地囊括在对人口迁移的分析中,所以,下面的分析将迁移分为非持久性迁移与持久性迁移两个阶段,并对持久性迁移加以重点分析。

(一)人口迁移的效用函数与决策模型

对乡—城人口迁移的分析,离不开农村与城镇两部分,因此,在对乡—城迁移人口住房、土地对其持久性迁移影响机制的分析中,以城乡人口迁移的经济学经典模型——托达罗模型(Todaro Model)为基础(Todaro,1969),参考钟水映和李春香(2015)等学者的修正,将人口迁移分为非持久性迁移与持久性迁移两个阶段,构建乡—城人口迁移的效用函数与决策模型。

托达罗模型(Todaro Model)中,设定:在 $t=0$ 时,

乡—城迁移者在农村的收入现值为:

$$V_R(0) = \int_{t=0}^{n} [Y_R(t)] e^{-rt} dt$$

乡—城迁移者在城市的收入现值为:

$$V_U(0) = \int_{t=0}^{n} [\pi(t) Y_U(t)] e^{-rt} dt - C(0)$$

式中,$V_R(0)$、$V_U(0)$ 分别表示乡—城迁移者在农村、城市的收入现值,$Y_R(t)$、$Y_U(t)$ 分别表示在 t 时期内乡—城迁移者在农村、城市的收入[①],$\pi(t)$ 表示 t 时期内乡—城迁移者在城市的就业概率,r 表示贴现因子,$C(0)$

---

① 虽然在 Todaro(1969)的原文中 $Y(t)$ 表示净收入(Net Real Income),但是考虑到迁移者在城市的生活支出存在刚性,并不完全由找到工作的概率 $p(t)$ 所决定,原文用 $p(t) Y_u(t)$ 表示迁移者在城市的净收入是不合适的,所以此处用 $Y(t)$ 表示收入,下文再在模型中添加迁移者的生活支出。

表示迁移成本。

在此基础上，结合中国乡—城迁移人口的实际情况，以及分析住房和土地对乡—城人口迁移影响机制的需要，为补充托达罗模型（Todaro Model）的不足，本研究对托达罗模型（Todaro Model）做出如下修正：

修正1：将迁移分为非持久性迁移与持久性迁移两个阶段；

修正2：将收入分析改为效用分析，在模型中纳入非经济因素；

修正3：将城乡生活成本差异纳入模型分析；

修正4：着重将住房、土地因素体现在模型分析中。

中国乡—城迁移人口的迁移模式呈现典型的就业带动模式，就业是乡—城迁移人口最主要的迁移原因，中国流动人口动态监测调查（China Migrants Dynamic Survey，简称CMDS）2017年数据表明，为了就业（含务工、经商等）而进行流动的农业户籍流动人口占85.0%。因此，在模型构建时，为简化起见，只考虑就业人口从农村向流入城镇的迁移，暂不考虑非就业人口的迁移。模型设定如下。

阶段1——非持久性迁移阶段，乡—城迁移人口的迁移决策模型表示为：

$$V_1(0) = \int_{t=0}^{n} [U_U(t) - U_R(t)] e^{-rt} dt - C_1(0)$$
$$M_1 = f_1[V_1(0)], \quad f_1' > 0 \tag{2-3-1}$$

阶段2——持久性迁移阶段，乡—城人口迁移的决策模型表示为：

$$V_2(0) = \int_{t=0}^{n} [U_U(t) - U_R(t)] e^{-rt} dt - C_2(0)$$
$$M_2 = f_2[V_2(0)], \quad f_2' > 0 \tag{2-3-2}$$

式中，$V_1(0)$、$V_2(0)$ 分别表示非持久性迁移、持久性迁移中乡—城迁移人口的迁移行为在 t 时期内得到的效用现值，$U_U(t)$、$U_R(t)$ 分别表示乡—城迁移人口 t 时期内在流入城镇和农村老家的效用，$C_1(0)$、$C_2(0)$ 分别表示乡—城迁移人口在非持久性迁移、持久性迁移时的迁移成本；M_1、M_2 分别表示乡—城迁移人口向流入城镇非持久性迁移的数量与持久性迁移的数量，$f_1' > 0$、$f_2' > 0$ 分别表示迁移数量是乡—城迁移人口效用现值的增函数。

当 $V_1(0)>0$，且 $V_2(0)>0$ 时，乡—城迁移人口能够向流入城镇持久性迁移；当 $V_1(0)>0$，且 $V_2(0)<0$ 时，乡—城迁移人口向流入城镇的迁移为非持久性迁移，即"流而不迁"；当 $V_1(0)<0$，且 $V_2(0)<0$ 时，乡—城迁移人口留在农村，或选择返乡。

将迁移者的效用划分为由经济因素带来的效用与由非经济因素带来的效用两大类，则乡—城迁移人口在流入城镇和农村老家的效用分别为：

$$U_U(t) = \theta_U [\pi(t) Y_U(t) - S_U(t)] + B_U(t) \tag{2-3-3}$$

$$U_R(t) = \theta_R [Y_R(t) - S_R(t)] + B_R(t) \tag{2-3-4}$$

式中，$U_U(t)$、$U_R(t)$ 分别表示乡—城迁移人口 t 时期内在流入城镇和农村老家的效用，$Y_U(t)$、$Y_R(t)$ 分别表示乡—城迁移人口 t 时期内在流入城镇和农村老家的经济收入，$\pi(t)$ 表示乡—城迁移人口 t 时期内在流入城镇的就业概率，$S_U(t)$、$S_R(t)$ 分别表示乡—城迁移人口 t 时期内在流入城镇和农村老家的生活成本，θ_U、θ_R 分别表示乡—城迁移人口 t 时期内在流入城镇和农村老家由剩余收入带来的效用系数，$B_U(t)$、$B_R(t)$ 分别表示乡—城迁移人口 t 时期内在流入城镇和农村老家由非经济因素带来的效用。

为了考察住房因素对迁移决策的影响，进一步地，将生活成本划分为住房支出与非住房支出，则乡—城迁移人口在流入城镇和农村老家的生活成本分别为：

$$S_U(t) = S_{UH}(t) + S_{UNH}(t) \tag{2-3-5}$$

$$S_R(t) = S_{RH}(t) + S_{RNH}(t) \tag{2-3-6}$$

$$S_U(t) - S_R(t) = [S_{UH}(t) - S_{RH}(t)] + [S_{UNH}(t) - S_{RNH}(t)] \tag{2-3-7}$$

式中，$S_U(t)$、$S_R(t)$ 分别表示乡—城迁移人口 t 时期内在流入城镇和农村老家的生活成本，$S_{UH}(t)$、$S_{RH}(t)$ 分别表示乡—城迁移人口 t 时期内在流入城镇和农村老家的住房支出，$S_{UNH}(t)$、$S_{RNH}(t)$ 分别表示乡—城迁移人口 t 时期内在流入城镇和农村老家的非住房支出。

在电子商务发展、物流可达性日益提高的情况下，非住房生活成本

$[S_{UNH}(t)-S_{RNH}(t)]$ 相差较小时，城乡生活成本的主要差异取决于住房支出的差异 $[S_{UH}(t)-S_{RH}(t)]$。中国的城乡二元土地制度之下，乡—城迁移人口在农村老家法定数量内的（一处）宅基地是无偿取得的，农村住房支出主要是住房建造成本，分摊到第 t 期，$S_{RH}(t)$ 可以视为第 t 期的住房建造成本折旧值。而乡—城迁移人口在流入城镇的第 t 期住房支出 $S_{UH}(t)$，则由第 t 期的住房价格 $P(t)$ 和住房面积 $H_U(t)$ 所决定，见下式：

$$S_{UH}(t)=P(t)H_U(t) \qquad (2-3-8)$$

为了考察住房因素对迁移决策的影响，再进一步，将非经济因素带来的效用划分为与住房相关的非经济效用和与住房无关的非经济效用，则乡—城迁移人口在流入城镇和农村老家的非经济效用分别为：

$$B_U(t)=B_{UH}(t)+B_{UNH}(t) \qquad (2-3-9)$$

$$B_R(t)=B_{RH}(t)+B_{RNH}(t) \qquad (2-3-10)$$

$$B_U(t)-B_R(t)=[B_{UH}(t)-B_{RH}(t)]+[B_{UNH}(t)-B_{RNH}(t)] \qquad (2-3-11)$$

式中，$B_U(t)$、$B_R(t)$ 分别表示乡—城迁移人口 t 时期内在流入城镇和农村老家的非经济效用，$B_{UH}(t)$、$B_{RH}(t)$ 分别表示乡—城迁移人口 t 时期内在流入城镇和农村老家与住房相关的非经济效用，$B_{UNH}(t)$、$B_{RNH}(t)$ 分别表示乡—城迁移人口 t 时期内在流入城镇和农村老家与住房无关的非经济效用。

与住房相关的非经济效用，主要是指在流入城镇乡—城迁移人口子女的受教育权等带来的效用，假设在流入城镇与住房相关的非经济效用 $B_{UH}(t)$ 与住房产权 A_U 之间影响系数为 φ_U，则乡—城迁移人口在流入城镇与住房相关的非经济效用 $B_{UH}(t)$ 可以表示为：

$$B_{UH}(t)=\varphi_U A_U(t), \quad 0<\varphi_U<1 \qquad (2-3-12)$$

对于阶段 1——非持久性迁移阶段，将式（2-3-3）、（2-3-4）、(2-3-5)、(2-3-6)、(2-3-8) 代入式（2-3-1），同时，为了更清晰地看到住房因素的影响，将城乡非住房生活成本差异取值为零，即 $[S_{UNH}(t)-S_{RNH}(t)]=0$，则有：

$$V_1(0) = \int_{t=0}^{n} \{\theta_U[\pi(t)Y_U(t) - P(t)H_U(t)] - \theta_R[Y_R(t) - S_{RH}(t)] + [B_U(t) - B_R(t)]\}e^{-rt}dt - C_1(0)$$

(2-3-13)

在非持久性迁移阶段，迁移者通常不会考虑住房产权的购置与处理，因而影响乡—城人口迁移决策的住房因素主要是住房价格而不是住房产权，而且住房价格为租赁价格。从式（2-3-13）可以看出，流入城镇的住房租赁价格与乡—城迁移人口效用现值为负相关关系，流入城镇的住房租赁价格越高，则效用现值越低，越不利于迁移的发生。

对于阶段2——持久性迁移阶段，将式（2-3-3）、（2-3-4）、（2-3-5）、（2-3-6）、（2-3-8）、（2-3-11）、（2-3-12）代入式（2-3-2），同时，为了更清晰地看到住房因素的影响，将城乡非住房生活成本差异取值为零，即$[S_{UNH}(t) - S_{RNH}(t)] = 0$，并假设流入城镇和农村老家与住房无关的非经济效用差异为零，即$[B_{UNH}(t) - B_{RNH}(t)] = 0$，则有：

$$V_2(0) = \int_{t=0}^{n} \{\theta_U[\pi(t)Y_U(t) - P(t)H_U(t)] - \theta_R[Y_R(t) - S_{RH}(t)] + [\varphi_U A_U(t) - B_{RH}(t)]\}e^{-rt}dt - C_2(0)$$

(2-3-14)

在持久性迁移阶段，迁移者通常会考虑住房产权的购置与处理，因而影响乡—城人口迁移决策的住房因素不仅包括住房价格而且包括住房产权。从式（2-3-14）可以看出，流入城镇的住房价格与乡—城迁移人口效用现值为负相关关系，流入城镇的住房价格越高，则效用现值越低，越不利于迁移的发生；在流入城镇拥有住房产权，则会使与住房相关的非经济效用增加，从而使效用现值增加，有利于迁移的发生。对于乡—城迁移人口来说，影响其迁移的既有流入城镇的住房因素，又有农村老家的住房和土地因素，甚至还有相当一部分人需要考虑非流入城镇住房因素的影响。这使住房和土地对乡—城迁移人口持久性迁移的影响更具特殊性与复杂性，需要在下一部分进行更进一步的细化分析。

（二）住房、土地对持久性迁移的影响

为了厘清住房和土地对乡—城迁移人口持久性迁移的影响，保持模型的合理简化，只考虑人口从农村向流入城镇的迁移，暂不考虑人口从农村向非流入城镇的转移;同时,将流入城镇住房、农村老家住房(宅基地)、非流入城镇住房作为影响因素进行分析。

假设乡—城迁移人口同时在流入城镇、农村老家、非流入城镇配置有住房(宅基地),其中,在流入城镇的住房通过购买或租赁获得,并拥有农村老家住房(宅基地)、非流入城镇住房的产权。在持久性迁移阶段,迁移者通常会考虑非居住地住房产权的处置。作为乡—城迁移人口,流入城镇是其日常居住地。在模型分析中,假定乡—城迁移人口仅居住于流入城镇并负担流入城镇的住房支出(购买或租赁),同时,对农村老家的住房(宅基地)、非流入城镇的住房进行处置。以下将分两种情况进行讨论:一是将农村老家的住房(宅基地)、非流入城镇的住房处置变现;二是继续持有农村老家的住房(宅基地)、非流入城镇的住房。

情况1:向流入城镇迁移时,将农村老家的住房(宅基地)、非流入城镇的住房处置变现。在这种情况下,持久性迁移阶段乡—城迁移人口的迁移决策模型由式(2-3-2)变为式(2-3-15),增加了住房(土地)处置收益$I(0)$:

$$V_2(0) = \int_{t=0}^{n} [U_U(t) - U_R(t)] e^{-rt} dt - C_2(0) + I(0) \quad (2\text{-}3\text{-}15)$$

$$\text{其中}, I(0) = (P_{RH} - C_{RH}) H_{RH} + (P_{OH} - C_{OH}) H_{OH} \quad (2\text{-}3\text{-}16)$$

式中,$I(0)$表示住房(土地)处置收益,P_{RH}、P_{OH}分别表示农村老家住房(宅基地)、非流入城镇住房的单位面积处置价格,C_{RH}表示农村老家住房的单位面积建造成本及其他获得成本,C_{OH}表示非流入城镇住房的单位面积购置价格及装修等沉没成本,H_{RH}、H_{OH}分别表示农村老家住房(宅基地)、非流入城镇住房的面积。

情况2:向流入城镇迁移时,继续持有农村老家的住房(宅基地)、非流入城镇的住房。在这种情况下,乡—城迁移人口的预算线由式(2-3-17)变为式(2-3-18),乡—城迁移人口在流入城镇的收入,包括工作收入、老家住房租赁收入、非流入城镇住房租赁收入;在流入城镇的支出,包括在流入城镇的住房支出与非住房支出、农村老家的住房支出、非流入城镇的住房支出：

$$Y_U(t) = S_U(t) = S_{UH}(t) + S_{UNH}(t) \qquad (2-3-17)$$

$$Y_U(t) + R_{RH}(t) + R_{OH}(t) = S_{UH}(t) + S_{RH}(t) + S_{OH}(t) + S_{UNH}(t) \qquad (2-3-18)$$

式中，$R_{RH}(t)$、$S_{RH}(t)$ 分别表示第 t 期乡—城迁移人口农村老家住房的租赁收入与持有成本，$R_{OH}(t)$、$S_{OH}(t)$ 分别表示第 t 期乡—城迁移人口非流入城镇住房的租赁收入与持有成本。

下面将以乡—城人口迁移为主分析住房、土地对人口迁移的影响，并将分析扩展至城—城人口迁移，得出的理论假设包括以下几方面。

1. 在流入地拥有住房产权对人口的持久性迁移具有正向影响

从式（2-3-14）可以看出，由于 $0 < \theta_U < 1$，使得 $A_U(t)$ 与效用现值 $V_2(0)$ 之间呈正相关关系。乡—城迁移人口在流入城镇拥有住房产权，会使在流入城镇与住房相关的子女受教育权等非经济效用 $B_{UH}(t)$ 增加，从而使乡—城迁移人口的迁移行为在 t 时期内得到的效用现值 $V_2(0)$ 增加。同时，迁移数量又是乡—城迁移人口效用现值的增函数。所以，在流入城镇拥有住房产权对乡—城迁移人口的持久性迁移具有正向影响。

同理，城—城迁移人口在流入地拥有住房产权，也会使在流入地与住房相关的子女受教育权等非经济效用增加，从而使城—城迁移人口在持久性迁移中得到的效用现值增加。故，与乡—城迁移相同，在流入地拥有住房产权将对城—城迁移人口的持久性迁移具有正向影响。

2. 流入地的住房价格尤其是销售价格对人口的持久性迁移具有负向影响

从式（2-3-14）可以看出，在持久性迁移阶段，流入城镇的住房价格与乡—城迁移人口效用现值为负相关关系，流入城镇的住房价格 $P(t)$ 越高，则迁移行为的效用现值 $V_2(0)$ 越低，越不利于乡—城迁移人口的持久性迁移。对于城—城人口迁移也是如此，流入地的住房价格越高，越不利于人口的持久性迁移。

购买住房和租赁住房是满足居住需求的两种方式，对于购买住房，住房价格 $P(t)$ 是指销售价格；对于租赁住房，价格 $P(t)$ 是指租赁价格。对于持久性迁移，住房产权的作用明显上升，无论是对乡—城迁移人口的持久性迁移还是对城—城迁移人口的持久性迁移而言，流入城镇住房销售价格的影响都非常突出。

3. 享有流入城镇住房保障对人口的持久性迁移具有积极作用

从式（2-3-14）可以看出，在持久性迁移阶段，流入城镇的住房价格与乡—城迁移人口效用现值为负相关关系，享有流入城镇的住房保障相当于降低了流入城镇的住房价格，享有租赁型住房保障相当于降低了租赁价格，享有购置型住房保障相当于降低了购买价格，有利于乡—城迁移人口的持久性迁移。对于城—城人口迁移的影响也类似。但是，这其中住房保障的形式、住房保障与迁移人口需求的匹配程度等都将影响住房保障对人口迁移积极作用的实现。

4. 农村老家住房和土地权益对乡—城迁移人口持久性迁移大多难以形成助力

从式（2-3-15）和（2-3-16）可以看出，乡—城迁移人口农村老家住房（宅基地）权益的处置收益，取决于农村老家住房（宅基地）的处置价格 P_{RH} 和建造成本及其他获得成本 C_{RH} 的对比关系。虽然，不太可能发生 $P_{RH} \leqslant C_{RH}$ 处置收益为负的情况，但是，在现行土地制度下，如2019年修订的《土地管理法》中仍规定"宅基地和自留地、自留山，属于农民集体所有"，除非在征地拆迁获得高额补偿的情况下，乡—城迁移人口自行处置宅基地很难获得数额可观的处置收益。从式（2-3-18）可以看出，乡—城迁移人口农村老家住房的持有收益，取决于农村老家住房的租赁收入 $R_{RH}(t)$ 和持有成本 $S_{RH}(t)$ 的对比关系。在现有农村住房市场的发育情况下，只有在城乡接合部、旅游景区等少数地区，农村老家住房才有较大的持有收益，农村住房市场在大多数地区并未形成。从总体上看，农村老家住房（宅基地）权益对乡—城迁移人口持久性迁移大多难以形成有效的助力，更多的反而是牵绊。

5. 非流入城镇住房产权对人口持久性迁移的影响取决于资产增值情况

从式（2-3-16）和（2-3-18）可以看出，乡—城迁移人口非流入城镇住房产权的处置收益,取决于非流入城镇住房的处置价格 P_{OH} 和购置价格及装修等沉没成本 C_{OH} 的对比关系。当 $P_{OH} > C_{OH}$ 时,非流入城镇住房产权的处置收益为正;当 $P_{OH} < C_{OH}$ 时,非流入城镇住房产权的处置收益为负。从式(2-3-18)可以看出,乡—城迁移人口非流入城镇住房的持有收益,取决于非流入城镇住房的租赁收入 $R_{OH}(t)$ 和持有成本 $S_{OH}(t)$ 的对比关系。当 $R_{OH}(t) > S_{OH}(t)$ 时,非流入城镇住房产权的持有收益为正;当 $R_{OH}(t) < S_{OH}(t)$ 时,非流入城镇住房产权的持有收益为负。由于乡—城迁移人口购房的非流入城镇住房市场各异,且大多购买的是商品房,市场化程度较高,因此,非流入城镇住房产权对乡—城迁移人口持久性迁移的影响还主要取决于当地的住房市场情况。对于城—城迁移人口也是如此。

二 城市层面的空间均衡模型

随着中国城镇化的发展,城—城之间的人口迁移逐渐增多。为分析住房、土地对人口在城镇之间空间迁移的影响,本部分通过空间均衡模型将地域特征纳入分析框架,分析城市层面的人口迁移及其影响因素。城—城迁移人口中既包括非农户籍人口也包括农业户籍人口。

(一)基本模型

本研究城市层面的空间均衡模型设计,在 R&R 模型(Rosen-Roback Model)的基础上,参考 Monte 等(2018)、段巍等(2020)的补充,假设模型中有 n 个城市,每个城市包括企业、居民与政府三个部门。

1. 企业

假设有资本、劳动力、土地三种生产要素,政府的生产性支出也将对企业产量产生影响,则在 t 时刻城市 j 企业部门的生产函数是:

$$Y_{j,t} = A_{j,t} K_{j,t}^{1-\alpha-\beta} (\kappa N_{j,t})^{\alpha} L_{Y,j,t}^{\beta}$$

其中,$Y_{j,t}$ 表示 t 时城市 j 的一般消费品产量,$A_{j,t}$ 表示 t 时城市 j 的全要素生产率,$K_{j,t}$ 表示 t 时城市 j 参与生产活动的资本,$\kappa N_{j,t}$ 表示 t 时城市 j 参与生产活动的劳动力,$L_{Y,j,t}$ 表示 t 时城市 j 参与生产活动的土地(即产业用地）；α、β分别为劳动力、土地的产出弹性。$N_{j,t}$为t时城市j的总人口，κ是t时城市j总人口中参与生产活动的比例。

2. 居民

将t时城市j的居民效用函数设定为：

$$U_{j,t} = a_{j,t} \left(\frac{C_{j,t}}{\zeta} \right)^{\zeta} H_{j,t}^{1-\zeta}, \qquad \zeta \in (0,1)$$

其中，$U_{j,t}$表示t时城市j的居民效用，$a_{j,t}$表示t时城市j的舒适度，$C_{j,t}$表示t时城市j居民一般消费品（非住房消费品）的消费量，$H_{j,t}$表示t时城市j居民住房的消费面积，ζ表示居民总消费中一般消费品的份额，$1-\zeta$表示居民总消费中住房的消费份额。

假设城市舒适度$a_{j,t}$由两部分构成，一部分是与政府公共服务支出相关的，如教育、医疗等；另一部分与政府公共服务支出无关，包括气候条件等。由此，城市舒适度$a_{j,t}$可以表示为：

$$a_{j,t} = B_{j,t} \left(\frac{G_{j,t}}{N_{j,t}} \right)^{g_{j,t}}$$

其中，$B_{j,t}$表示t时城市j与政府公共服务支出无关的城市舒适度因素，$G_{j,t}$表示t时城市j与政府公共服务支出有关的城市舒适度因素，$N_{j,t}$表示t时城市j的总人口，$g_{j,t}$表示t时城市j政府公共服务支出效率。

假设t时城市j一般消费品的单位价格为1，在t时城市j的代表性居民预算约束为：

$$C_{j,t} + p_{H,j,t} H_{j,t} \leqslant \kappa W_{j,t}$$

其中，$p_{H,j,t}$表示t时城市j的单位面积住房价格，$W_{j,t}$表示t时城市j的劳动力工资，k表示t时城市j总人口中参与生产活动的比例。

3. 政府

鉴于地方政府部门的考核体系主要包括与当地总产出（GDP）相关的生产方面和与居民效用相关的民生方面，故将t时城市j的地方政府目标函数设定为：

$$T_{j,t} = Y_{j,t}^{\theta_{j,t}} U_{j,t}^{1-\theta_{j,t}}$$

其中，$T_{j,t}$ 表示 t 时城市 j 的地方政府目标，$\theta_{j,t}$ 表示地方政府的生产性政策偏向，$1-\theta_{j,t}$ 表示地方政府的民生性政策偏向。

地方政府的政策偏向也会体现在土地政策方面，在中国现行的土地制度下，这种政策偏向将尤其体现在建设用地的供给上。假设 t 时城市 j 全部建设用地包括产业用地和居住用地两种，如果产业用地占建设用地供给总量的比重为 $\varphi_{j,t}$，则居住用地占建设用地供给总量的比重为 $1-\varphi_{j,t}$，即：

$$L_{Y,j,t} = \varphi_{j,t} L_{j,t}$$
$$L_{H,j,t} = (1-\varphi_{j,t}) L_{j,t}$$

其中，$L_{j,t}$ 表示 t 时城市 j 的建设用地供给总量，$L_{Y,j,t}$ 表示 t 时城市 j 的产业用地面积，$L_{H,j,t}$ 表示 t 时城市 j 的居住用地面积。如果 t 时城市 j 的建设用地供给总量一定，则产业用地的供给量由 $\varphi_{j,t}$ 决定。

（二）空间均衡分析

当各城市中的居民效用不相等时，城市之间的人口迁移行为会发生；当各城市中的居民效用相等时，城市之间的人口迁移达到平衡，即：当 $U_{j,t} = \overline{U_t}$ 时，空间均衡得以实现。

联立基本模型中的方程，可以得到均衡时的城市 j 的人口数为：

$$N_{j,t} = \frac{1}{\alpha\kappa} \left(\frac{1}{\kappa W_{j,t} - p_{H,j,t} H_{j,t}} - \frac{1}{A_{j,t}} - \frac{1-\alpha-\beta}{K_{j,t}} - \frac{\beta}{\varphi_{j,t} L_{j,t}} \right)^{-1}$$

从式中可以看出，在劳动力迁移的空间均衡模型中，扣除住房支出后的工资剩余越多，城市的生产率越高，均衡时的城市人口数量就越多。由于本研究拟解决的核心问题是住房、土地对人口迁移的影响，则将住房价格和土地供给作为核心自变量。求偏导数如下：

$$\frac{\partial N_{j,t}}{\partial p_{H,j,t}} < 0, \quad \frac{\partial N_{j,t}}{\partial \varphi_{j,t}} < 0$$

上式表明，在劳动力迁移的空间均衡模型中，城市住房价格越高越不利于城市人口数量的增加；在建设用地供给总量一定时，政府越偏向于GDP，越提高产业用地的占比，越不利于城市人口数量的增加，因为提高产业用地的占比会相应降低居住用地的占比。

第四节　本章小结

本章构建了研究住房、土地与人口迁移问题的理论分析框架，为后续研究奠定了理论基础。本章先是梳理两方面的理论发展脉络，一是对人口迁移流动理论的发展进行梳理，二是对土地与住房理论的发展进行梳理，分别总结了两方面理论发展的特征与趋势。而后，在总结了人口迁移流动和住房土地理论脉络的基础上，将固定性与流动性相对应的住房土地与人口迁移联系起来进行分析，结合中国国情，构建本研究的理论框架。

在中国，城—城人口迁移一般不涉及非住房的土地问题，可以说只涉及住房和其连带的土地问题；相较而言，乡—城人口迁移更为复杂，不仅涉及住房和连带的土地问题，还涉及非住房的土地问题。因此，个人层面的迁移决策模型，基于对托达罗模型（Todaro Model）的修正，以乡—城人口迁移为主要分析思路，然后再拓展至城—城人口迁移。

随着中国城镇化的发展，城—城之间的人口迁移逐渐增多。为分析住房、土地对人口在城镇之间空间迁移的影响，本研究基于对R&R模型（Rosen-Roback Model）的修正，构建城市层面的空间均衡模型，将劳动力市场与住房、土地市场进行联动，将城市地域特征也纳入分析框架。在城市层面的空间均衡模型中，不再将城—城迁移人口区分为农业户籍人口和非农户籍人口，分析框架更为包容，也符合中国户籍制度改革的发展方向。

第三章 中国的人口迁移制度演进与迁移特征

第一节 人口迁移的政策与制度变迁

中国的人口迁移政策与制度主要包括户籍制度、就业制度以及地域发展政策等。下文将对1949年新中国成立以来的户籍制度、就业制度、地域发展政策等进行系统梳理,以便为中国人口迁移特征的总结以及以后的实证分析等提供制度基础。

一 户籍制度

(一)1949~1957年:城乡户籍壁垒尚未形成

中华人民共和国成立初期的户籍登记制度并没有公民身份上的区分,在人口迁徙、城乡身份等方面的规定还存在多种可能。1951年公安部公布施行《城市户口管理暂行条例》,第一条就有"保障人民之安全及居住、迁徙自由"的内容,这是新中国最早的户籍法规,基本统一了全国城市的户口登记制度。1953年,在第一次全国人口普查的基础上,大部分农村也建立起了户口登记制度。1954年制定的《中华人民共和国宪法》更是在"公民的基本权利和义务"部分明确规定了"中华人民共和国公民有居住和迁徙的自由"。1955年,国务院公布施行《关于建立经常户口登记制度的指示》,

规定城市、集镇、乡村和机关、团体、学校、企业都要办理户口登记，从此开始统一全国城乡的户口登记工作，但是并未明确对人口迁移的限制。从1954年到1956年，由于新建企业在农村招工以及农民的自发流动，这3年来的人口迁移数近8000万（释启鹏，2019）。新中国成立初期，恢复经济发展成为首要任务。这一时期户籍制度尚未建立，人口迁移既存在一定有组织的计划型迁移，也存在农村人口的自发性迁移，其中农村人口的自发性迁移甚至是当时人口迁移的主流。这一阶段东部沿海人口稠密地区人口向东北、西北和华北新建工业区或垦荒区迁移是当时人口迁移的重要特征（王桂新，2019）。

（二）1958~1983年：二元户籍制度确立，严格限制乡—城迁移

1958年颁布的《中华人民共和国户口登记条例》标志着二元户籍制度正式确立。《中华人民共和国户口登记条例》明文规定："公民由农村迁往城市，必须持有城市劳动部门的录用证明，学校的录取证明，或者城市户口登记机关的准予迁入证明。"先后出台了多项政策，如1958年国务院《关于制止农村人口盲目外流的指示的补充通知》等，严格控制人口从农村、县镇迁往大、中城市，并通过完善户籍制度、建设城乡壁垒以限制人口流动。1963年公安部在人口统计中把是否吃国家计划供应的商品粮看作划分户口性质的标准，"农业户口"与"非农业户口"的划分正式确立。从1961年开始，户籍制度与粮食供给、燃料供给、住宅、教育、就业、医疗、养老等多种社会制度相结合，建立了以户籍制度为基础的分割城乡的制度体系。这一阶段虽然有"三线"建设、知识青年"上山下乡"等带来的大规模人口迁移，然而二元户籍制度对人口迁移特别是农村人口向城市迁移发挥了强有力的控制作用，使全国人口迁移转入低潮。1978年开始的改革开放，家庭联产承包责任制促进了人民公社制度的解体，把大量的农村隐性过剩劳动力从土地上解放出来，但是对农村人口向城市迁移的严格控制仍未改变，这使农村剩余劳动力只能"离土不离乡""进厂不进城"，向当地发展起来的乡镇企业转移（王桂新，2019）。

（三）1984~2000年：户籍制度开始松动，小城镇户籍制度改革推开

1984年，国务院发布《关于农民进入集镇落户问题的通知》，要求"各级人民政府应积极支持有经营能力和有技术专长的农民进入集镇经营工商业",对于在集镇有固定住所,有经营能力,或在乡镇企事业单位长期务工的农民和家属,公安部门应准予落常住户口,发给《自理口粮户口簿》,统计为非农业人口。这是户籍制度开始松动的重要标志。1985年的《中华人民共和国居民身份证条例》突破了长期以来一户一本的户口簿或通过单位开具介绍信以证明个人身份的做法,这意味着个人开始脱离对家庭和单位的依附,为人口流动提供了便利(释启鹏,2019)。20世纪90年代以来,国家先后在广东、山东、浙江等省进行小城镇户籍改革的试点,1993年统购统销的彻底终结将户籍与基本生活进一步剥离,也是这一年国家将户籍改革的重点放在小城镇。从1997年到2000年,《国务院批转公安部小城镇户籍管理制度改革试点方案和关于完善农村户籍管理制度意见的通知》(国发〔1997〕20号)、《中共中央、国务院关于促进小城镇健康发展的若干意见》等一系列政策文件均进一步放宽了小城镇的落户条件,强调"凡在县级市市区、县人民政府驻地镇及县以下小城镇有合法固定住所、稳定职业或生活来源的农民,均可根据本人意愿转为城镇户口,并在子女入学、参军、就业等方面享受与城镇居民同等待遇,不得实行歧视性政策"。

(四)2001年至今:**深化户籍制度改革,城乡基本公共服务均等化**

21世纪以来,户籍制度改革广泛推开并逐渐深化。2001年国务院批转公安部《关于推进小城镇户籍管理制度改革意见的通知》,对办理小城镇常住户口的人员不再实行计划指标管理,标志着小城镇户籍制度改革全面推进,为户籍管理制度的总体改革奠定了基础。大城市的户籍制度改革也得以开启。2001年浙江省湖州市率先宣布实行城市落户试点,2004年成都取消了"农业户口"和"非农业户口"的划分,同年上海、沈阳、深圳、武汉、杭州等城市先后实行居住证制度(释启鹏,2019)。2006年《国务院关于解决农民工问题的若干意见》(国发〔2006〕5号)提出:中小城市和小城镇要适当放宽农民工落户条件;大城市要积极稳妥地解决符合条件的农民工户籍问题,对农民工中的劳动模范、先进工作者和高级技工、技师以及其他有突出贡献者,应优先准予落户。2012年《国务院办公厅关于积极稳妥推进户籍管理制度改革的通知》提出要引导非农产业和农村人口有序向中小城市和建制镇转移，逐步满足符合条件的农村人口落户需求，逐步实现城乡基本公共服务均等化。2013年《中共中央关于全面深化改革若干重大问题的决定》指出要创新人口管理，加快户籍制度改革，全面放开建制镇和小城市落户限制，有序放开中等城市落户限制，合理确定大城市落户条件，严格控制特大城市人口规模。2014年《国务院关于进一步推进户籍制度改革的意见》发布，提出要进一步调整户口迁移政策，统一城乡户口登记制度，全面实施居住证制度，加快建设和共享国家人口基础信息库，稳步推进义务教育、就业服务、基本养老、基本医疗卫生、住房保障等城镇基本公共服务覆盖全部常住人口。2015年国务院发布《居住证暂行条例》并于2016年1月1日正式实施，这标志着全国统一的公民身份建设正在稳步推进，已经有不少省市陆续取消了农业户口。

二 就业制度

（一）1949~1977年：计划经济下的"统包统配"就业制度

1949年新中国成立后，面临着国家建设百废待兴的局面，也遭遇了新中国的第一次失业高潮。根据劳动和社会保障部数据，新中国成立前夕城市失业者达400万人。国家通过采取发展经济扩大就业、救济失业人员等政策和措施，使城市登记失业者至1950年4月降为166万人，此后逐年下降。[①] 为了进行大规模的国家建设、解决各种失业人员的就业问题，1952年中央人民政府政务院发布了《关于劳动就业问题的决定》，有计划地把城乡大量的剩余劳动力充分引入生产事业及其他社会事业中，并进而逐步做到统一调配劳动力，标志着"统包统配"这种就业制度的形成，国家用行政手段对城镇劳动力实行统一计划、统一招收、统一调配。"统包统配"的就业制度是计划经济体制的重要组成部分，这一制度对于解决当时的就业问题，对于

---

① 资料来源：光明日报记者吕贤如. 我国就业取得举世瞩目成就［EB/OL］.（1999-09-14）［2022-07-05］. https://www.gmw.cn/01gmrb/1999-09/14/GB/GM%5E18179%5E3%5EGM3-1404.HTM。

建设门类比较齐全完整的国民经济体系，对于国家重点工程以及边远地区的开发建设都起到了十分重要的作用（刘素华、苏志霞，2009）。但是，随着经济社会的发展，劳动力配置靠行政调配、企业无用工自主权、劳动力无法流动，这些"统包统配"就业制度核心特征的弊端开始逐渐显现。

（二）1978~1991年：转变就业方式，为劳动力市场建立奠定基础

1978年改革开放后，"统包统配"的就业制度越来越不适应市场经济发展的需要。1979年1500万知识青年大返城，加上大批城市新生劳动力，城镇失业率达到5.9%。[1] 为了应对这新中国成立后的第二次失业高潮、顺应改革开放的要求，1980年中共中央在北京召开了全国劳动就业工作会议，并转发了《进一步做好城镇劳动就业工作》的文件，提出了"三结合"的就业方针，即"在国家统筹规划和指导下，实行劳动部门介绍就业、自愿组织起来就业和自谋职业相结合的方针"。1983年，劳动人事部先后颁布《关于积极试行劳动合同制的通知》《关于招工考核择优录用的暂行规定》等文件，劳动合同制、招工考录制在全国初步确立起来，劳动就业体制也开始进入计划就业和市场就业"双轨制"时期。从1979年到1984年，全国共安置4500多万人就业，占全国城镇劳动力总数的36.8%，1984年城镇失业率下降到1.9%。[2] 作为国家重要人才力量的高校毕业生的就业制度，也开始改革。1989年，国务院批转国家教委《关于改革高等学校毕业生分配制度的报告》（国发〔1989〕19号），提出高等学校毕业生分配制度改革的目标是：在国家就业方针、政策指导下，逐步实行毕业生自主择业、用人单位择优录用的"双向选择"制度；并将毕业生主要通过人才（劳务）市场自主择业作为改革方向。1978~1991年，这一阶段以"三结合""双轨制""双向选择"等为代表的就业方式，打破了"统包统配"就业制度的束缚，为劳动力市场的建立奠定了基础。

---

[1] 资料来源：光明日报记者吕贤如. 我国就业取得举世瞩目成就［EB/OL］．（1999-09-14）［2022-07-05］. https://www.gmw.cn/01gmrb/1999-09/14/GB/GM%5E18179%5E3%5EGM3-1404.HTM。

[2] 资料来源：光明日报记者吕贤如. 我国就业取得举世瞩目成就［EB/OL］．（1999-09-14）［2022-07-05］. https://www.gmw.cn/01gmrb/1999-09/14/GB/GM%5E18179%5E3%5EGM3-1404.HTM。

(三) 1992~2005年：发展劳动力市场，建立市场导向的就业机制

1992年，党的十四大第一次明确提出建立社会主义市场经济体制的目标。1992年，国务院颁布了《全民所有制工业企业转换经营机制条例》(国务院令第103号)，明确企业享有劳动用工权，可以按照面向社会、公开招收、全面考核、择优录用的原则，自主决定招工的时间、条件、方式、数量，推动了国有企业进入劳动力市场。1993年，十四届三中全会审议并通过《中共中央关于建立社会主义市场经济体制若干问题的决定》，明确提出"改革劳动制度，逐步形成劳动力市场"，并将劳动力市场作为培育市场体系的重点之一。1994年第八届全国人民代表大会常务委员会第八次会议通过了《中华人民共和国劳动法》，正式确立了劳动合同制度。这些政策法规的颁布与实施，推动了我国就业体制的市场化改革。1997年国家教育委员会发布并实施《普通高等学校毕业生就业工作暂行规定》(教学〔1997〕6号)，明确了供需见面和双向选择活动是落实毕业生就业计划的重要方式。为了防范1997年东南亚金融危机带来的风险，中央下决心迅速推进国有企业改革以解决国有企业亏损的问题。1999年，《中共中央关于国有企业改革和发展若干重大问题的决定》提出要"形成市场导向的就业机制"。1998~2002年，国有和集体企业的就业者减少了近6000万人，相当于城镇国有和集体企业职工总量的40%(吴要武, 2020)。大量下岗职工的再就业也加速了劳动力市场的发育。社会保障制度的建设也为劳动力市场的发展保驾护航，如1995年国务院发布《关于深化企业职工养老保险制度改革的通知》，1999年国务院发布《失业保险条例》《城市居民最低生活保障条例》等。2002年，党中央、国务院召开全国再就业工作会议，颁布《关于进一步做好下岗失业人员再就业工作的通知》，使解决下岗职工问题从提供"基本生活保障"为主转向以实行"就业保障"为主。2003年，国务院发布《关于做好农民进城务工就业管理和服务工作的通知》，强调进城农民和城镇居民享有平等的就业地位。2005年《国务院关于进一步加强就业再就业工作的通知》(国发〔2005〕36号)提出"改善农民进城就业环境，取消农村劳动力进城和跨地区就业的限制"。1992~2005年这一阶段以建立社会主义市

场经济体制为目标,在国有企业改革、下岗职工再就业、改变高校毕业生就业方式、减少农村劳动力流动就业限制等的推动下,劳动力市场得以快速建立和发展。

(四)2006年至今:破除要素流动障碍,建立城乡统一的劳动力市场

2006年,《国务院关于解决农民工问题的若干意见》(国发〔2006〕5号)提出"着力完善政策和管理,推进体制改革和制度创新,逐步建立城乡统一的劳动力市场和公平竞争的就业制度",这是首次提出建立城乡统一的劳动力市场目标。2019年,中共中央、国务院《关于建立健全城乡融合发展体制机制和政策体系的意见》再次强调"推动形成平等竞争、规范有序、城乡统一的劳动力市场","消除一切就业歧视,健全农民工劳动权益保护机制,落实农民工与城镇职工平等就业制度"。2020年,中共中央、国务院《关于构建更加完善的要素市场化配置体制机制的意见》,提出要针对市场决定要素配置范围有限、要素流动存在体制机制障碍等问题,根据不同要素属性、市场化程度差异和经济社会发展需要,分类完善要素市场化配置体制机制;畅通劳动力和人才社会性流动渠道,健全统一规范的人力资源市场体系,保障城乡劳动者享有平等就业权利。2022年,中共中央、国务院《关于加快建设全国统一大市场的意见》将健全城乡统一的劳动力市场作为打造统一要素和资源市场的重要内容,重申要健全统一规范的人力资源市场体系,并强调要促进劳动力、人才跨地区顺畅流动。2006年至今,在城镇劳动力市场快速建立和发展的基础上,建立和完善城乡统一的劳动力市场成为新的阶段性目标,破除城乡障碍、破除地区障碍成为这一时期的就业制度建设重点。

三 地域发展政策

地域发展政策主要包括区域发展政策和城乡发展政策,地域发展政策将对人口的迁移起到导向性作用。

(一)1949~1977年:重点加强内地建设,以城市发展支援内地建设

第一个五年计划(1953~1957年)的主要任务有两点,一是集中力量进行工业化建设,二是加快推进各经济领域的社会主义改造。在工业化建设方面的基本任务是:集中主要力量,进行以156个苏联援建项目为中心、由限额以上(国内自行建设、投资在1000万元以上)的694个重点建设项目组成的工业建设。156个苏联援建项目中,布局在内地的多达118个,占比为76%;694个重点建设项目中,布局在内地的有472项,占比为68%。1952~1957年,全国工业平均增长15.5%,其中内地增长17.8%,沿海增长14.4%(李剑林,2007)。由于解放时间较早、工业基础较好,东北地区得以率先发展,形成了以沈阳、长春、哈尔滨等城市为代表的东北老工业基地。随后的"二五"(1958~1962年)、"三五"(1966~1970年)、"四五"(1971~1975年)计划时期,开展了大规模的"三线"建设,国家继续大规模投资于三线地区11个省份,并由此形成了重庆、昆明、成都、西安、贵阳、兰州等十几个新兴工业基地(孙斌栋、郑燕,2014)。五年计划中对于内地与沿海地区关系处理的论述,主要包括:在内地进行工业建设所需要的许多原材料、设备、资金和技术人才,都需要近海城市原有工业来供应和支援;沿海地区要积极发展,继续做好支援内地建设的工作。可见,在重点加强内地建设的地域政策导向下,沿海地区的发展主要是为了支援内地的建设。1973年,国家计委提出"四五"纲要修正草案,适当改变了以备战和"三线"建设为中心的经济建设指导思想,提出在重点建设内地战略后方的同时,必须充分发挥沿海工业基地的生产潜力,并且适当发展。[1]但沿海地区优势的真正发挥,还是在1978年改革开放以后。1949~1977年,这一阶段在五年计划、"三线"建设的推动下,内地得到了较快的发展,也出现了人口从东北、上海等工业基础较好的地区或城市向"三线"建设地区的迁移。

(二)1978~1998年:沿海地区优先发展,开放城市聚集能力增强

1978年改革开放后,沿海地区的区位优势在向市场经济的转型过程中逐渐体现,地域发展政策也向沿海地区倾斜。1980年,深圳、珠海、汕头、

---

[1] 资料来源:国家发展和改革委员会.国民经济和社会发展"一五"至"七五"计划大事辑要[EB/OL].(2005-06-13)[2022-07-05].https://www.ndrc.gov.cn/fggz/fzzlgh/gjfzgh/200506/t20050613_1196479.html?code=&state=123。

厦门4个经济特区设立。1984年，大连、秦皇岛、天津、烟台、青岛、连云港、南通、上海、宁波、温州、福州、广州、湛江、北海14个城市被确定为沿海开放城市。1985年将珠江三角洲、长江三角洲、闽南地区和环渤海地区列为开放地区。1988年，设立海南省并建立经济特区。1990年开发开放浦东新区。"六五"计划（1981~1985年）明确提出要积极利用沿海地区的现有经济基础，充分发挥它们的特长，带动内地经济进一步发展；而内陆地区则应加快能源、交通和原材料工业建设，支援沿海地区经济的发展。这与上一阶段，沿海地区支援内地建设的政策导向明显不同，在沿海地区优先发展的地域政策导向下，内陆地区的建设需要支援沿海地区的发展。"七五"计划（1986~1990年）继续了沿海地区优先发展的政策导向，提出要加速东部沿海地带的发展，同时把能源、原材料建设的重点放到中部，并积极做好进一步开发西部地区的准备。"八五"计划（1991~1995年）则提出东部沿海的经济特区、开放城市和地区，要从国民经济全局出发，结合本地优势，逐步形成合理的地域分工。国家给予的种种优惠政策与特殊支持，使沿海地区得到了快速发展，提升了沿海地区的竞争力和吸引力，全国经济生产活动逐步向东部地区集中，东、中、西部地区之间的发展差距日益扩大（孙斌栋、郑燕，2014）。1996年，第八届全国人民代表大会通过的《国民经济和社会发展"九五"计划和2010年远景目标纲要》，提出在"九五"期间要更加重视支持中西部地区的发展，积极朝着缩小差距的方向努力，但并未将中西部地区发展上升为国家战略；同时，也强调了经济特区、沿海开放城市和开放地带要积极参与国际经济合作，充分发挥示范、辐射和带动作用。

（三）1999~2014年：缩小区域发展差距，鼓励小城镇发展

将西部大开发国家战略的提出作为地域发展政策新阶段划分的起点。1999年，《中共中央关于国有企业改革和发展若干重大问题的决定》明确提出"国家要实施西部大开发战略"。2000年，国务院成立了西部地区开发领导小组。《中华人民共和国国民经济和社会发展第十个五年计划纲要》明确提出实施西部大开发战略，加快中西部地区发展，促进地区协调发展。继

"西部大开发战略"后,"振兴东北"成为国家区域发展的又一战略。2003年,中共中央、国务院发布《关于实施东北地区等老工业基地振兴战略的若干意见》。2006年,《中共中央、国务院关于促进中部地区崛起的若干意见》(中发〔2006〕10号)出台,标志着"中部崛起"成为与"西部大开发""振兴东北"比肩的国家区域发展战略。2006年《中华人民共和国国民经济和社会发展第十一个五年规划纲要》从全国的角度提出,坚持实施推进西部大开发、振兴东北地区等老工业基地、促进中部地区崛起、鼓励东部地区率先发展的区域发展总体战略。其后,一系列政策文件出台,促进了这些国家区域发展战略的实施。如:2006年,国务院常务会议审议并原则通过《西部大开发"十一五"规划》。2009年,国务院发布《关于进一步实施东北地区等老工业基地振兴战略的若干意见》(国发〔2009〕33号);国务院常务会议讨论并原则通过《促进中部地区崛起规划》。

这一阶段,除了区域发展政策外,城乡发展政策也成为地域发展政策的重要组成部分。2000年,中共中央、国务院发布《关于促进小城镇健康发展的若干意见》(中发〔2000〕11号),阐述了发展小城镇的重大战略意义,也对不同地区的小城镇发展提出了指导意见:在沿海发达地区,要适应经济发展较快的要求,完善城镇功能,提高城镇建设水平,更多地吸纳农村人口;在中西部地区,应结合西部大开发战略,重点支持区位优势和发展潜力比较明显的小城镇加快发展。2006年《国务院关于解决农民工问题的若干意见》(国发〔2006〕5号)提出要加大对小城镇建设的支持力度,完善公共设施;发展小城镇经济,引导乡镇企业向小城镇集中;采取优惠政策,鼓励、吸引外出务工农民回到小城镇创业和居住。2014年《国务院关于进一步做好为农民工服务工作的意见》(国发〔2014〕40号)提出要引导农民工在东中西不同区域、大中小不同城市和小城镇以及城乡之间合理分布。

(四)2015年至今:推进城市群、都市圈和县城的新发展

2015年,《京津冀协同发展规划纲要》《长江中游城市群发展规划》等重点城市群发展规划得到批复,这标志着我国地域发展政策进入了以城市群为主体形态的发展阶段。2016年,《中华人民共和国国民经济和社会发展第

十三个五年规划纲要》提出要以"一带一路"建设、京津冀协同发展、长江经济带发展为引领,形成沿海沿江沿线经济带为主的纵向横向经济轴带,塑造要素有序自由流动、主体功能约束有效、基本公共服务均等、资源环境可承载的区域协调发展新格局;发挥中心城市和城市群带动作用,建设现代化都市圈。《国务院关于深入推进新型城镇化建设的若干意见》(国发〔2016〕8号)提出加快城市群建设,优化提升京津冀、长三角、珠三角三大城市群,推动形成东北地区、中原地区、长江中游、成渝地区、关中平原等城市群。2017年党的十九大报告明确提出要"以城市群为主体构建大中小城市和小城镇协调发展的城镇格局,加快农业转移人口市民化"。2019年国家发展改革委发布《关于培育发展现代化都市圈的指导意见》(发改规划〔2019〕328号),明确了城市群和都市圈的概念界定:城市群是新型城镇化主体形态,是支撑全国经济增长、促进区域协调发展、参与国际竞争合作的重要平台;都市圈是城市群内部以超大特大城市或辐射带动功能强的大城市为中心、以1小时通勤圈为基本范围的城镇化空间形态。2021年《中华人民共和国国民经济和社会发展第十四个五年规划和2035年远景目标纲要》提出要推进以县城为重要载体的城镇化建设。2022年,中共中央办公厅、国务院办公厅印发《关于推进以县城为重要载体的城镇化建设的意见》,提出要顺应县城人口流动变化趋势,防止人口流失县城盲目建设,分类引导县城发展,加快发展大城市周边县城,支持位于城市群和都市圈范围内的县城融入邻近大城市建设发展。2022年党的二十大报告再次强调,以城市群、都市圈为依托构建大中小城市协调发展格局,推进以县城为重要载体的城镇化建设。

第二节 人口迁移特征总结

不同的国家,人口迁移的类型和特征也有所不同,例如,美国的国际移民较多,而中国的人口迁移则以国内迁移为主。在户籍制度、就业制度、地域发展政策变迁等因素的影响下,中国的人口迁移呈现其自身的特征,下面将通过对历次中国人口普查、相关年份国家统计局国民经济和社会发展统计公报、国家统计局农民工监测调查报告，以及中国流动人口动态监测调查（China Migrants Dynamic Survey，简称 CMDS）等数据的分析，从迁移的规模特征、迁移的空间特征、迁移的主体特征三大方面分析总结中国的人口迁移特征。

一 规模特征

（一）从计划经济下的零星迁移到快速城镇化背景下的大量迁移

在 1978 年改革开放前，在计划经济体制的"统包统配"就业制度、严格的城乡二元户籍制度影响下，人口迁移的政府主导因素较强、限制较多，人口迁移的规模较小。可以说，新中国成立以来中国人口的迁移经历了计划经济时期的低流动性，以及改革开放后中国人口迁移的活跃程度迅速提高（杨云彦，2003）。改革开放初期，人口迁移流动规模小、增速慢，以短期、短距离迁移为主；20 世纪 80 年代中期起，国家开始放宽对人口迁移的制度限制，迁移流动规模迅速扩大，远距离迁移大范围展开；20 世纪 90 年代中后期，流动人口规模增长速度有所下降（李玲，2001）。2000 年第五次全国人口普查时，中国流动人口总量已经达到 1.21 亿；2010 年第六次全国人口普查时，中国流动人口总量增加到 2.21 亿，比 2000 年增加了 1 亿人；2020 年第七次全国人口普查时，中国流动人口总量进一步增加到 3.76 亿，比 2010 年增加了 1.55 亿人（见图 3-1）。国家统计局《中华人民共和国 2021 年国民经济和社会发展统计公报》显示，2021 年末全国流动人口[①]为 3.85 亿人，约占全国人口的 27.23%。中国流动人口规模的扩大，离不开改革开放以来户籍制度和就业制度改革的推动，也离不开城镇化水平的快速提高。1978 年改革开放以来，中国的城镇化水平不断提高，1978~2021 年，全国

---

① 流动人口是指人户分离人口中扣除市辖区内人户分离的人口。人户分离的人口是指居住地与户口登记地所在的乡镇街道不一致且离开户口登记地半年及以上的人口；市辖区内人户分离的人口是指一个直辖市或地级市所辖区内和区与区之间，居住地和户口登记地不在同一乡镇街道的人口。

城镇常住人口从 1.72 亿人增加到 9.14 亿人，城镇化率从 17.9% 提升到 64.7%。[①]

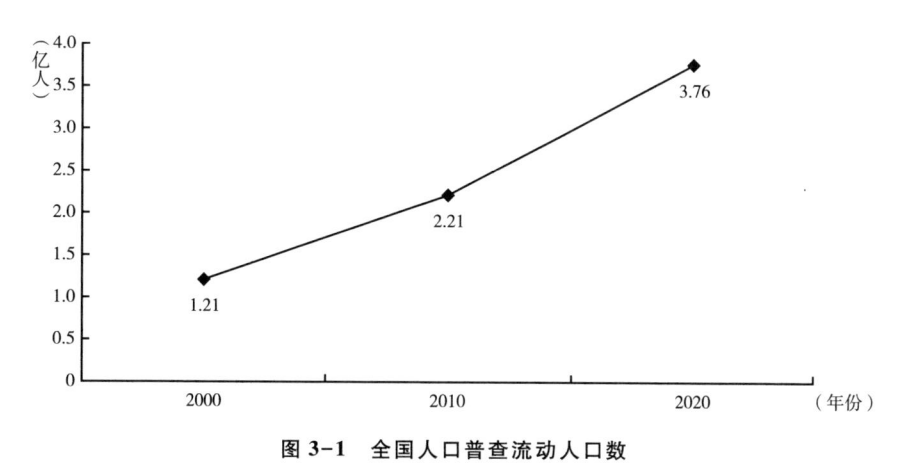

图 3-1　全国人口普查流动人口数

资料来源：《中国 2010 年人口普查资料》《2020 年第七次全国人口普查主要数据》。

（二）乡—城迁移人口持续增加，已经成为规模庞大的社会群体

20 世纪 80 年代开始，随着改革开放，户籍严控制度开始松动，以农民工为主体的乡—城迁移人口开始逐渐增多。由于缺乏乡—城迁移人口的直接统计数据，本研究将采用与乡—城迁移人口概念相近的农民工和农业户籍流动人口数据进行分析，主要使用的是国家统计局农民工监测调查数据和国家卫生计生委流动人口动态监测数据。乡—城迁移人口的规模在持续扩大，这从构成乡—城迁移人口主体——农民工的数量变化就可看出来（见图 3-2）。2021 年，全国农民工[②]总量已经达到 2.93 亿人。农民工群体在整个国民经济中的作用也日益增大，2008~2021 年，农民工占全国总人口的比重从

---

① 资料来源：国务院第七次全国人口普查领导小组办公室.2020 年第七次全国人口普查主要数据［G］.北京：中国统计出版社，2021；国家统计局.中华人民共和国 2021 年国民经济和社会发展统计公报［EB/OL］.（2022-02-28）［2022-07-05］.http://www.stats.gov.cn/tjsj/zxfb/202202/t20220227_1827960.html；相关年份《中国统计年鉴》。

② 国家统计局农民工监测调查报告中，农民工的统计口径为户籍仍在农村、在本地从事非农产业或外出从业 6 个月及以上的劳动者。

17.0%增加到20.7%，农民工占全国就业人员总数的比重也从29.8%增加到39.2%。也就是说，农民工已经占全国总人口的1/5以上，占全国就业人员总数的近1/3。可见，乡—城迁移人口已经成为一个规模庞大的社会群体。

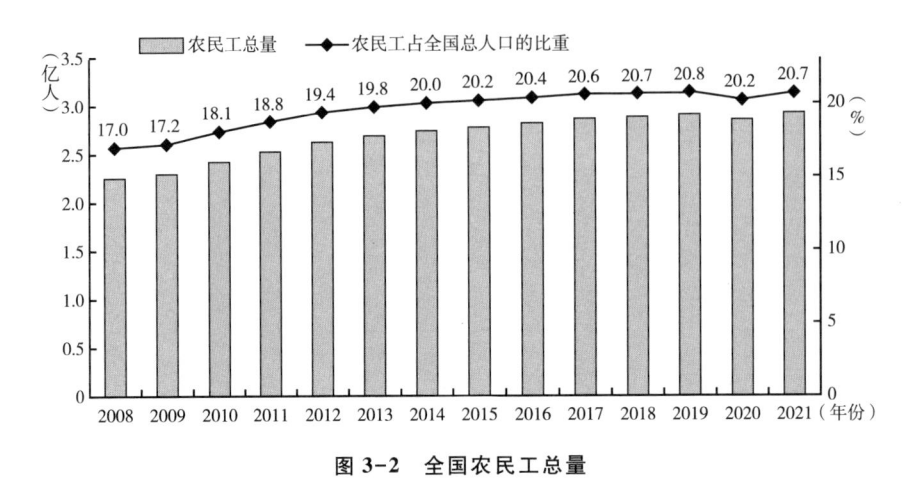

图3-2 全国农民工总量

资料来源：国家统计局相关年份的《全国农民工监测调查报告》《中国统计年鉴》《国民经济和社会发展统计公报》。

（三）流动人口增速加快，城—城迁移人口规模逐渐扩大

从中国人口普查数据可以看出，流动人口总量增速加快。全国流动人口总量，2000~2010年年均增加999.61万人，2010~2020年年均增加1547.86万人。按迁移人口的户籍类别和迁移地点的城乡属性来看，人口的迁移可以分为四类，即乡—城迁移、城—城迁移、乡—乡迁移、城—乡迁移。乡—城迁移是指农业户籍人口迁移到城镇，城—城迁移是指非农业户籍人口迁移到户籍地以外的城镇，乡—乡迁移是指农业户籍人口迁移到户籍地以外的农村，城—乡迁移则是指非农业户籍人口迁移到农村。根据国家统计局的统计口径[①]，外出农民工是流动人口的一部分，2010年全国外出农民工数量约为2.42亿，占流动人口的69.3%；2020年全国外出农民工数量约为2.86亿，占

---

① 农民工是指户籍仍在农村，在本地从事非农产业或外出从业6个月及以上的劳动者。其中，本地农民工是指在户籍所在乡镇地域以内从业的农民工，外出农民工是指在户籍所在乡镇地域外从业的农民工。

流动人口的 45.1%；2010~2020 年，外出农民工占流动人口的比重由 69.3%下降到 45.1%①。外出农民工占流动人口比重的下降，部分表明乡—城迁移人口占比的降低而城—城迁移人口占比的提高。在流动人口总体规模大幅增加的情况下，城—城迁移人口占比的提高也说明城—城迁移人口规模的扩大。我国国内人口迁移流动的演变趋势是区域间和乡城间迁移流动的减缓，而城市间和城市内部迁移流动上升（朱宇等，2016）。第七次全国人口普查显示，2020 年全国"城—城流动"人口达到 8200 万人，较 2010 年增加了 3500 万人②。

二 空间特征

（一）从由内陆向沿海的单向迁移转变为东西双向迁移

虽然，改革开放前，在计划经济"统包统配"的就业制度下，受"三线"建设、"上山下乡"等政策影响，出现了少量沿海地区、东北地区的人口向中西部地区的人口迁移，但是，中国人口的大规模迁移还是在 1978 年改革开放以后，随着户籍制度和就业制度等的变化，在东部沿海地区优先发展的地域政策导向下，东部沿海地区集聚要素的能力快速提高，人口迁移规模迅速扩大，宏观迁移流向发生逆转：从延续数百年的向北、向西开发自然资源富集区、边疆地区、人口稀疏地区的迁移流，转变为向东部沿海地区、东南沿海地区的迁移流，中西部地区人口向东部沿海地区迁移成为人口迁移的主流（王桂新，2019）；进入 90 年代后人口迁移向沿海地区集中的倾向更加明显；2000~2010 年中国人口迁出区域呈现"多极化"态势，迁入区域则更加集中化，人口迁入重心北移，长三角都市圈取代珠三角都市圈成为人口迁入的主要地区（杨云彦等，1999；李玲，2001；王桂新等，2012）。在 20 世纪八九十年代，乡—城迁移人口群体形成和发展之初，农村劳动力涌入城市和经济发达地区谋求职业，从而引发了大规模的农村劳动力跨区域流动；尤其是在春节前后，大批乡—城迁移人口集中返乡和外出务工，形成

---

① 资料来源：相关年份国家统计局发布的《全国农民工监测调查报告》。
② 资料来源：王培刚．把握流动人口特征变化趋势［EB/OL］．（2021-08-04）［2022-07-05］．http：//www.cssn.cn/zx/bwyc/202108/t20210804_5351758.shtml．

了大规模的"民工潮"（朱泽，1993）。李扬等（2015）对1985~2010年中国省际人口迁移的研究发现主要人口迁入地均位于珠江三角洲、长江三角洲和京津冀都市圈三个东部区域，而主要人口来源地都是相对欠发达的中西部省份，同时，南方省份的人口迁移较北方省份更活跃。

随着沿海城市的产业结构转型、技术升级和梯度转移，当前的人口迁移不仅存在着"孔雀东南飞"的传统迁移模式，而且存在着沿海与内陆之间产业和劳动力双向转移的"双重转移"新模式（张翼、周小刚，2013）。2013年十八届三中全会明确提出要"严格控制特大城市人口规模"，2014年推出"新型城镇化规划（2016~2020）"继续强调这一控制政策。北京、上海等超大城市纷纷出台严厉措施，试图控制和减少农民工等外来人口。另外，"西部大开发战略""中部崛起战略"等中西部发展战略的实施，加快了中西部地区的经济发展，缩小了中西部地区与东部地区经济发展的差异，在一定程度上削弱了中西部地区人口向东部地区迁移的驱动力。全国人口普查数据显示，2010~2020年，流动人口增量前10名的省份分别是广东、河南、四川、山东、河北、安徽、江苏、湖南、浙江、贵州，其中，既有东部沿海地区，也有中西部内陆地区（见表3-1）。这也说明从由内陆向沿海的单向迁移转变为东西双向迁移。

表3-1 流动人口分布地区变化

排序	2010年			排序	2020年		
	现住地	流动人口（万人）	占比（%）		现住地	流动人口（万人）	占比（%）
1	广东	3431.93	15.5	1	广东	5206.62	13.9
2	浙江	1861.86	8.4	2	浙江	2555.75	6.8
3	江苏	1566.63	7.1	3	江苏	2366.38	6.3
4	山东	1133.64	5.1	4	河南	2120.17	5.6
5	四川	1038.73	4.7	5	山东	2074.33	5.5
6	福建	1024.41	4.6	6	四川	2068.86	5.5
7	上海	961.43	4.3	7	河北	1533.29	4.1
8	河南	803.80	3.6	8	湖南	1417.20	3.8

续表

2010 年				2020 年			
排序	现住地	流动人口（万人）	占比（%）	排序	现住地	流动人口（万人）	占比（%）
9	北京	775.98	3.5	9	安徽	1387.23	3.7
10	湖北	732.63	3.3	10	福建	1366.12	3.6
11	湖南	686.09	3.1	11	湖北	1276.42	3.4
12	河北	667.50	3.0	12	云南	1059.91	2.8
13	辽宁	633.26	2.9	13	上海	1047.97	2.8
14	内蒙古	612.87	2.8	14	辽宁	999.32	2.7
15	安徽	567.08	2.6	15	山西	967.38	2.6
16	广西	556.84	2.5	16	江西	963.40	2.6
17	云南	556.00	2.5	17	贵州	959.01	2.6
18	山西	552.01	2.5	18	广西	952.25	2.5
19	陕西	493.97	2.2	19	陕西	927.39	2.5
20	江西	447.04	2.0	20	内蒙古	906.84	2.4
21	重庆	424.27	1.9	21	黑龙江	848.19	2.3
22	黑龙江	421.48	1.9	22	北京	841.84	2.2
23	贵州	414.71	1.9	23	新疆	805.14	2.1
24	新疆	399.03	1.8	24	吉林	795.14	2.1
25	天津	343.94	1.6	25	甘肃	534.16	1.4
26	吉林	315.01	1.4	26	重庆	481.14	1.3
27	甘肃	259.85	1.2	27	天津	353.48	0.9
28	海南	166.35	0.8	28	海南	266.23	0.7
29	宁夏	129.27	0.6	29	宁夏	250.70	0.7
30	青海	99.29	0.4	30	青海	160.60	0.4
31	西藏	26.19	0.1	31	西藏	89.22	0.2
合计	全国	22103.11	100.0	合计	全国	37581.68	100.0

资料来源：根据《中国2010年人口普查资料》《中国人口普查年鉴2020》计算。

（二）省内迁移是人口迁移的主流，且占比呈上升趋势

无论是从流动人口数据还是从农民工数据来看，省内迁移都是人口迁移的主流，且省内人口迁移所占比例呈现逐渐上升的趋势。全国人口普查数据

显示，2010年流动人口为2.21亿人，其中，省内流动人口为1.35亿人，占流动人口的61.1%；跨省流动人口为0.86亿人，占流动人口的38.9%。2020年流动人口为3.76亿人，其中，省内流动人口为2.51亿人，占流动人口的66.8%；跨省流动人口为1.25亿人，占流动人口的33.2%。可见，流动人口中，在省内流动的占大部分，而且所占比例近十年来还在进一步提升，跨省的流动人口比例相对较小。同时，在外出农民工中，跨省流动的比重持续下降，而省内流动的比重持续上升（董昕，2018）。跨省流动的外出农民工比重，从2008年的53.3%逐年减少至2021年的41.5%；省内流动的外出农民工比重，则从2008年的46.7%持续上升至2021年的58.5%（见图3-3）。

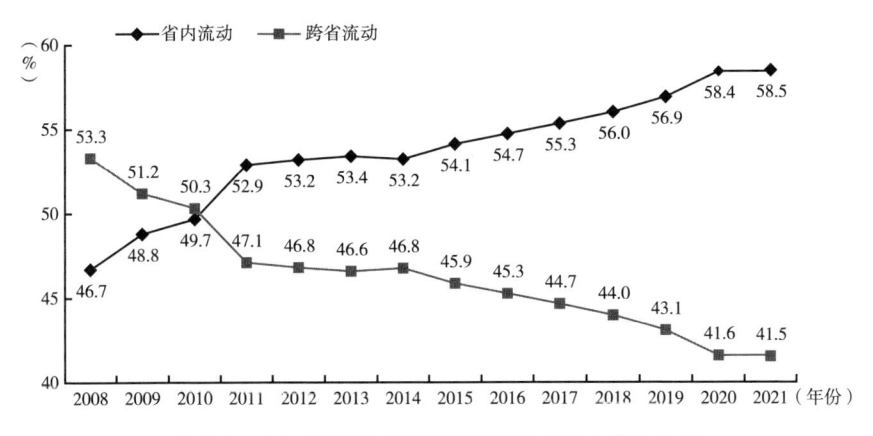

图3-3 全国外出农民工中省内流动与跨省流动比例

资料来源：国家统计局相关年份的《全国农民工监测调查报告》。

（三）地级市和小城镇是乡—城迁移人口的主要流入地

从国家统计局相关年份的《全国农民工监测调查报告》数据可以看出，在外出农民工中，流入地级市和小城镇的比例相对较高，比例均在30%以上，两者合计占比为60%~70%；流入省会城市的占20%多；流入直辖市的占不到10%（董昕，2020a）（见表3-2）。这说明地级市和小城镇是乡—城迁移人口的主要流入地。

表3-2 外出农民工流入的城市类型

单位：%

城市类型	2013年	2014年	2015年
直辖市	8.5	8.1	8.6
省会城市	22.0	22.4	22.6
地级市	33.4	34.2	35.1
小城镇	35.7	34.9	33.3
其他	0.4	0.4	0.4
合计	100.0	100.0	100.0

资料来源：国家统计局相关年份的《全国农民工监测调查报告》。

（四）外出乡—城迁移人口较多，但就近迁移趋势增强

乡—城迁移人口中，外出农民工比本地农民工多，但是本地农民工占比稳步提升。外出农民工是指在户籍所在乡镇地域外从业的农民工，本地农民工是指在户籍所在乡镇地域以内从业的农民工。2008~2021年，全国农民工中外出农民工所占比例在60%左右，而本地农民工所占比例在40%左右，可见，乡—城迁移人口中到户籍地所在乡镇以外工作的农民工较多。但是，从2010年开始，外出农民工在全部农民工中所占比例逐步下降，同时本地农民工在全部农民工中所占比例逐步上升（见图3-4）。

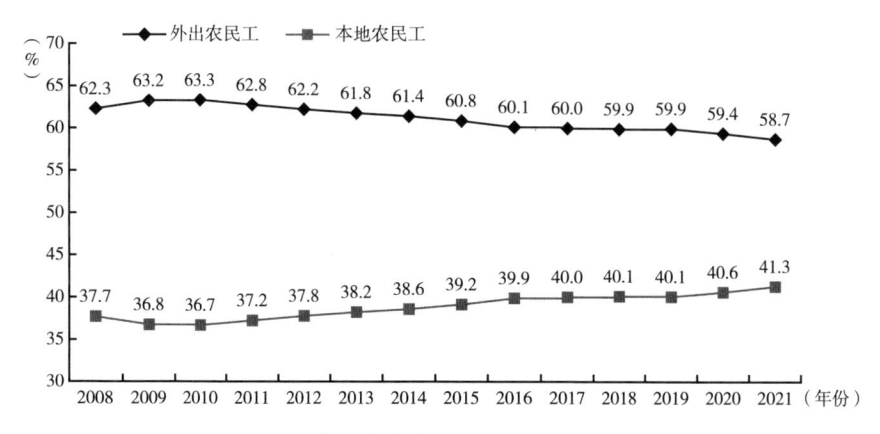

图3-4 全国外出农民工与本地农民工占比

资料来源：国家统计局相关年份的《全国农民工监测调查报告》。

三 主体特征

(一)由单人务工迁移向家庭整体迁移转变

继20世纪80年代前半期知青和下放干部的返城迁移潮之后,1984年起自发迁移人口开始迅速增加,迁移人口有很强的个体选择性,年轻人、未婚者有更强的迁移倾向,16~40岁是迁移人口的主体(李玲,2001)。乡—城迁移的主体初期也仅是进城务工的个人。因此,从就业的角度对乡—城迁移人口个人迁移的研究较多,如李强(1999),殷晓清(2001)。后来,随着乡—城迁移人口迁移的长期化、家庭化特征逐步增强,迁移的主体不再局限于乡—城迁移人口个人,还包括其随迁的配偶、子女等,因而学术界以乡—城迁移人口家庭作为迁移主体的研究也逐渐增多。乡—城迁移人口已呈现明显的家庭化迁移趋势,家庭迁移发生概率逐年上升(洪小良,2007)。乡—城迁移人口家庭中最初迁移者对城市信息的积累和家庭社会网络的扩大能够降低迁移成本不确定带来的风险,并促进举家迁移的发生(李强,2014)。随迁的家属也由配偶、子女扩展至父母,乡—城迁移人口的农村随迁父母规模不断增大(靳小怡等,2015)。从人口普查数据来看,流动人口中的未成年人口比重从2010年的16.2%上升至2020年的18.9%;从国家统计局《全国农民工监测调查报告》数据来看,女性农民工的占比由2014年的33.0%上升到2021年的35.9%,有配偶的农民工占比由2015年的76.4%上升到2021年的80.2%。流动人口中未成年人口比重的提升、农民工中女性和有配偶的农民工占比增加,都可以说明迁移主体由单人务工迁移向家庭整体迁移的转变。

(二)年龄增大趋势明显,中老年人成为农民工主力

从人口特征来看,迁移人口群体年龄增大趋势明显。对比2010年和2020年两次人口普查数据可以看出,流动人口中18~30岁的占比下降最多,由2010年的37.4%下降到2020年的25.7%,下降了11.7个百分点;而40岁以上的占比则从2010年的24.5%上升到2020年的35.6%,提高了11.1个百分点。乡—城迁移人口方面,2010年全国农民工平均年龄为35.5岁,随后逐年增加,2021年全国农民工平均年龄已经增至41.7岁,比2010年

提高了6.2岁。其中，变化最大的是青壮年农民工占比和老年农民工占比（见图3-5）。21~30岁农民工所占比重由2010年的35.9%下降到2021年的19.6%，而50岁以上农民工所占比重由2010年的12.9%上升到2021年的27.3%。同时，本地农民工平均年龄从2010年的36.0岁增大到2021年的46.0岁，外出农民工平均年龄从2010年的31.0岁增大到2021年的36.8岁。2021年，30岁以上的农民工所占比重达到78.8%，40岁以上的农民工所占比重达到51.8%。可见，中老年农民工已经成为农民工的主力，乡—城迁移人口群体年龄增大也和乡—城迁移人口就近迁移的比例增加有关。

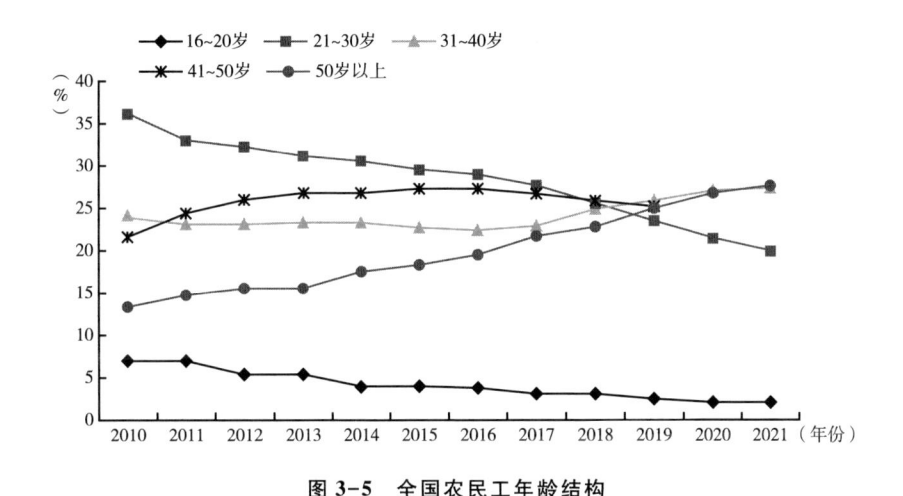

图3-5 全国农民工年龄结构

资料来源：国家统计局相关年份的《全国农民工监测调查报告》。

（三）制造业、建筑业从业占比下降而服务业占比上升

从行业结构来看，农民工中从事制造业和建筑业的人数相对较多，但是占比呈现下降趋势，而服务业占比则呈上升趋势。这一趋势可以从国家统计局相关年份《全国农民工监测调查报告》的数据清晰地看出（见图3-6）。2013年从事制造业和建筑业的农民工占比分别为31.4%和22.2%，到2021年从事制造业和建筑业的农民工占比分别下降到27.1%和19.0%；与此同时，包括批发零售业、交通运输、仓储和邮政业、住宿餐饮业、居民服务和其他服务业在内的服务业占比合计则从2013年的34.1%上升到2021年的37.2%。

图 3-6　农民工从业的行业分布

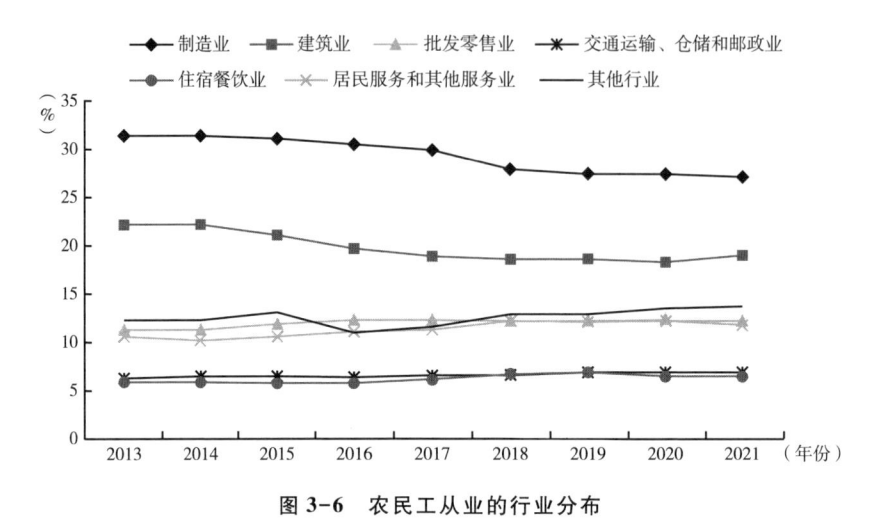

资料来源：国家统计局相关年份的《全国农民工监测调查报告》。

（四）乡—城迁移人口群体内部阶层分化已经显现

从内部分化来看，乡—城迁移人口群体分化的重要体现就是收入差距的扩大，内部阶层分化开始显现。中国流动人口动态监测调查（CMDS）2017年数据显示：农业户籍流动人口的家庭月均总收入4500元/月（中位数）、5676元/月（平均数），其中，雇主家庭月均总收入最高，零工、散工等无固定雇主的劳动者家庭月均总收入最低，两者的中位数相差一倍（见表3-3）。可见，就业身份与收入差异密切相关，收入差异与就业身份不同使乡—城迁移人口群体的内部开始出现阶层分化的特征。

表 3-3　农业户籍流动人口的收入水平

就业身份	占比（%）	家庭月均总收入中位数（元/月）	家庭月均总收入平均数（元/月）
1. 雇主	2.0	8000	10462
2. 有固定雇主的雇员	75.2	4400	5504
3. 无固定雇主的劳动者（零工、散工等）	6.5	4000	4648
4. 自营劳动者	13.4	5000	6549
5. 其他	2.9	4100	5592

资料来源：中国流动人口动态监测调查（CMDS）2017年数据。

第三节 本章小结

本章首先对1949年新中国成立以来中国的人口迁移政策与制度进行了系统的梳理，主要包括户籍制度、就业制度以及地域发展政策等对人口迁移影响较大的政策与制度。虽然，户籍制度、就业制度、地域发展政策制定的社会经济背景大体相同，但是由于制度刚性、改革重点等的不同，各种政策制度的改革进程也不尽相同。本章分别对不同制度变迁的历史时段进行总结，可以更好地为中国人口迁移特征的总结以及以后的实证分析等提供制度基础。

在户籍制度、就业制度、地域发展政策变迁等因素的影响下，中国的人口迁移呈现其自身的特征，本章利用中国人口普查、国家统计局国民经济和社会发展统计公报、国家统计局农民工监测调查，以及中国流动人口动态监测调查等多来源数据交叉分析印证，从迁移的规模特征、空间特征、主体特征三大方面总结了中国的人口迁移特征。

第四章 中国的住房与土地制度变迁及市场状况

第一节 住房与土地制度变迁

从1949年新中国成立后至今70多年的时间里,中国住房与土地制度的变迁有几个关键性的节点:一是1978年改革开放,二是1998年住房分配货币化改革,三是2007年保障性住房被重新赋予重要地位,四是2017年中国共产党第十九次全国代表大会报告提出要坚持"房子是用来住的、不是用来炒的"的定位。由此,中国住房与土地制度的发展历程可以划分为五个阶段,即1949~1977年的制度探索期,1978~1997年的市场萌芽期,1998~2006年的快速发展期,2007~2016年的整合发展期,以及2017年至今的规范发展期(董昕,2017b)。需要说明的是,住房制度与土地制度的变迁息息相关,但有时住房制度与土地制度的具体改革时点也有所差异,当二者的具体改革时点不一致时,考虑到住房对人口迁移的影响相对土地来说更为直接,故以住房制度改革的时点为主进行阶段划分。

一 制度探索期(1949~1977年)

1949年新中国成立后,土地制度成为社会主义改造和社会主义建设的核心安排(刘守英,2021)。新中国成立初期,先是废除地主阶级封建剥削的土地所有制，实行农民的土地所有制，允许城市土地私有，巩固了新生的人民政权，为被战争破坏的国民经济恢复创造了条件；而后进行的农村社会主义改造，基本实现了农村土地私有制向公有制的转变。1956年，农业合作化运动已基本完成，农村土地集体所有制初步建立，中国农村土地的公有化总体实现（俞明轩等，2021）。这也推动着城市土地公有制的确立。1956年1月，中共中央批转中央书记处第二办公室《关于目前城市私有房产基本情况及进行社会主义改造的意见》，指示"对城市房屋私人占有制的社会主义改造，必须同国家的社会主义建设和国家对资本主义工商业的社会主义改造相适应。这是完成城市全面的社会主义改造的一个组成部分"，由此拉开了城市土地国有化改造的序幕。各地城市、各部门通过采用国家经租、公私合营等方式对城市私人房屋进而是城市土地进行国有化改造。改革开放前，虽然对城市土地和房产的国有化尚未上升到法律的层面，但是随着农村集体所有制的建立，城市土地国有化改造逐渐开启，在客观上形成了城乡土地公有制建立的现实基础（董昕，2021）。

二 市场萌芽期（1978~1997年）

1978年，中国迈出了改革开放的步伐。随着经济体制改革的进行，中国城镇住房的配置方式也开始由计划向市场转变，这种转变是在土地制度改革和住房制度改革推动中进行的。

（一）土地制度：建立市场化改革的基本框架

1978~1997年，中国土地制度进行了诸多重要变革，主要的改革举措包括土地有偿使用、城市土地国有制确立、土地所有权与使用权分离、土地产权可流转、土地使用期限确定等。随着一系列法规政策的出台和各地的实践，我国的土地资源开始由无偿、无期限、无流动使用向有偿、有期限、有流动使用转变。

1. 土地有偿使用

1979年出台的《中华人民共和国中外合资经营企业法》规定"如果场地使用权未作为中国合营者投资的一部分，合营企业应向中国政府缴纳使用费",从而首次提出了土地有偿使用的概念。1980年,国务院《关于中外合营企业建设用地的暂行规定》进一步指出"中外合营企业用地,不论新征用土地,还是利用原有企业的场地,都应计收场地使用费。场地使用费的计算,应该包括征用土地的偿补费用,原有建筑物的拆迁费用,人员安置费用"。而1982年开始施行的《深圳经济特区土地管理暂行规定》则具体提出了不同用途不同地区每年每平方米土地使用费标准,正式开始征收土地使用费。1984年以后,抚顺、广州等城市也开始推行土地有偿使用制度。

2. 城市土地国有制确立

1982年,第五届全国人民代表大会第五次会议通过了修订后的《中华人民共和国宪法》(简称"八二宪法"),首次在宪法层面明确"城市的土地属于国家所有"。1986年,首部《中华人民共和国土地管理法》出台,再次强调"中华人民共和国实行土地的社会主义公有制,即全民所有制和劳动群众集体所有制";"城市市区的土地属于全民所有即国家所有",而"农村和城市郊区的土地,除法律规定属于国家所有的以外,属于集体所有;宅基地和自留地、自留山,属于集体所有"。城市土地国有制的确立,是建立土地社会主义公有制的重要组成部分,也为后续其他土地制度的构建奠定了基础。

3. 土地所有权与使用权分离

"八二宪法"第一次以宪法的形式确定了城市土地所有权性质,此后,土地所有权和使用权分离的思想逐步明晰。1986年的《中华人民共和国土地管理法》明确提出土地所有权与使用权的划分、归属、确权与管理。1989年国家土地管理局印发的《关于确定土地权属问题的若干意见》,分别对国家土地所有权、集体土地所有权、国有土地使用权、农村集体土地建设用地使用权的范围和确定标准等都进行了细化,这对解决土地所有权和使用权的权属争议、促进土地登记工作等都起到了重要作用。但各地在确权实践中还是遇到了一些问题,由此,国家土地管理局在1995年根据各地实践及各方面意见和建议制定并印发了《确定土地所有权和使用权的若干规定》以替代1989年的《关于确定土地权属问题的若干意见》,并沿用至今。有了土地所有权与使用权分离的相关法律规定，才能进一步实现土地产权的交易、土地市场的形成。

4. 土地产权可流转

为适应改革开放后市场经济发展的新形势，1988年的《中华人民共和国宪法修正案》，将"八二宪法"中"任何组织或者个人不得侵占、买卖、出租或者以其他形式非法转让土地。"修改为："任何组织或者个人不得侵占、买卖或者以其他形式非法转让土地。土地的使用权可以依照法律的规定转让。"删除了不得出租的规定，并提出土地使用权可以转让，这标志着土地使用权转让由禁止转向放开，为土地有偿使用制度提供了基本法律依据，也为土地资源的市场化配置提供了宪法层面的保障。1988年12月，《中华人民共和国土地管理法》也随《中华人民共和国宪法》的修正进行修订，删去了"禁止土地出租"的内容，增加了关于"国有土地、集体所有土地的使用权可以依法转让""国有土地有偿使用"等条款。1989年《国务院关于加强国有土地使用权有偿出让收入管理的通知》、财政部《国有土地使用权有偿出让收入管理暂行实施办法》，将国有土地使用权有偿使用收入纳入财政体系，为城市建设和土地开发提供了重要的资金来源。1990年5月国务院发布《中华人民共和国城镇国有土地使用权出让和转让暂行条例》，对土地使用权的出让、转让、出租、抵押等以及划拨土地的使用权问题做了具体的规定，标志着国家有偿有限期土地出让使用权政策实施，为土地使用权有偿出让提供了具体依据，为建立可流转的房地产市场奠定了基础。

5. 国有土地使用期限确定

1990年的《中华人民共和国城镇国有土地使用权出让和转让暂行条例》规定了不同用途土地的国有土地使用权出让年限：居住用地70年，工业用地50年，教育、科技、文化、卫生、体育用地50年，商业、旅游、娱乐用地40年，综合或者其他用地50年；还规定土地使用权期满，土地使用者可以申请续期，需要续期的，应当重新签订合同，支付土地使用权出让金。1994年颁布的《中华人民共和国城市房地产管理法》提出"国家依法实行国有土地有偿、有限期使用制度"，并对使用年限届满续期、年限届满前收回、转让房地产的使用年限计算等情况的处理进行了规定。

（二）住房制度：城镇住房商品化进程不断推进

1978～1997年，中国住房制度改革集中在城镇方面，主要举措包括出售公房、提租补贴、新建商品房、建立住房公积金制度等。城镇住房商品化进程不断推进，产权公有、实物分配、低租金使用的福利住房制度被打破，通过市场来解决住房问题逐步被认可。

1. 出售公房

住房制度改革的实践，始于1979年，在西安、南宁、柳州、桂林、梧州五个城市试行中央拨款建设，以土建成本价向居民出售住宅。到1981年，试点城市扩大到全国50多个中小城市，但是由于当时中国整体工资收入水平较低，居民有效购买能力有限，在依然存在可以享受国家分配低租住房的情况下，这种全价售房的改革并没有推广开来。于是1982年在常州、郑州、沙市、四平四个城市开始"三三三制"分担机制下的住宅出售试点，即个人、企业和国家各负担房屋售价的三分之一，出现了供不应求的局面。据此，1984年国务院批准扩大城市公有住房补贴出售的试点城市，到1985年底，全国共有27个省、自治区、直辖市的160个城市和300个县镇实行了向个人补贴出售住宅（董昕，2017b）。由于"三三三制"国家和单位的补贴量大，资金不能实现自我循环，政府负担较重，因而于1986年停止。出售公房的种种尝试，从理论上、认识上打破了传统住房制度的束缚，为住房商品化、分配货币化积累了一定经验。

2. 提租补贴

1986年"国务院住房制度改革领导小组"成立，负责领导和协调全国的房改工作。中国的住房制度改革开始转向传统福利住房制度的核心之一——低租金，提出了"提租补贴"的改革思路，即提高公房租金，增加工资，变暗贴为明补，以此激励个人购买住房。1988年，国务院出台《关于在全国城镇分期分批推行住房制度改革的实施方案》，明确了"我国城镇住房制度改革的目标是：按照社会主义有计划的商品经济的要求，实现住房商品化。从改革公房低租金制度着手，将现在的实物分配逐步改变为货币分配"。由于提租补贴改革受当时工资改革缓慢的影响,加之进入1988年第二季度后,国民经济开始出现严重通货膨胀,如果继续实施提租补贴方案,在成本推动效应的作用下,有可能导致进一步的通货膨胀,于是原计划用3~5年完成的提租补贴方案,未能得到全面推行。

3. 新建商品房

1991年6月国务院发布《关于继续积极稳妥地进行城镇住房制度改革的通知》,提出要在合理调整现有公有住房的租金、出售公有住房的同时,实行新房新制度,使新建住房不再进入旧的住房体制,实行新房新租、先卖后租。从而,减小存量住房提租的阻力,通过新建商品住房实行增量房改。同年10月,国务院批转了国务院住房制度改革领导小组起草的《关于全面推进城镇住房制度改革的意见》,提出了城镇住房制度改革的总目标:城镇住房制度改革是经济体制改革的重要组成部分,其根本目的是要缓解居民住房困难,不断改善住房条件,正确引导消费,逐步实现住房商品化,发展房地产业。

4. 建立住房公积金制度

从1991年开始上海试点住房公积金制度,随后逐步推广到全国。1994年7月发布的《国务院关于深化城镇住房制度改革的决定》将全面推行住房公积金制度作为首要的城镇住房制度改革任务之一。住房公积金制度的建立,一方面可以归集住房资金、使居民进行强制性住房储蓄(用于住房消费),推进了住房制度改革;另一方面也为商业住房贷款的起步积累了经验,是中国住房金融发展的重要里程碑。

三 快速发展期(1998~2006年)

为了应对1997年东南亚经济危机给中国经济带来的不利影响、拉动内需、刺激经济增长,加之中国的住房制度改革已经较为成熟,1998年7月,国务院发布《关于进一步深化城镇住房制度改革加快住房建设的通知》,明确要求各省、自治区、直辖市1998年下半年开始停止住房实物分配,逐步实行住房分配货币化。至此,中国城镇住房市场才真正形成。由此,中国的土地制度改革与住房制度改革进一步深化，中国城镇住房配置的市场化程度逐步提高，房地产业得到了快速发展。

（一）土地制度：让市场机制在土地资源配置中发挥基础性作用

1998~2006年，土地制度改革的重点是土地出让方式由协议出让为主转向招标、拍卖、挂牌公开出让的方式。在协议出让的情况下，具有良好政府关系或者支付了"寻租"成本的企业和个人，就能以低价获取优质的土地资源，导致国有土地资产流失；而招、拍、挂引入了公开竞争，让市场机制在土地资源配置中发挥基础性作用。在土地制度市场化改革的基本框架已经建立的情况下，"保护耕地"被提到前所未有的高度，通过设定耕地保护红线、将城镇建设用地增加与农村建设用地减少相挂钩等落实保护耕地的基本国策。

1. 实行招拍挂的土地出让方式

虽然，1990年国务院发布的《城镇国有土地使用权出让和转让暂行条例》明确规定土地使用权出让可以采用协议、招标和拍卖三种方式。但是，实际执行中，由于协议出让的价格较低，协议出让成为国有土地的主要出让方式，导致国有土地资产流失。针对国有土地资源通过市场配置比例不高的问题，2001年《国务院关于加强国有土地资产管理的通知》，要求严格限制协议用地范围，大力推行国有土地使用权招标、拍卖。2002年国土资源部发布《招标拍卖挂牌出让国有土地使用权规定》，提出"商业、旅游、娱乐和商品住宅等各类经营性用地，必须以招标、拍卖或者挂牌方式出让"。2004年《国务院关于深化改革严格土地管理的决定》进一步要求"工业用地也要创造条件逐步实行招标、拍卖、挂牌出让"。2004年国土资源部、监察部《关于继续开展经营性土地使用权招标拍卖挂牌出让情况执法监察工作的通知》要求各地在2004年8月31日后不得再以历史遗留问题为由采用协议方式出让经营性土地使用权。2006年《国务院关于加强土地调控有关问题的通知》则要求：工业用地必须采用招标拍卖挂牌方式出让，其出让价格不得低于公布的最低价标准。

2. 建立国有土地储备制度

1999年的《闲置土地处置办法》就提到要将收回的国有闲置土地纳入政府土地储备。但是，土地储备制度的切实发展是在2004年国有土地使用权实行"招拍挂"的出让方式以后，各城市大多建立了土地储备中心，由政府或国有的一级开发企业征收农村土地转为国有建设用地，进行土地整理后，再通过土地储备中心组织的"招拍挂"进行国有土地使用权出让。

3. 城乡建设用地增减挂钩

1998年《中华人民共和国土地管理法》再次修订，第一条中就明确提出"合理利用土地，切实保护耕地"。针对一些地方和部门擅自批准设立各类开发区，随意圈占大量耕地和违法出让、转让土地的问题，2003年《国务院办公厅关于清理整顿各类开发区加强建设用地管理的通知》发布，对缺乏建设条件，项目、资金不落实的开发区，要坚决停办，所占用的土地要依法坚决收回，能够恢复耕种的，要由当地人民政府组织复垦后还耕于农，严禁弃耕撂荒。在严格的耕地保护制度下，为了协调保障经济社会发展与保护土地资源的双重目标，城乡建设用地间的增减挂钩机制应运而生。2004年《国务院关于深化改革严格土地管理的决定》明确提出"鼓励农村建设用地整理，城镇建设用地增加要与农村建设用地减少相挂钩"。2006年，《国民经济和社会发展第十一个五年规划纲要》第一次提出18亿亩的耕地保护红线，即"耕地保有量保持1.2亿公顷"，并将此确定为具有法律效力的约束性指标，纳入各地区、各部门经济社会发展综合评价和绩效考核，强调"坚持最严格的耕地保护制度"。

（二）住房制度：住房分配高度市场化，宏观调控成为制度建设一部分

1998~2006年，住房制度改革的主要内容包括住房分配货币化、购房金融支持、规范市场交易等政策措施。随着房地产业和房地产市场的发展，房地产价格和投资增长过快等问题较为突出，于是，从2003年开始中国政府房地产政策的导向，由刺激住房消费转向抑制房价过快增长和投资过热。引导市场的宏观调控政策也成为住房制度建设的重要组成部分。

1. 住房分配货币化

在1998年国务院《关于进一步深化城镇住房制度改革加快住房建设的通知》停止住房实物分配的要求下，各地陆续停止福利分房，住房分配货币化逐步推广，房地产市场得到快速发展。到2000年，住房实物分配已经在全国范围内停止。

2. 购房金融支持

1998年5月中国人民银行颁布《个人住房贷款管理办法》，倡导贷款买房，并安排1000亿元的贷款指导性计划。1999年2月中国人民银行下发《关于开展个人消费信贷的指导意见》，提倡"积极开展个人消费信贷"，稳步推进和拓展消费信贷业务，加大消费信贷投入，购房首期付款比例也由之前要求的所购住房全部价款的30%降为20%。此后，按揭贷款购房被越来越多的居民所接受和使用。

3. 规范市场交易

1999年4月，建设部发布《已购公有住房和经济适用住房上市出售管理暂行办法》及《城镇廉租住房管理办法》，国务院发布《住房公积金管理条例》。2001年，建设部发布中国第一部《商品房销售管理办法》，重点解决商品房销售环节中存在的广告、定金、面积纠纷以及质量等问题。这一系列的政策法规较系统地规范了房地产市场的交易规则，对住房制度改革的深入起到了积极作用。

4. 宏观调控政策

国家对房地产业的宏观调控措施主要包括：中国人民银行《关于进一步加强房地产信贷业务管理的通知》（银发〔2003〕121号），国务院《关于促进房地产市场持续健康发展的通知》（国发〔2003〕18号），国务院办公厅《关于切实稳定住房价格的通知》（国办发明电〔2005〕8号，简称国八条），国务院办公厅转发建设部等七部委《关于做好稳定住房价格工作意见的通知》（国办发〔2005〕26号），银监会《加强信托投资公司部分业务风险提示的通知》（银监办发〔2005〕212号），国务院办公厅转发建设部等九部委《关于调整住房供应结构稳定住房价格意见的通知》（国办发

〔2006〕37号，简称国六条），建设部等六部委《关于规范房地产市场外资准入和管理的意见》（建住房〔2006〕171号），国家税务总局《关于个人住房转让所得征收个人所得税有关问题的通知》（国税发〔2006〕108号），国家税务总局《关于房地产开发企业土地增值税清算管理有关问题的通知》（国税发〔2006〕187号）等。这些宏观调控政策从资金、土地、税收、交易限制等方面对房地产业进行规范，旨在抑制房价高涨和投资过热的问题。

四 整合发展期（2007~2016年）

2007年8月7日，国务院颁发《关于解决城市低收入家庭住房困难的若干意见》，提出：进一步建立健全城市廉租住房制度，逐步扩大廉租住房制度的保障范围；改进和规范经济适用住房制度，合理确定经济适用住房供应对象、标准；逐步改善其他住房困难群体的居住条件等。这一政策标志着中国保障性住房被重新赋予重要地位，住房供应从"重市场、轻保障"转向"市场、保障并重"，住房消费模式从"重买房、轻租房"转向"租房、买房并举"。由此，中国房地产业进入了加强政府住房保障的整合发展期。

（一）土地制度：完善立法，强化管理，试点创新

2007~2016年，土地制度改革主要集中在两方面，一方面是将土地出让方式、土地储备制度等前期改革成果上升到法律法规的层面；另一方面是加强土地利用的管理与计划，强调保障性住房用地供应。此外，对建立城乡统一的建设用地市场也进行了探索。

1. 土地出让方式上升到法律的高度

2007年3月由中华人民共和国第十届全国人民代表大会第五次会议通过的《中华人民共和国物权法》标志着土地公开出让方式由国家政策上升为国家法律，明确规定"工业、商业、旅游、娱乐和商品住宅等经营性用地以及同一土地有两个以上意向用地者的，应当采取招标、拍卖等公开竞价的方式出让"。为规范国有建设用地使用权出让行为，2007年9月国土资源部依据《中华人民共和国物权法》《中华人民共和国土地管理法》《中华人民共和国城市房地产管理法》《中华人民共和国土地管理法实施条例》制定

了《招标拍卖挂牌出让国有建设用地使用权规定》，统一规定"工业、商业、旅游、娱乐和商品住宅等经营性用地以及同一宗地有2个以上意向用地者的，应当以招标、拍卖或者挂牌方式出让"。2008年《国务院关于促进节约集约用地的通知》（国发〔2008〕3号），要求深入推进土地有偿使用制度改革，严格落实工业和经营性用地招标拍卖挂牌出让制度，严格限定划拨用地范围，除军事、社会保障性住房和特殊用地等可以继续以划拨方式取得土地外，对国家机关办公和交通、能源、水利等基础设施（产业），城市基础设施以及各类社会事业用地要积极探索实行有偿使用。国有土地实行招拍挂的出让方式进一步严格。

2. 全面确立土地储备制度

2007年国土资源部、财政部、中国人民银行联合出台《土地储备管理办法》，这标志着土地储备制度的全面确立。土地储备制度的建立，加强了政府对土地供给的调控能力，规范了土地市场的运行秩序，提高了城镇建设用地的保障能力，增加了国有土地使用权的出让收入。2008年《国务院关于促进节约集约用地的通知》（国发〔2008〕3号），还强调要严格执行闲置土地处置政策，土地闲置满两年、依法应当无偿收回的，坚决无偿收回，重新安排使用；完善建设用地储备制度，储备建设用地必须符合规划、计划，并将现有未利用的建设用地优先纳入储备。

3. 加强土地利用的管理与计划

土地制度建设还体现在通过完善土地管理制度、编制土地规划等加强土地利用的管理与计划。国土资源部出台了一系列完善土地管理制度的部门规章，包括2008年的《土地登记办法》（国土资源部令第40号）、2009年的《土地调查条例实施办法》（国土资源部令第45号）和《国土资源行政复议规定》（国土资源部令第46号）、2012年的《闲置土地处置办法》（国土资源部令第53号）、2014年的《节约集约利用土地规定》（国土资源部令第61号）和《国土资源行政处罚办法》（国土资源部令第60号）、2016年的《不动产登记暂行条例实施细则》（国土资源部令第63号）和《土地利用年度计划管理办法》（国土资源部令第66号）等。2008年10月国务院批准实施国土资源部会同有关部门编制的《全国土地利用总体规划纲要（2006—2020年）》。随后，《关于部署运行土地市场动态监测与监管系统的通知》《关于印发市县乡级土地利用总体规划编制指导意见的通知》《关于严格建设用地管理促进批而未用土地利用的通知》等一系列加强土地利用管理与计划的政策相继出台。2009年国土资源部出台《土地利用总体规划编制审查办法》，进一步规范了土地利用总体规划的编制、审查和报批，有助于提高土地利用总体规划的科学性。

4. 强调保障性住房用地供应

与加强保障房建设相配合，2009年5月国土资源部发出《关于切实落实保障性安居工程用地的通知》，要求各地分类确定城市廉租住房建设、林区/垦区/矿区棚户区改造和农村危房改造等三类保障性安居工程用地的供应标准、规模及时序，并落实到具体地块；土地利用年度计划指标紧张，已有保障性住房建设用地计划不能满足需要的市县，要统筹协调及时调整土地供应结构，扩大民生用地的比例，确保保障性住房用地的需求。

5. 探索建立城乡统一的建设用地市场

2008年10月党的第十七届中央委员会第三次全体会议通过《中共中央关于推进农村改革发展若干重大问题的决定》，提出要逐步建立城乡统一的建设用地市场，对依法取得的农村集体经营性建设用地，必须通过统一有形的土地市场、以公开规范的方式转让土地使用权，在符合规划的前提下与国有土地享有平等权益；抓紧完善相关法律法规和配套政策，规范推进农村土地管理制度改革。2012年国土资源部发布《土地复垦条例实施办法》，2014年中共中央办公厅、国务院办公厅印发《关于农村土地征收、集体经营性建设用地入市、宅基地制度改革试点工作的意见》的通知（中办发〔2014〕71号），2015年，全国人民代表大会常务委员会授权国务院在北京市大兴区等33个试点县（市、区）行政区域暂时调整实施有关法律规定，为探索建立城乡统一的建设用地市场提供条件。2016年中国银监会、国土资源部出台《关于印发农村集体经营性建设用地使用权抵押贷款管理暂行办法的通知》（银监发〔2016〕26号）。针对农户承包土地经营权、林权等各类农村产权流转交易需求明显增长的情况，2014年底国务院办公厅发布了《关于引导农村产权流转交易市场健康发展的意见》（国办发〔2014〕71号），提出"凡是法律、法规和政策没有限制的法人和自然人均可以进入市场参与流转交易"，"农户承包土地经营权，可以采取出租、入股等方式流转交易，流转期限由流转双方在法律规定范围内协商确定"。这些政策的出台都使土地制度改革进一步向深水区推进。

6. 试点国土空间规划方案

2013年《中共中央关于全面深化改革若干重大问题的决定》提出"建立空间规划体系，划定生产、生活、生态空间开发管制界限，落实用途管制"，"完善自然资源监管体制，统一行使所有国土空间用途管制职责"。为解决市县规划自成体系、内容冲突、缺乏衔接协调等突出问题，2014年国家发展改革委、国土资源部、环境保护部、住房城乡建设部联合发布《关于开展市县"多规合一"试点工作的通知》，在28个市县开展"多规合一"的试点工作，主要任务是探索经济社会发展规划、城乡规划、土地利用规划、生态环境保护等规划"多规合一"的具体思路，研究提出可复制可推广的"多规合一"试点方案，形成一个市县一本规划、一张蓝图；同时，探索完善市县空间规划体系，建立相关规划衔接协调机制。

7. 农地产权"三权分置"

2014年正式确立坚持土地集体所有权、保障农户土地承包权和搞活土地经营权的"三权分置"制度。与此同时，有关部门大力实施农村土地确权登记、集体产权制度改革等组合改革举措，并加快修订相关法律法规，为合作社、农业企业等新型市场主体"返乡下乡"进入村级土地流转场域营造更好的制度环境。"三权分置"确立之初，国家并没有对土地集体所有权、承包权和经营权等的权利边界进行明确界定。直到2016年中共中央办公厅、国务院办公厅印发《关于完善农村土地所有权承包权经营权分置办法的意见》，才首次规定"三权"权利主体都有其相应的占有、使用、收益和处分的权利和权能，从而在政策上明确了"三权"主体的权益实现形式（朱冬亮，2020）。

（二）住房制度：城镇住房保障体系逐步建立和完善

2007~2016年，住房制度改革方面，以2007年8月国务院《关于解决城市低收入家庭住房困难的若干意见》为转折点，住房制度改革的重点转向保障性住房，相关政策措施也以保障房建设为重心展开，城镇住房保障体系逐步建立和不断完善（董昕，2011）。

1. 完善法律法规基础

2007年修订了《中华人民共和国城市房地产管理法》。住房和城乡建设部在2010年和2012年先后发布了《商品房屋租赁管理办法》（住房和城乡建设部令第6号）和《公共租赁住房管理办法》（住房和城乡建设部令第11号），还在2011年与国家发展和改革委员会、人力资源和社会保障部联合发布了《房地产经纪管理办法》（住房和城乡建设部、国家发展和改革委员会、人力资源和社会保障部第8号令）。2011年，国务院发布《国有土地上房屋征收与补偿条例》（国务院令第590号），住房和城乡建设部发布《国有土地上房屋征收评估办法》（建房〔2011〕77号）。2010年财政部、住房和城乡建设部印发《中央补助城市棚户区改造专项资金管理办法》的通知（财综〔2010〕46号），2012年再次修订此办法。

2. 构建住房保障管理体系

2007年11月九部门联合出台《廉租住房保障办法》，对保障方式、保障资金及房屋来源、申请与核准、监督管理等方面都做出了规定。2008年3月住房和城乡建设部成立后，随即发布了《关于加强廉租住房质量管理的通知》，提出要通过严格建设程序、落实有关方面责任、强化竣工验收工作、加强监督检查工作等措施，加强保障性住房建设的质量管理。2008年4月五部门联合发布《关于印发〈城市低收入家庭住房保障统计报表制度〉的通知》，强调城市低收入家庭住房保障统计这一建立住房保障体系的基础性工作，以便科学制定住房保障发展规划和年度计划、合理安排住房保障资金和建设用地。根据《国务院批转发展改革委关于2013年深化经济体制改革重点工作意见的通知》（国发〔2013〕20号）和《国务院办公厅关于保障性安居工程建设和管理的指导意见》（国办发〔2011〕45号）等文件精神，住房和城乡建设部、财政部、国家发展改革委联合发布《关于公共租赁住房和廉租住房并轨运行的通知》（建保〔2013〕178号），明确从2014年起各地公共租赁住房和廉租住房并轨运行，并轨后统称为公共租赁住房。

3. 配套多领域的住房保障制度建设

2008年1月中国人民银行、银监会出台《经济适用住房开发贷款管理办法》，对经济适用住房开发贷款条件、期限等做出了规定，提出经济适用住房开发贷款利率可按中国人民银行利率政策在10%的范围内适当下浮。2008年3月财政部、国家税务总局发出《关于廉租住房经济适用住房和住房租赁有关税收政策的通知》，明确了廉租住房、经济适用住房建设的税收优惠政策，以及鼓励个人及单位租赁住房的税收优惠。2008年12月中国人民银行、银监会联合发布的《廉租住房建设贷款管理办法》提出廉租住房建设贷款利率在基准利率水平上下浮10%执行，将新建廉租住房项目资本金比例下调至项目总投资的20%。2009年5月住建部、发改委、财政部《关于印发2009~2011年廉租住房保障规划的通知》提出了总体目标和年度工作任务：从2009年起到2011年，基本解决747万户现有城市低收入住房困难家庭的住房问题，其中，2008年第四季度已开工建设廉租住房38万套，2009~2011年各年依次解决260万、245万、204万户城市低收入住房困难家庭的住房问题，并按年将任务分解到各省、自治区、直辖市和新疆生产建设兵团。

4. 保障性住房建设重点转向棚户区改造

保障性住房的建设重点从公共租赁住房转向棚户区改造。住房和城乡建设部、国家发展和改革委员会、财政部、国土资源部、中国人民银行、国家税务总局、中国银行业监督管理委员会等七部门联合发布的《关于加快发展公共租赁住房的指导意见》（建保〔2010〕87号）、国务院办公厅发布的《关于保障性安居工程建设和管理的指导意见》（国办发〔2011〕45号）等文件都强调要重点发展公共租赁住房。2013年《国务院关于加快棚户区改造工作的意见》（国发〔2013〕25号）出台，要求全面推进城市棚户区、国有工矿棚户区、国有林区棚户区、国有垦区危房等各类棚户区改造。随后《国务院办公厅关于进一步加强棚户区改造工作的通知》（国办发〔2014〕36号）、

《国务院关于进一步做好城镇棚户区和城乡危房改造及配套基础设施建设有关工作的意见》（国发〔2015〕37号）接连发布，建设重点转向棚户区改造。

5. 宏观调控历经多个重点

2007~2016年，这十年的宏观调控政策历经了保增长、稳市场、去库存、踩刹车等一系列重点调控目标。（1）保增长。2008年由美国次贷危机引发的全球金融危机转变为全球经济危机。为了抵御经济危机、拉动经济增长，加快建设保障性安居工程被作为扩大内需、促进经济增长的重要措施。国务院办公厅《关于促进房地产市场健康发展的若干意见》（国办发〔2008〕131号）在要求加大保障性住房建设力度的同时，提出要进一步鼓励普通商品住房消费、支持房地产开发企业积极应对市场变化。（2）稳市场。在应对危机的经济刺激政策下，2009年房地产市场价格快速上涨。为了应对房价上涨过快、稳定市场预期，《国务院办公厅关于促进房地产市场平稳健康发展的通知》（国办发〔2010〕4号）和《国务院关于坚决遏制部分城市房价过快上涨的通知》（国发〔2010〕10号）先后出台，提出要同时增加保障性住房和普通商品住房有效供给，合理引导住房消费、抑制投资投机性购房需求，要求金融机构和政府部门加强风险防范和市场监管；建立考核问责机制，对稳定房价和推进保障性住房建设工作不力、影响社会发展和稳定的省级、城市人民政府追究责任。（3）去库存。2015年底的中央经济工作会议明确中国2016年的五大任务是去产能、去库存、去杠杆、降成本、补短板，即"三去一降一补"。其中，去库存的重点就是房地产业去库存。《国务院关于深入推进新型城镇化建设的若干意见》（国发〔2016〕8号）提出了若干去库存的政策措施，如住房保障采取实物与租赁补贴相结合并逐步转向租赁补贴为主；进一步提高城镇棚户区改造以及其他房屋征收项目货币化安置比例；鼓励引导农民在中小城市就近购房。随后，各部委、各地方政府也出台了一系列去库存的政策措施，包括以户籍制度改革鼓励农民工购房、放宽"限购"条件、减少土地供应、降低按揭贷款首付比例、减少房地产交易税费、增加货币化安置等。（4）踩刹车。虽然宏观调控政策强调因地制宜、分城施策，三、四线城市的去库存政策力度较大，一、二线城市的去库存力度较小，但是，住房购买力的虹吸效应，使去库存的政策效果向规模更大、等级更高的城市传递，一、二线城市的住房价格上涨幅度远高于三、四线城市。为遏制房价过快上涨，北京等30余个一、二线城市房地产市场调控不断加码，限购、限贷、限价、限售等一系列调控措施陆续出台。热点城市"刹车式"的短期调控措施收效明显，住宅价格涨幅明显回落。

五 规范发展期（2017年至今）

"房子是用来住的，不是用来炒的"（简称"房住不炒"）最早是在2016年底的中央经济工作会议上提出的。2017年，中国共产党第十九次全国代表大会报告提出要坚持"房子是用来住的，不是用来炒的"定位，加快建立多主体供给、多渠道保障、租购并举的住房制度，让全体人民"住有所居"。由此，中国房地产业进入了新的发展阶段。土地和住房制度改革已经进入改革的深水区，房地产市场快速发展期已经结束，房地产企业的发展也面临前所未有的挑战。

（一）土地制度：深化土地改革创新，系统捋顺土地管理制度

2017年以来，我国的土地制度建设主要体现在两方面，一方面是深化改革进行制度创新，另一方面是系统捋顺土地管理制度。深化改革进行制度创新方面，主要包括推进城乡统一的建设用地市场建设、加强国土空间规划试点等；系统捋顺土地管理制度，主要包括进行政府机构调整、对法律法规进行系统修订等。

1. 推进城乡统一建设用地市场建设

为了进一步深入推进农村土地征收、集体经营性建设用地入市、宅基地管理制度改革试点，更好地总结试点经验，为完善土地管理法律制度打好基础，2017年第十二届全国人民代表大会常务委员会第三十次会议决定将在北京市大兴区等33个试点县（市、区）行政区域的试点期限延长至2018年12月31日。2017年国土资源部、财政部、中国人民银行、中国银行业监督管理委员会对《土地储备管理办法》进行了联合修订，进一步规范土地储备管理，增强政府对城乡统一建设用地市场的调控和保障能力。2019

年中共中央、国务院发布《关于建立健全城乡融合发展体制机制和政策体系的意见》，提出城乡融合发展主要目标之一是：到 2022 年，城乡统一建设用地市场基本建成；到 2035 年，城乡统一建设用地市场全面形成。2020 年，中央深改委（中国共产党中央全面深化改革委员会）审议通过了《深化农村宅基地制度改革试点方案》。

2. 加强国土空间规划试点

2017 年中共中央办公厅、国务院办公厅印发《省级空间规划试点方案》，旨在摸清并分析国土空间本底条件，划定城镇、农业、生态空间以及生态保护红线、永久基本农田、城镇开发边界（即"三区三线"），注重开发强度管控和主要控制线落地，统筹各类空间性规划，编制统一的省级空间规划，为实现"多规合一"、建立健全国土空间开发保护制度积累经验、提供示范。2019 年中共中央、国务院发布《关于建立国土空间规划体系并监督实施的若干意见》，强调坚持"多规合一"，不在国土空间规划体系之外另设其他空间规划。

3. 调整机构捋顺行政职能

为统一行使全民所有自然资源资产所有者职责，统一行使所有国土空间用途管制和生态保护修复职责，着力解决自然资源所有者不到位、空间规划重叠等问题，2018 年根据《中共中央关于深化党和国家机构改革的决定》《深化党和国家机构改革方案》《国务院机构改革方案》设立中华人民共和国自然资源部。自然资源部将国土资源部的职责、国家发展和改革委员会的组织编制主体功能区规划职责、住房和城乡建设部的城乡规划管理职责、水利部的水资源调查和确权登记管理职责、农业部的草原资源调查和确权登记管理职责、国家林业局的森林和湿地等资源调查和确权登记管理职责、国家海洋局的职责，以及国家测绘地理信息局的职责加以整合，以利于实现山水林田湖草整体保护、系统修复、综合治理。

4. 系统修订土地法律法规

全国性法律法规方面，2020 年第十三届全国人民代表大会第三次会议通过的《中华人民共和国民法典》，是新中国第一部以法典命名的法律，在法律体系中居于基础性地位，对土地承包经营权、建设用地使用权、宅基地使用权、居住权、地役权等与土地相关的内容进行了系统规范；2019年《中华人民共和国土地管理法》第三次修正，《中华人民共和国城市房地产管理法》第三次修正；2020年对《城镇国有土地使用权出让和转让暂行条例》进行修订。2021年国务院发布《中华人民共和国土地管理法实施条例》，在新修订的《中华人民共和国土地管理法》的法律框架下，对国土空间规划、耕地保护、土地征收、宅基地管理、集体经营性建设用地管理等都进行了进一步细化，增强了法律的可操作性。

部门规章方面，新设立的自然资源部对部门规章全面清理和系统修订，2019年《自然资源部关于第一批废止和修改的部门规章的决定》出台，在土地制度建设方面，一是废止主要内容不符合改革需要和管理实践的《划拨土地使用权管理暂行办法》《国有企业改革中划拨土地使用权管理暂行规定》《耕地占补平衡考核办法》；二是落实党中央"多规合一"、建立国土空间规划体系的要求，废止《土地利用总体规划管理办法》；三是落实不动产统一登记制度，废止《在京中央国家机关用地土地登记办法》；四是将"增存挂钩"、全域国土综合整治等写入《节约集约利用土地规定》，明确分解下达新增建设用地计划与批而未供和闲置土地处置数量相挂钩，对批而未供、闲置土地数量较多和处置不力的地区，减少其新增建设用地计划安排。

（二）住房制度：以"房住不炒"为定位，探索长效调控机制

从2016年底的中央经济工作会议首次提出"房子是用来住的，不是用来炒的"（简称"房住不炒"）开始，"房住不炒"一直是我国住房制度建设的核心定位，围绕着这一定位，加快建立多主体供给、多渠道保障、租购并举的住房制度是2017年至今这一阶段的住房制度建设重点。此外，开展以老旧小区改造为重点的城市更新，大力发展绿色低碳建筑，防范房地产金融风险也是这一阶段住房制度丰富和完善的内容。

1. 培育和发展住房租赁市场

2017年，住房和城乡建设部、国家发展改革委、公安部、财政部、国土资源部、中国人民银行、税务总局、工商总局、证监会等九部门发布《关于

在人口净流入的大中城市加快发展住房租赁市场的通知》(建房〔2017〕153号),强调加快推进租赁住房建设、培育和发展住房租赁市场,是贯彻落实"房子是用来住的、不是用来炒的"这一定位的重要举措,是加快房地产市场供给侧结构性改革和建立租购并举住房制度的重要内容,是解决新市民住房问题、加快推进新型城镇化的重要方式,是实现全面建成小康社会住有所居目标的重大民生工程。随后,土地、金融、财政等有利于住房租赁市场发展的配套措施陆续出台,如:国土资源部和住房城乡建设部《关于印发〈利用集体建设用地建设租赁住房试点方案〉的通知》(国土资发〔2017〕100号)、中国证监会和住房城乡建设部《关于推进住房租赁资产证券化相关工作的通知》(证监发〔2018〕30号)、住房城乡建设部和财政部《关于印发推行政府购买公租房运营管理服务试点方案的通知》(建保〔2018〕92号)等。

2. 加强保障性租赁住房供给

保障性住房供给的重点从棚户区改造转向保障性租赁住房供给,2021年4月的中央政治局会议,强调坚持"房子是用来住的、不是用来炒"的定位,增加保障性租赁住房和共有产权住房供给,防止以学区房等名义炒作房价。2021年7月,国务院办公厅发布《关于加快发展保障性租赁住房的意见》(国办发〔2021〕22号)提出,要加快完善以公租房、保障性租赁住房和共有产权住房为主体的住房保障体系,从国家层面明确了住房保障体系的顶层设计。其中,公租房主要是为了解决城镇住房和收入双困家庭的住房问题;保障性租赁住房重点是要解决人口净流入的重点城市,主要是大中城市,特别是这些城市的新市民和青年人的住房问题;共有产权住房是由城市政府因地制宜,主要是帮助有一定经济实力但买不起房子的居民能够尽快改善居住条件。保障性租赁住房是现阶段住房保障体系的重点,由于保障性租赁住房主要解决符合条件的新市民、青年等群体的住房困难问题,所以国办发〔2021〕22号文件要求保障性租赁住房应"以建筑面积不超过70平方米的小户型为主,租金低于同地段同品质市场租赁住房租金"。

3. 开展以老旧小区改造为重点的城市更新

以老旧小区改造为重点的城市更新政策措施接连出台(董昕,2022b)。

2020年4月，中共中央政治局会议提出，要积极扩大国内需求，实施老旧小区改造，加强传统基础设施和新型基础设施投资。7月，国务院办公厅出台《关于全面推进城镇老旧小区改造工作的指导意见》（国办发〔2020〕23号），提出了城镇老旧小区改造的工作目标：2020年新开工改造城镇老旧小区3.9万个，涉及居民近700万户；到2022年，基本形成城镇老旧小区改造制度框架、政策体系和工作机制；到"十四五"期末，结合各地实际，力争基本完成2000年底前建成的需改造城镇老旧小区改造任务。10月，党的十九届五中全会审议通过的《中共中央关于制定国民经济和社会发展第十四个五年规划和二〇三五年远景目标的建议》首次提出"实施城市更新行动"。12月，全国住房和城乡建设工作会议提出了2021年工作总体要求和重点任务，首要任务便是，全力实施城市更新行动，推动城市高质量发展。"十四五"规划和2035年远景目标纲要中，进一步明确提出"加快推进城市更新，改造提升老旧小区、老旧厂区、老旧街区和城中村等存量片区功能"，将以老旧小区改造为重点的城市更新同推动城市空间结构优化和品质提升结合起来。针对有些地方的城市更新中出现继续沿用过度房地产化的开发建设方式、变相抬高房价等问题，住房和城乡建设部发布的《关于在实施城市更新行动中防止大拆大建问题的通知》（建科〔2021〕63号）提出，原则上城市更新单元（片区）或项目内拆除建筑面积不应大于现状总建筑面积的20%；原则上城市更新单元（片区）或项目内拆建比不应大于2；城市更新单元（片区）或项目居民就地、就近安置率不宜低于50%。与老旧小区改造相关的政策制度要求也陆续出台，例如：住房和城乡建设部办公厅、国家发展改革委办公厅、财政部办公厅发布的《关于进一步明确城镇老旧小区改造工作要求的通知》（建办城〔2021〕50号），住房和城乡建设部发布的《关于印发全国城镇老旧小区改造统计调查制度的通知》（建城函〔2022〕22号），等等。

4. 大力发展绿色低碳建筑

国务院《关于印发2030年前碳达峰行动方案的通知》（国发〔2021〕23号），要求推广绿色低碳建材和绿色建造方式，加快推进新型建筑工业化，大力发展装配式建筑，推广钢结构住宅，推动建材循环利用，强化绿色设计和绿色施工管理；加强县城绿色低碳建设；推动建立以绿色低碳为导向的城乡规划建设管理机制，制定建筑拆除管理办法，杜绝大拆大建；加快更新建筑节能、市政基础设施等标准，提高节能降碳要求；到2025年，城镇新建建筑全面执行绿色建筑标准。2022年，住房和城乡建设部《关于印发"十四五"建筑节能与绿色建筑发展规划的通知》（建标〔2022〕24号），要求各省（区、市）住房和城乡建设部门编制本地区建筑节能与绿色建筑发展专项规划。

5. 重点防范房地产金融风险

防范房地产金融风险，是这一阶段的重要政策制度建设内容。2020年，住房和城乡建设部、中国人民银行提出重点房企资金监测和融资管理的"三道红线"：剔除预售款后的资产负债率不超过70%，净负债率不超过100%，现金短债比不小于1；年底，中国人民银行、中国银保监会发布《关于建立银行业金融机构房地产贷款集中度管理制度的通知》，要求银行业金融机构房地产贷款余额占该机构人民币各项贷款余额的比例（即房地产贷款占比）和个人住房贷款余额占该机构人民币各项贷款余额的比例（即个人住房贷款占比）不得高于人民银行、银保监会确定的房地产贷款占比上限和个人住房贷款占比上限，即"两个上限"。2021年，住房和城乡建设部等部门发布《关于加强轻资产住房租赁企业监管的意见》，从加强从业管理、规范住房租赁经营行为、开展住房租赁资金监管、禁止套取使用住房租赁消费贷款、合理调控住房租金水平、妥善化解住房租赁矛盾纠纷、落实城市政府主体责任等方面，加强住房租赁企业监管，引导住房租赁企业回归住房租赁服务本源，防范化解金融风险，促进住房租赁市场健康发展；中国银保监会办公厅、住房和城乡建设部办公厅、中国人民银行办公厅联合发布《关于防止经营用途贷款违规流入房地产领域的通知》，从加强借款人资质核查、加强信贷需求审核、加强贷款期限管理、加强贷款抵押物管理、加强贷中贷后管理、加强银行内部管理等方面，督促银行业金融机构进一步强化审慎合规经营，严防经营用途贷款违规流入房地产领域；中国人民银行、银保监会出台《关于做好重点房地产企业风险处置项目并购金融服务的通知》，鼓励银行稳妥有序开展并购贷款业务，重点支持优质的房地产企业兼并收购出险和困难的大型房地产企业的优质项目。

第二节 住房市场发展：销售市场与租赁市场

一 住房销售市场

住房销售市场的发展，与住房和土地制度的变迁密切相关，住房销售市场发展阶段的划分节点与制度变迁的节点相一致，据此将住房销售市场的发展划分为萌芽、快速发展、减速发展、平稳发展四个阶段。由于住房市场销售的产品存在较强的异质性，如不同年份销售的住房所处区位等不相同，因而不同时期的销售价格可比性较差，因而在分析住房销售市场的发展过程中，主要采用住房销售面积作为分析指标，而非住房销售价格。

（一）萌芽阶段（1978~1997年）：房地产企业纷纷成立，城镇住房市场初具雏形

1978年至1997年这一阶段，在土地制度改革和住房制度改革的双重推动下，中国房地产业经历着由计划经济向市场经济的转变，房地产业增加值从1978年的79.9亿元提升至1997年的2921.1亿元，占GDP的比重也从1978年的2.2%上升到1997年的3.7%。万科、万通、中海、保利、恒大等房地产企业在此期间成立并快速发展，截至1997年底，全国房地产开发企业（单位）个数达到2.13万个。在这一阶段，房地产市场也已经初具雏形，1997年，房屋新开工面积14027万平方米，其中，住宅10997万平方米；商品房销售面积9010万平方米，其中，住宅销售面积7864万平方米。

在这房地产市场的萌芽期，住房由国家的计划统一提供转变为国家、集体、个人三者分担，中国城镇住房市场开始逐步形成。城镇居民的住房条件明显有所改善，城镇人均住房建筑面积从1978年的6.7平方米增长到1997年的17.8平方米。这一阶段房地产业的发展，正如1992年11月国务院发

布的《关于发展房地产业若干问题的通知》中所说的"房地产业在我国是一个新兴产业,是第三产业的重要组成部分,随着城镇国有土地有偿使用和房屋商品化的推进,将成为国民经济发展的支柱产业之一"。

(二)快速发展阶段(1998~2006年):城镇住房市场快速发展,居民住房条件大幅改善

1998~2006年这一阶段,中国的房地产市场逐步建立并快速发展,形成了商品房占绝对主体地位的城镇住房体系。房地产业增加值从1998年的3434.5亿元提升至2006年的10370.5亿元,首次超过1万亿元,占GDP的比重也升至4.7%。在这一阶段,房地产市场和房地产业得到了快速发展,1998年至2006年,房屋新开工面积累计达41.52亿平方米,其中,住宅33.65亿平方米;商品房累计销售面积达28.39亿平方米,其中,住宅累计销售面积25.26亿平方米。商品房销售面积从1998年的1.22亿平方米增加到2006年的6.19亿平方米,年均增幅为51%;其中,商品住宅销售面积从1998年的1.08亿平方米增加到2006年的5.54亿平方米,年均增幅为45.8%。房地产企业数量也明显增加,全国房地产开发企业(单位)个数从1998年的24378个增加到2006年的58710个,年均增加4292个房地产开发商。

在这住房高度市场化的快速发展期中,中国城镇居民的住房条件得到了大幅改善:1988~1997年城镇人均住宅建筑面积由13.0平方米增至17.8平方米,年均增长4.09%;而1998~2006年城镇人均住宅建筑面积由18.7平方米增至27.1平方米,年均增长6.59%。在城镇居民平均住房条件得到大幅改善的同时,住房保障的缺位使中低收入群体的住房需求问题也日益凸显。

(三)减速发展阶段(2007~2016年):城镇住房市场减速发展,住房保障弥补市场缺位

2007年至2016年这一阶段,可以说是中国住房市场的整合发展期。一方面,住房市场继续发展。房地产业增加值从2007年的13809.7亿元提升至2016年的48368.3亿元,占GDP的比重也从2007年的5.1%提升至2016年的6.5%;商品房销售面积从2007年的7.74亿平方米增加到2016年的

15.73亿平方米；商品住宅销售面积从2007年的7.01亿平方米增加到2016年的13.75亿平方米。另一方面，住房市场的发展速度明显降低。商品住宅销售面积年均增速由1998~2006年的45.8%下降到2007~2016年的9.6%；房地产业法人单位数在2013年还出现了负增长。

与此同时，包括保障性住房建设和住房补贴在内的住房保障得到了大力发展，对弥补住房市场缺位起到了重要作用。从1994年国务院决定深化城镇住房制度改革到2007年，全国共建设廉租房、经济适用房等保障性住房1000多万套。[①] 2008年开始大规模实施保障性安居工程建设，2010~2016年，基本建成城镇保障性安居工程住房约3888万套；同时，财政一般公共预算支出中住房保障支出累计32774.69亿元。[②]

从2007年开始的房地产业整合发展期，中国房地产业的主旋律是增加保障性住房的建设，旨在解决在1998~2006年房屋高度市场化阶段政府住房保障缺位的问题，政府重新承担起满足中低收入群体住房需求的责任。在这一阶段中国城镇住房保障体系逐步建立和完善，建设了大量保障性住房，建设重点也经历了从公共租赁住房向棚户区改造的调整，土地和住房制度改革进一步深入，宏观调控手段也更为灵活和丰富。但是，宏观调控政策的短期性明显，调控的长效机制亟待建立。

（四）平稳发展阶段（2017年至今）：城镇住房市场总体平稳发展，区域间城市间的市场分化加剧

2017年至今这一阶段，在"房住不炒"的政策基调下，住房市场的发展总体较为平稳。商品房销售面积从2017年的16.9亿平方米增加到2021年的17.9亿平方米；商品住宅销售面积从2017年的14.48亿平方米增加到2021年的15.65亿平方米，年均增幅为1.6%。与之前住房市场的起伏相比，2017年以后的住房市场平稳发展（见图4-1）。

[①] 资料来源：每日经济新闻记者张怀水．住建部：加快建立以公租房、保障性租赁住房和共有产权住房为主体的住房保障体系［EB/OL］．（2021-08-31）［2022-07-05］．https://baijiahao.baidu.com/s?id=1709595561180921390&wfr=spider&for=pc．

[②] 根据相关年份的《中国统计年鉴》《国民经济和社会发展统计公报》数据计算。

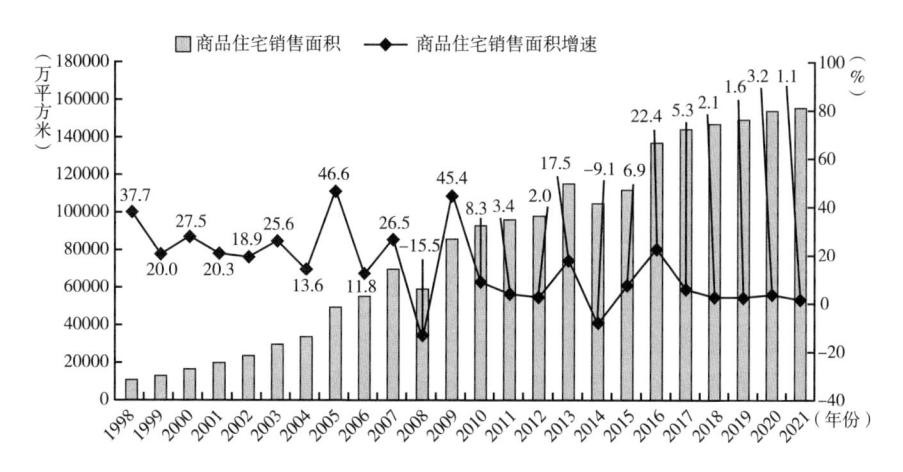

图 4-1 中国商品住宅销售面积变化

资料来源：国家统计局。

这一阶段，在住房市场总体平稳发展的情况下，区域间、城市间的住房市场分化加剧。以 2021 年为例，中部地区的商品房销售面积增幅最大，东北地区的商品房销售面积降幅最大。2021 年全国商品房销售面积中，东部地区的商品房销售面积为 7.32 亿平方米，比 2020 年增加了 2.7%；中部地区的商品房销售面积为 5.17 亿平方米，比 2020 年增加了 5.4%；西部地区的商品房销售面积为 4.78 亿平方米，比 2020 年减少了 1.7%；东北地区的商品房销售面积为 0.66 亿平方米，比 2020 年减少了 6.4%（见表 4-1）。

表 4-1 全国商品房销售面积及其变化

项目	商品房销售面积（万平方米）					比上年增长（%）				
	2017 年	2018 年	2019 年	2020 年	2021 年	2017 年	2018 年	2019 年	2020 年	2021 年
全国总计	169407	171654	171557	176086	179433	7.7	1.3	-0.1	2.6	1.9
东部地区	71199	67641	66607	71311	73248	2.9	-5.0	-1.5	7.1	2.7
中部地区	47460	50695	50037	49078	51748	12.8	6.8	-1.3	-1.9	5.4
西部地区	42459	45396	47410	48628	47819	10.7	6.9	4.4	2.6	-1.7
东北地区	8289	7922	7503	7069	6618	7.0	-4.4	-5.3	-5.8	-6.4

资料来源：国家统计局及相应计算。

此外，房地产市场向中心城市与核心城市群进一步集中。京津冀、长三角、珠三角三大核心城市群的商品住宅销售额占全国的比例由2019年的37.3%上升到2020年的39.7%，商品住宅销售面积占全国的比例也由2019年的22.3%上升到2020年的23.5%（见表4-2），这说明市场成交量进一步向核心城市群集中，也体现出住房市场的分化加剧。

表4-2 我国三大城市群[①]商品住宅销售情况

区域	2019年				2020年			
	商品住宅销售额		商品住宅销售面积		商品住宅销售额		商品住宅销售面积	
	绝对值（亿元）	全国占比（%）	绝对值（万平方米）	全国占比（%）	绝对值（亿元）	全国占比（%）	绝对值（万平方米）	全国占比（%）
京津冀城市群	8225	5.9	5805	3.9	8959	5.8	6173	4.0
长三角城市群	30464	21.8	20390	13.6	36290	23.5	22304	14.4
珠三角城市群	13373	9.6	7166	4.8	16121	10.4	7845	5.1
合计	52062	37.3	33361	22.3	61370	39.7	36322	23.5

资料来源：城市数据来自CREIS（中指数据），全国数据来自国家统计局官网。

二 租赁住房市场

从改革开放至今，中国租赁住房市场的发展经历了萌芽阶段、起步阶段、快速发展阶段与全新发展阶段（董昕、王茜春，2021）。具体情况如下所述。

（一）萌芽阶段（1978~1999年）：农民工与新毕业大学生的自主流动催生租赁住房市场的萌芽

1978年改革开放后，中国人口流动的障碍逐渐减少，以农民工为主的流动人口逐渐增多，新毕业大学生的自主流动也逐渐展开。1989年，农村外出

[①] 京津冀城市群数据，包括北京、天津、石家庄、唐山、保定、秦皇岛、廊坊、沧州、承德和张家口的城市数据；长三角城市群数据，包括上海、南京、无锡、常州、苏州、南通、盐城、扬州、镇江、泰州、杭州、宁波、嘉兴、湖州、绍兴、金华、舟山、合肥、芜湖、马鞍山、铜陵、安庆、滁州、池州、宣城的城市数据；珠三角城市群数据，包括广州、深圳、佛山、东莞、中山、珠海、肇庆、惠州的城市数据。

务工劳动力由改革开放初期不到200万人迅速增加到3000万人，大量跨区域就业的农民工春节返乡造成"春运"紧张，形成了蔚为壮观的"民工潮"（韩长赋，2007）。由于农民工大多由雇主提供"包吃包住"的住宿条件，而且农民工单身进城的多、家庭随迁的少，对住房条件的要求较低，"包吃包住"的集体宿舍基本可以满足居住需求，仅有零星住房租赁需求。1996年人事部印发《国家不包分配大专以上毕业生择业暂行办法》的通知（人发〔1996〕5号），由此，新毕业大学生的自主流动增多，住房租赁需求逐渐增加。在农民工与新毕业大学生流动的推动下，中国城镇住房租赁市场开始萌芽。

（二）起步阶段（2000~2009年）：大学生包分配全面停止，农民工家庭化迁移增加，房地产中介机构大幅增加

2000年之所以是租赁住房市场发展的一个重要节点，是因为这一年在需求方面、企业方面、政策方面都出现了标志性的事件，租赁住房市场由萌芽阶段进入起步发展阶段。从需求来看，一方面《国家不包分配大专以上毕业生择业暂行办法》逐步落实到位，2000年全面停止了大学生毕业包分配，新毕业学生的住房租赁需求成为租赁住房市场上一股不可忽视的力量；另一方面，农民工群体经过20多年的发展，家庭化迁移越来越多，宿舍越来越不能满足农民工的居住需求，租赁住房的比例逐渐增加。从市场来看，2000年，从事房地产中介服务的法人单位数出现爆发性增长，《中国经济普查年鉴》数据显示，当年开业（成立）房地产中介服务法人单位数由1999年的598家增加到924家，增幅达到55%；链家、麦田、我爱我家等知名房地产中介公司都在2000年成立。从政策来看，2000年第14号国务院公报转发国家计委等六部委关于印发《中介服务收费管理办法》的通知，从收费管理权限、收费标准、收费行为等方面对房地产中介在内的各类中介机构收费进行规范。

国家统计局数据显示，2000~2009年中国流动人口的数量持续增长，仅2009年度全国外出农民工总数就达到1.45亿人，其中，34.6%的外出农民工通过租赁住房解决其居住问题，也就是说有5000万以上的农民工在租房居住；研究生和普通本专科毕业生数从2000年的100.88万人增至2009年的568.23

万人，新毕业大学生中有相当一部分人需要租房，这些都为租赁住房市场的发展提供了必不可少的需求。租赁住房市场的发展从房地产中介机构的数量也可以看出来，2009年当年开业（成立）的房地产中介服务法人单位数达到5531个，是1999年的近10倍。与萌芽阶段相比，起步阶段的租赁住房市场在住房租赁需求、中介机构数量等方面都取得了长足的发展。

（三）快速发展阶段（2010~2020年）：流动人口的租房规模可观，租购并举的制度确立，长租公寓市场有待规范

2010年是租赁住房市场发展的另一个重要节点，流动人口成为被广泛关注的社会群体，关于租赁住房的重要政策也纷纷出台。原国家人口和计划生育委从2010年正式开始了每年动态监测调查全国范围内的流动人口，国家统计局2010年开始发布《农民工监测调查报告》。住房和城乡建设部、国家发展和改革委员会、人力资源和社会保障部2010年联合发布《房地产经纪管理办法》，这是我国第一个专门规范房地产经纪行为的部门规章。国务院办公厅发布《关于促进房地产市场平稳健康发展的通知》（国办发〔2010〕4号），提出"商品住房价格过高、上涨过快的城市，要切实增加限价商品住房、经济适用住房、公共租赁住房供应"；建设部等七部门出台《关于加快发展公共租赁住房的指导意见》（建保〔2010〕87号），公共租赁住房作为租赁住房市场的补充也被明确提出来。2010年前后长租公寓的经营机构陆续成立，例如，集中式长租公寓运营商魔方公寓2009年在上海成立，分散式长租公寓运营商自如2011年在北京成立。

国家统计局数据显示，2010~2020年全国流动人口总数约2.21亿~3.76亿，占总人口的比重在16.5%~26.6%，形成了规模可观的租赁住房市场需求，这是租赁住房市场得以快速发展的基础。2017年党的十九大报告提出要加快建立"多主体供给、多渠道保障、租购并举"的住房制度，住建部等九部委出台《关于在人口净流入的大中城市加快发展住房租赁市场的通知》（建房〔2017〕153号），国土部、住建部发布《关于印发〈利用集体建设用地建设租赁住房试点方案〉的通知》（国土资发〔2017〕100号），一系列政策措施的出台也促进了住房租赁市场的快速发展。各长租公

寓品牌如雨后春笋般陆续出现，房地产开发商旗下的长租公寓品牌也开始进入租赁住房市场，如万科泊寓、龙湖冠寓分别于2014年、2017年推出了各自的第一个长租公寓项目。同时，长租公寓行业进行了密集的投融资活动，2019年青客公寓在纳斯达克上市，2020年蛋壳公寓在纽交所上市。但是，"高进低出""长收短付"等运营模式造成长租公寓隐患重重。为规范住房租赁活动，2020年9月，住房和城乡建设部发布《住房租赁条例（征求意见稿）》，向社会公开征求意见，预示着租赁住房市场新时代的到来。

（四）全新发展阶段（2021年起）：空前重视租赁住房市场发展，重点加大保障性租赁住房供给

2020年底中央经济工作会议提出的2021年八项重点任务之一，就是解决好大城市住房突出问题，"高度重视保障性租赁住房建设，加快完善长租房政策，逐步使租购住房在享受公共服务上具有同等权利，规范发展长租房市场。土地供应要向租赁住房建设倾斜，单列租赁住房用地计划，探索利用集体建设用地和企事业单位自有闲置土地建设租赁住房，国有和民营企业都要发挥功能作用。要降低租赁住房税费负担，整顿租赁市场秩序，规范市场行为，对租金水平进行合理调控"。这是历年中央经济工作安排中首次从多方面提及租赁住房市场的发展，租赁住房市场必将迎来全新发展的阶段。2021年的《国民经济和社会发展统计公报》显示，2021年全国保障性租赁住房开工建设和筹集94万套。这是《国民经济和社会发展统计公报》首次报告保障性租赁住房的供给情况，也标志着住房保障重点已经转向保障性租赁住房。

三 住房销售市场与租赁市场的关系

（一）住房销售市场、租赁市场的相继发展

从住房销售市场和住房租赁市场的发展阶段划分可以看出，住房租赁市场的发展要晚于住房销售市场。例如，在21世纪初，住房销售市场已经迎来快速发展的阶段，而住房租赁市场的发展才刚刚起步。这种住房销售市场、租赁市场的相继发展，是与我国的国情密切相连的。改革开放初期，我国城镇住房供给严重不足，1978年城镇人均住房建筑面积只有6.7平方米。

在住房总量不足的情况下，住房的增量建设是发展的首要问题。经过新房建设和住房销售市场的快速发展，中国住房短缺的问题在总体上得到解决，城镇居民住房条件明显改善。从2007年开始，我国城镇人均住房建筑面积和农村人均住房建筑面积都超过了30平方米，而且，此后人均住房面积逐年增加[①]，截至2019年，我国城镇居民人均住房建筑面积达到39.8平方米，农村居民人均住房建筑面积达到48.9平方米[②]。按户均人口数与人均住房建筑面积计算，中国城镇居民户均建筑面积从2009年起达到90平方米以上，2012年中国城镇居民户均建筑面积约为94平方米。从国际数据对比来看，中国城镇居民户均住房建筑面积大致已与法国、日本等国持平。住房总量的增加、居民住房条件的改善为住房租赁市场的发展提供了基础，住房销售市场、租赁市场的相继发展符合中国的国情。中国住房市场总体上看已经从增量市场逐渐转向存量市场，住房租赁市场的发展将迎来更为广阔的发展空间。

表4-3 部分国家竣工房屋套均建筑面积

单位：平方米

年份 国家	2005	2007	2008	2009	2010	2011	2012	2013	2014	2015
俄罗斯	85	85	83	85	81	79	78	76	75	71
法国	103	101	101	106	88	94	89	88	84	82
日本	87	86	84	86	94	95	93	94	90	87
波兰	100	101	100	96	102	103	99	101	98	97
德国	116	113	114	114	114	117	112	108	105	105
南非	125	166	126	127	125	120	113	152	125	129
新西兰	191	196	197	196	199	191	197	192	187	179

资料来源：相关年份《国际统计年鉴》。

---

① 根据相关年份《中国统计年鉴》数据判断。
② 资料来源：住建部. 2019年城镇居民人均住房建筑面积达到39.8平方米［EB/OL］.（2021-08-31）［2022-07-05］. https://m.gmw.cn/baijia/2021/08/31/1302526034.html。

（二）住房的售价与租金失衡，租售比低于合理标准

与住房售价相比，住房租金变化较为平稳，一直与CPI（居民消费价格指数）变化幅度相近，并呈现稳中有降的态势（见图4-2）。2020年在住房售价（商品住宅平均销售价格）比2019年上涨7.5%的同时，住房租金（居民租赁房房租）比2019年下降了0.6%，2021年住房租金涨幅虽然由负转正，但住房租金涨幅仍低于住房售价涨幅和CPI涨幅。租金收入比是住房租金占收入的比例，一般而言不超过30%被认为是合理的，我国城镇的租金收入比总体处于合理范围内。国家卫生和计划生育委员会2017年流动人口动态监测调查的全国350个城市或地区，流动人口家庭的租金收入比均值为15%，北京、上海、广州、深圳流动人口家庭的租金收入比均值分别为19%、14%、14%、18%。租售比是每平方米面积的月租金与每平方米面积的房价之间的比值，通常合理标准是不低于1∶300，但我国城市的租金和售价明显背离，租售比普遍低于合理标准。根据Wind数据库数据计算，2020年100个大中城市住房的平均租售比为1∶530，远低于合理标准，厦门、三亚、深圳等城市住房的租售比甚至低于1∶800。在租售比远低于合理水平的情况下，作为住房产权持有者或中介经营者的企业机构缺乏合理的

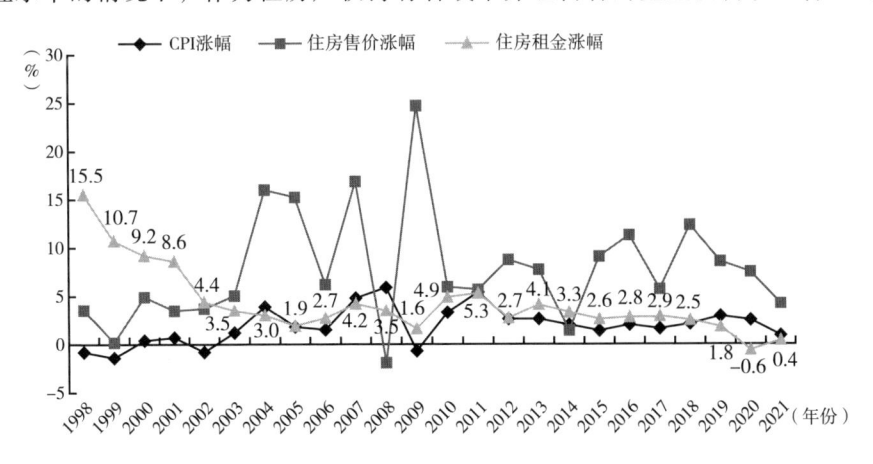

图4-2　CPI、住房售价、住房租金同比涨幅对比

注：数据来源于国家统计局及相应计算，住房售价是指全国商品住宅的平均销售价格。

利润空间，不少知名企业机构在持有或经营长租房项目时都产生了诸多问题。住房销售价格与租赁价格的失衡，一方面有住房资产价值的原因，另一方面也有租赁住房保障低、租购权益相差较大等原因。

第三节　土地市场发展：国有土地与集体土地

虽然中国土地市场的二元特征明显，还不能简单划分为城市土地市场与农村土地市场。从产权的视角来看，根据所有权人的不同，中国的土地市场可以分为国有（全民所有）土地市场和集体土地市场两大类。由于无论是国有土地还是集体所有土地，都是土地公有制的组成部分，市场交易的只能是使用权而非所有权。

一　国有土地市场

在现行土地制度下，国有土地市场指的是国有土地使用权市场。2004年以前，协议出让是国有土地使用权的主要出让方式；2004年《国务院关于深化改革土地管理的决定》《国土资源部、监察部关于继续开展经营性土地使用权招标拍卖挂牌出让情况执法监察工作的通知》发布，国有土地使用权才开始主要通过招标、拍卖、挂牌方式出让，国有土地使用权市场真正开始形成。2004年至今只有十几年时间，因而对国有土地市场的发展不再进行阶段划分，而从市场的发展过程以及市场发挥的作用等方面进行总结，说明国有土地市场的发展状况。

（一）市场：建立、规范并发展国有土地交易市场

《中华人民共和国宪法》《中华人民共和国土地管理法》等法律法规的修订与颁布，确立了城市土地国有、所有权与使用权分离、土地有偿使用等土地资源利用的基本规则，奠定了城市土地市场建立的基础。建立土地储备制度、严格招拍挂出让方式、强化土地管理与计划等又进一步规范了土地市场的发展。由此，土地市场规模不断扩大。1999年全国国有建设用地出让面积为4.54万公顷、出让收入为514.33亿元，2017年全国国有建设用地

出让面积增至23.09万公顷、成交价款达51984.48亿元，也就是说，全国国有建设用地出让面积2017年约为1999年的5倍，成交价款2017年约为1999年的101倍。市场机制在土地资源配置中发挥着越来越重要的作用。1999年，协议出让的国有建设用地有8.37万宗，招拍挂出让的国有建设用地有1.53万宗，通过协议出让的国有建设用地宗数约为通过招拍挂出让的国有建设用地宗数的5.5倍；随着招拍挂出让方式的增加，2008年通过协议出让的国有建设用地面积开始少于通过招拍挂出让的国有建设用地面积，2009年通过协议出让的国有建设用地宗数开始少于通过招拍挂出让的国有建设用地宗数，2017年通过招拍挂出让的国有建设用地成交价款达到50507.45亿元，是通过协议出让的国有建设用地成交价款的34.2倍。① 由此可见，在城市土地制度的建设和完善过程中，中国的国有土地市场得以建立并取得了长足的发展。

（二）用地：为城镇化发展与经济增长提供用地保障

城市国有土地制度的确立、所有权与使用权分离、土地有偿使用、允许土地产权流转等土地制度，为城镇化发展与经济增长提供了各类用地保障。从总量上来看，2004年全国城市建设用地面积为30781.28平方公里，2018年全国城市建设用地面积56075.90平方公里，2004~2018年累计增加城市建设用地面积25294.62平方公里。从结构上来看，2003~2017年的全国国有建设用地中，共供应工矿仓储用地215.48万公顷、商服用地62.50万公顷、住宅用地131.58万公顷、公共管理与公共服务用地88.39万公顷、交通运输用地131.47万公顷、水域及水利设施用地48.92万公顷。② 城市土地制度的建设与构架下，各种用地得以在相对短的时间内大量供给，这为改革开放后中国城镇化的快速发展、经济建设的持续发力提供了用地保障，从而为城镇化和经济增长起到了基础性的支撑作用。

---

① 资料来源：相关年份《中国国土资源年鉴》。
② 资料来源：相关年份《中国国土资源年鉴》。

(三) 资金：为城市建设与维护提供资金支持

城市土地制度构建下，国有土地使用权出让收入已经成为地方财政收入的重要组成部分。1997年，国有土地使用权有偿出让收入占地方财政收入的比重只有1.3%，而到了2019年，国有土地使用权出让金占地方财政收入的比重已经达到了69.9%。2010~2020年，国有土地使用权出让金占地方政府性基金收入的比重一直在75%以上。土地出让收入使用范围涵盖征地和拆迁补偿支出、土地开发支出、城市建设支出等。其中，城市建设支出主要包括城市道路、桥涵、公共绿地、公共厕所、消防设施等基础设施建设支出。2006年，全国城市维护建设财政性资金收入中，土地出让转让收入占比为24.9%；到了2016年，全国城市维护建设财政性资金收入中，国有土地使用权出让收入占比已达到55.5%。[1] 可见，在城镇化进程中，土地使用权出让收入为城市的维护和建设提供了重要的资金支持。

(四) 民生：促进住房等人民基本生活条件的改善

改革开放以来，城市土地制度的市场化改革为关乎民生的住房建设等提供了用地保障，而且明确规定国有土地出让收入的用途之一就是城镇廉租住房保障支出。2003~2017年国有建设用地累计供应住宅用地131.58万公顷，其中，普通商品住房用地101.79万公顷、占77.4%；经济适用住房用地16.71万公顷、占12.7%；廉租住房用地3.01万公顷、占2.3%。1998~2020年，房地产开发企业住宅新开工面积累计达210.61亿平方米。城镇居民人均住房建筑面积从1978年的6.7平方米，增加到2018年的39.0平方米，2018年约为1978年的6倍。2003~2017年国有建设用地还累计供应公共管理与公共服务用地88.39万公顷、商服用地62.50万公顷、交通运输用地131.47万公顷，这些用地的供给也对人民生活水平的提高起到了重要的基础性作用。[2] 因此，可以说城市土地制度的建设为促进住房等人民基本生活条件的改善起到了基本保障作用。

---

[1] 资料来源：相关年份《中国财政年鉴》《中国城市建设统计年鉴》。
[2] 资料来源：相关年份《中国统计年鉴》《中国国土资源年鉴》和国家统计局官网数据。

二 集体土地市场

根据农业农村部2019年3月发布的信息,全国农村集体账面资产总额3.44万亿元,集体所有的土地资源66.9亿亩。① 集体土地主要由农地、宅基地、集体经营性建设用地三类土地构成。由于集体土地市场发展的全国统计数据较少,集体土地市场的发展情况只能基于统计数据、不同时期学者对部分地区的调研数据进行分析。

(一)农地:"三权分置"进一步推动农地使用权市场发展

20世纪80年代实行"两权分离"的土地家庭承包制后,大量农村人口向城镇流动,也推动了土地流转率上升。在20世纪90年代土地二轮延包政策实施之前,农民对土地社会保障功能的诉求是土地制度实施中必须首先考虑的因素,这一时期的土地流转大多是以村庄社区内亲友邻里间的口头协议的非正式流转为主,具有流转期限短、流转面积小、流转租金低、组织化程度也较低的特征。流出方并不是以追求经济利益最大化为目标,更多是希望流入方在自己外出时"照看"自家的承包地。一旦流出方需要重新耕作,能随时完整地要回土地。而流入方流入土地,也仍是以小农耕作为主,并不会对土地经营进行长期投资(朱冬亮,2020)。

21世纪初,中国农地市场处于初级阶段,发育缓慢,产权和制度因素是制约中国农地流转市场发展的主要因素(叶剑平等,2006a)。2005年,中国人民大学和美国农村发展研究所(RDI)组织的对中国17省农村土地调查数据表明,农村土地承包合同和证书的发放高峰期是1998~2000年,2001~2005年合同和证书的发放进展缓慢,调查时每5个农户中就有2个没有合同或没有证书,既有合同又有证书的农户只占1/3(叶剑平等,2006b)。

随着一系列法律与政策的制定,农地调整在制度上受到了严格的限制,地权稳定性不断增强,农地租赁市场逐渐形成并日益活跃,参与农地租赁的

---

① 资料来源:农业农村部. 农村集体产权制度改革深入推进 [EB/OL]. (2019-03-29) [2022-07-05]. http://www.xinhuanet.com/politics/2019-03/29/c_1124302450.htm.

农户不断增多，经济发达地区的农地租赁交易更为普遍（田传浩、方丽，2013；田传浩、贾生华，2004）。家庭承包耕地流转面积由 2011 年的 1519.56 万公顷增加到 2016 年的 3194.72 万公顷，家庭承包耕地流转面积占家庭承包经营耕地总面积的比例由 2011 年的 17.8%持续上升至 2016 年的 35.1%[①]。《关于完善农村土地所有权承包权经营权分置办法的意见》（中办发〔2016〕67 号）、《中共中央国务院关于实施乡村振兴战略的意见》（中发〔2018〕1 号）等都提出完善农村承包地"三权分置"制度，以"三权分置"进一步推动农地使用、流转、抵押或退出。

（二）宅基地：处于登记确权阶段，宅基地使用权市场尚未形成

随着工业化和城镇化的发展，宅基地等非农用地的价值不断提升，农村集体建设用地隐性流转普遍存在，但受到法律法规的限制，其流转缺乏合法的市场通道（高圣平、刘守英，2007；常敏，2013）。虽然，2018 年中央 1 号文《中共中央国务院关于实施乡村振兴战略的意见》提出要探索宅基地所有权、资格权、使用权"三权分置"，但是强调"不得违规违法买卖宅基地，严格实行土地用途管制"，也就是说宅基地依旧只能在同一集体经济组织内部转让。

根据《中国国土资源统计年鉴 2016》数据，2015 年，全国宅基地使用权登记发证应完成初始登记 2.45 亿宗，已完成初始登记 2.01 亿宗，完成率达到 82%。2020 年 7 月，自然资源部办公厅《关于印发〈宅基地和集体建设用地使用权确权登记工作问答〉的函》（自然资办函〔2020〕1344 号）提出：2020 年底前，完成全国农村地籍调查，农村宅基地和集体建设用地登记率达到 80%以上，即宅基地、集体建设用地已登记宗数占应登记宗数的 80%以上；2021 年底前，完成宅基地和集体建设用地及房屋登记资料清理整合，农村地籍调查和不动产登记数据成果逐级汇交至国家不动产登记信息管理基础平台。可见，宅基地使用权目前仍处于登记确权阶段，宅基地使用权市场尚未形成。

---

① 根据相关年份《中国农业年鉴》数据计算。

（三）集体经营性建设用地：城乡统一建设用地市场的突破口

农村集体经营性建设用地入市是建立城乡统一的建设用地市场的突破口。农村集体经营性建设用地，是指具有生产经营性质的农村建设用地，包括农村集体经济组织使用乡（镇）土地利用总体规划确定的建设用地兴办企业或者与其他单位、个人以土地使用权入股、联营等形式共同举办企业、商业所使用的农村集体建设用地，如过去的乡镇企业和招商引资用地。就全国农村集体经营性建设用地的存量规模而言，目前没有权威部门公布的数据，学界推算大概在 3000 万 ~ 5000 万亩（刘晓萍，2020）。原国土资源部自 20 世纪 90 年代起就在地方进行农村集体建设用地流转试点，并通过部省合作协议等平台与地方开展合作。珠三角、长三角、京津等经济发达地区的农村集体经营性建设用地隐形市场已普遍存在（刘亚辉，2018）。

集体经营性建设用地入市体现出明显的区域差异。东部发达地区农村已经融入沿海城市带经济中，繁荣的经济与良好的区位使珠三角、长三角农民集体经营性建设用地具有良好的市场需求和入市价格；在广大中西部农村，农村集体经营性建设用地数量十分有限，而且农村人口流出，城市建设规划区以外的地方对建设用地的需求十分有限，集体经营性建设用地很难卖出高价；东北地区的农村集体经营性建设用地特点则是总量不大、单宗面积小、分布零散、主要集中于城乡接合部，隐形流转普遍，缺乏规范性的引导（贺雪峰，2018；董秀茹等，2016）。

集体经营性建设用地入市的近期试点成效则可以从《国务院关于农村土地征收、集体经营性建设用地入市、宅基地制度改革试点情况的总结报告》看出：2015~2018 年 33 个试点县（市、区），集体经营性建设用地已入市地块 1 万余宗，面积 9 万余亩，总价款约 257 亿元，收取调节金 28.6 亿元，办理集体经营性建设用地抵押贷款 228 宗、38.6 亿元。[①]

[①] 资料来源：国务院关于农村土地征收、集体经营性建设用地入市、宅基地制度改革试点情况的总结报告 [EB/OL]．（2018-12-23）[2022-07-05]．http://www.npc.gov.cn/npc/c12491/201812/3821c5a89c4a4a9d8cd10e8e2653bdde.shtml。

第四节 本章小结

本章对中国住房与土地制度变迁及市场状况加以论述，是分析住房、土地与人口迁移问题的制度基础之一。本章首先根据中国住房与土地制度变迁的关键性节点对1949年新中国成立后住房与土地制度的发展历程分阶段加以总结，即1949~1977年的制度探索期、1978~1997年的市场萌芽期、1998~2006年的快速发展期、2007~2016年的整合发展期，以及2017年至今的规范发展期。

在对不同时期的住房与土地制度要点进行总结后，本章分别对中国住房市场和土地市场的发展状况进行分析。其中，对住房市场发展状况的分析包括对住房销售市场和住房租赁市场的分析，并对住房销售市场与住房租赁市场的关系进行了分析。对土地市场发展状况的分析则涵盖国有土地市场和集体土地市场两大类，集体土地市场的分析又细分为农地、宅基地和集体经营性建设用地等。不同类型住房市场、土地市场的发展状况对人口迁移起到不同的作用，而人口迁移也会对住房市场和土地市场产生影响。

第五章 迁移人口的住房及土地权益

第一节 乡—城迁移人口的住房及土地权益

乡—城迁移人口的住房及土地权益可以分为乡—城迁移人口在流入城镇、农村老家的住房及土地权益、非流入城镇的住房三方面（董昕，2020a）。本研究对乡—城迁移人口住房现状分析的数据来源于：相关年份国家统计局《全国农民工监测调查报告》，中国流动人口动态监测调查（CMDS）数据①，国家卫生计生委2015年流动人口卫生计生服务流出地监测调查数据，以及中国社会科学院2018~2019年对北京、成都、青岛等地农民工的调查②数据。

一 乡—城迁移人口在流入城镇的住房

（一）条件：居住面积有所增大，生活设施逐步改善，城市差异明显

从居住面积和生活设施上看，乡—城迁移人口的住房条件正在逐步改善。国家统计局相关年份的《全国农民工监测调查报告》显示：进城农民工人均居住面积从2016年的19.4平方米扩大到2019年的20.4平方米，增加了5.2%；其

---

① 本研究将根据分析的需要与调查问题选用相应年份的中国流动人口动态监测调查（CMDS）数据。
② 此调查是在中国社会科学院张晓山老师主持下进行的，调查情况详见：张晓山. 共性与差异：中国农民工的群体分化与政策选择（专题讨论）[J]. 河北学刊，2020（05）：152-167.

中，人均住房面积在 5 平方米及以下的农民工户占比从 2015 年的 8.3% 下降至 2018 年的 4.4%。同时，进城农民工的居住和生活设施逐步改善，洗澡设施、电冰箱、洗衣机等普及率均有所提高，其中，上网条件的改善幅度最大（见表 5-1）。

表 5-1 进城农民工的居住和生活设施普及率

单位：%

居住和生活设施	2015 年	2016 年	2017 年	2018 年	2019 年
洗澡设施	75.1	77.9	80.2	82.1	83.7
能上网(计算机或手机)	78.4	85.5	89.6	92.1	94.8
电冰箱	54.3	57.2	60.1	63.7	65.7
洗衣机	51.6	55.4	58.4	63.0	66.1

资料来源：国家统计局相关年份的《全国农民工监测调查报告》。

值得注意的是，不同人口规模城市的差异较为明显，城市规模越大，进城农民工人均居住面积越小（见表 5-2）。2019 年人口规模在 500 万人以上城市进城农民工人均居住面积为 16.5 平方米，而人口规模在 50 万人以下城市进城农民工人均居住面积为 23.7 平方米。

表 5-2 不同人口规模城市的进城农民工人均居住面积

单位：平方米

城市类型	2017 年	2018 年	2019 年
500 万人以上	15.7	15.9	16.5
300~500 万人	19.3	19.4	19.7
100~300 万人	20.7	20.8	20.6
50~100 万人	20.7	21.2	20.9
50 万人以下	23.3	23.7	23.7

资料来源：国家统计局相关年份的《全国农民工监测调查报告》。

（二）来源：购房比例较低，租赁住房为主，且体现出不同的行业特征

从住房来源来看，乡—城迁移人口的购房比例较低，租赁住房已成为乡—城迁移人口在流入城镇最主要的居住方式。国家统计局相关年份的《全国农民工监测调查报告》显示：2015年进城农民工购房的比例是17.3%，其中购买商品房的比例为15.7%；2018年进城农民工购房的比例上升到19.0%，其中购买商品房的比例为17.4%（见表5-3）。中国流动人口动态监测调查（CMDS）2017年数据显示，农业户籍流动人口中自购商品房、自购小产权住房、自购保障性住房的比例合计19.0%（见表5-4）。结合国家统计局的《全国农民工监测调查报告》和中国流动人口动态监测调查（CMDS）数据来看，现阶段农民工的购房比例约为20%。虽然乡—城迁移人口的购房比例有所提高，但是总体而言，乡—城迁移人口的购房比例仍然较低，租赁住房依然是农民工最主要的居住方式。

表5-3 进城农民工解决居住问题的方式

单位：%

住房类型	2015年	2016年	2017年	2018年
1. 租房	64.8	62.4	61.0	61.3
2. 购房	17.3	17.8	19.0	19.0
#购买商品房	15.7	16.5	17.4	17.4
3. 单位或雇主提供住房	14.1	13.4	13.3	12.9
4. 购买保障性住房和租赁公租房	<3	<3	2.7	2.9
#租赁公租房	NA	NA	1.1	1.3
#自购保障性住房	NA	NA	1.6	1.6
5. 其他	NA	NA	4.0	3.9
合计	100	100	100	100

资料来源：国家统计局相关年份的《全国农民工监测调查报告》，NA表示当年未报告该数据。

中国流动人口动态监测调查（CMDS）2017年数据显示：租住私房已经成为农民工最主要的住房来源，整租和合租私房的比例已超过60%，与国家统计局《全国农民工监测调查报告》数据相吻合；但是，具体来看，农民工的住房来源呈现不同的行业特征（见表5-4）。例如，制造业的农民工中，住在单位或雇主提供住房的比例为21.4%，远高于建筑业、批发零售业、住宿餐饮业等行业。批发零售业、建筑业、住宿餐饮业的农民工，住在就业场所的比例则相对较高。

表 5-4 不同行业农民工的住房类型

单位：%

住房类型	制造业	建筑业	批发零售业	交通运输、仓储和邮政业	住宿餐饮业	居民服务和其他服务业	其他	小计
租住私房-整租	44.4	46.5	56.7	51.0	55.9	48.6	37.1	49.2
租住私房-合租	13.3	14.0	9.7	11.3	12.1	11.5	8.8	11.6
单位/雇主房（不包括就业场所）	21.4	8.7	2.2	5.6	10.3	9.4	18.3	11.1
就业场所	2.3	4.2	4.9	1.0	4.2	2.8	1.1	3.3
自购商品房	12.4	14.8	20.2	20.9	12.1	18.8	22.8	16.1
自购小产权住房	1.5	2.5	1.9	3.4	1.4	2.2	3.7	2.0
自购保障性住房	0.7	1.1	0.7	1.1	0.7	1.1	2.7	0.9
政府提供公租房	1.2	0.8	0.4	1.0	0.5	1.1	1.1	0.9
自建房	1.7	5.5	1.7	3.4	1.6	2.6	2.1	3.1
借住房	0.8	1.0	1.3	1.2	0.9	1.5	1.9	1.2
其他非正规居所	0.3	1.1	0.4	0.2	0.4	0.5	0.5	0.6
合计	100	100	100	100	100	100	100	100

资料来源：中国流动人口动态监测调查（CMDS）2017年数据。

（三）区位：大多住在城区，与上班地距离较近

大多数农民工都住在城区与上班地距离不超过3公里的地方。中国社会科学院2018~2019年对北京、成都、青岛等地农民工的调查数据显示：农民工在流入地居住的住房，在城区的占65.4%，在城乡接合部的占25.8%，在乡村的占8.8%。农民工在流入地居住的住房与上班地距离的中位数为1.5公里，70%在3公里以内。

（四）满意度：总体住房满意度较高，打零工者满意度较低

就住房满意度而言，大部分农民工对现有住房的满意度较高，但不同的就业身份满意度有所差异。中国社会科学院2018~2019年对北京、成都、青岛等地农民工的调查数据显示：对流入地住房现状，满意的占

66.2%，不满意的占 13.6%，说不上满意或不满意的占 20.2%。其中，从当前工作就业身份来看，雇主、家庭帮工的住房满意度较高，对流入地住房现状满意的比例均超过 70%；而打零工的农民工的住房满意度则明显低于其他农民工，对流入地住房现状满意的比例低于 60%（见表 5-5）。

表 5-5 农民工的住房满意度

单位：%

就业身份	满意	不满意	说不上满意或不满意	合计
1. 雇主	72.1	11.8	16.2	100
2. 雇员	66.2	13.2	20.7	100
3. 自营劳动者	64.9	17.3	17.9	100
4. 家庭帮工	72.7	0.0	27.3	100
5. 打零工	59.2	18.4	22.5	100
6. 其他	80.0	0.0	20.0	100
小计	66.2	13.6	20.2	100

资料来源：中国社会科学院 2018~2019 年农民工调查。

（五）保障：乡—城迁移人口享受住房保障待遇的甚少，诉求较难满足

乡—城迁移人口对流入地的住房保障知之甚少，享受住房保障待遇的更少。中国社会科学院 2018~2019 年对北京、成都、青岛等地农民工的调查数据显示：78% 的农民工都不知道流入地保障房的申请渠道。国家统计局相关年份的《全国农民工监测调查报告》显示：进城农民工中购买保障性住房和租赁公租房的比例一直低于 3%（见表 5-3），2018 年，进城农民工中购买保障性住房和租赁公租房的比例为 2.9%，其中，租赁公租房的占 1.3%，自购保障性住房的占 1.6%，享受城镇住房保障的农民工比例依然很低。可见，城镇住房保障对于解决乡—城迁移人口住房问题发挥的作用仍然十分有限。

同时，乡—城迁移人口对保障性租赁住房的诉求较难满足。大多数农民工对保障性租赁住房的诉求是在通勤30分钟及以内，而且租金不超过1000元/月。中国社会科学院2018～2019年对北京、成都、青岛等地农民工的调查数据显示：对于保障性租赁住房，能接受的到工作地点最远距离（单程）在通勤30分钟及以内、通勤30分钟到1小时、通勤1小时以上的农民工比例分别为71.5%、17.2%、11.3%；对应的所能承受最高月租金中位数分别为800元、600元、500元。而保障性租赁住房的供给很难满足这样的诉求。

二 乡—城迁移人口在农村老家的住房及土地权益

（一）数量：普遍拥有一处宅基地，拥有二处及以上的也占有相当比例

鉴于中国现行的土地制度，乡—城迁移人口在农村老家的住房权益主要体现在其宅基地的权益方面，因而在分析乡—城迁移人口农村老家住房时，多用农村老家的宅基地情况作为替代。中国流动人口动态监测调查（CMDS）2017年数据显示：除了对户籍地老家是否有宅基地不清楚的人以外，农业户籍流动人口中有71.5%的人在户籍地老家拥有宅基地。中国社会科学院2018～2019年对北京、成都、青岛等地农民工的问卷调查数据显示：自家在老家拥有宅基地的比例为85.1%，其中，有一处宅基地的占84.0%，有两处宅基地的占14.2%，有三处及以上宅基地的占1.7%。可见，中国乡—城迁移人口绝大多数在农村老家拥有宅基地。

（二）来源：宅基地的获取大多继承于父母或祖辈，村集体分配次之

从宅基地的获取方式来看，大多是从父母或祖辈继承下来的，体现出较强的家庭传承。中国社会科学院2018～2019年对北京、成都、青岛等地农民工的问卷调查数据显示：自家宅基地最初的获得方式中，从父母或祖辈继承下来的占70.8%，村集体分配的占20.2%，占用自家承包地的占4.8%，从村里其他人家买来的占4.2%。

（三）使用：由家人或亲朋居住的较多，住房空置比例约为三分之一

从宅基地上住房的使用现状来看，由家人或亲朋居住的较多，但空置的

住房也占有相当大的比例。中国社会科学院 2018~2019 年对北京、成都、青岛等地农民工的问卷调查数据显示：目前农村老家宅基地上建的房子，由家人居住的占 66.5%，由亲戚朋友居住的占 2.3%，空置的占 28.8%，由房客居住的占 1.3%，其他占 1.1%。

三 乡—城迁移人口在非流入城镇的住房

（一）比例：在非流入城镇购房情况较为突出，甚至超过流入城镇的购房比例

中国流动人口动态监测调查（CMDS）2016 年数据显示：农业户籍流动人口中，有 16.7%在流入城镇购买了住房，27.0%在户籍地及附近购买了住房，还有 2.1%在其他地方购买了住房。中国社会科学院 2018~2019 年对北京、成都、青岛等地农民工的问卷调查数据显示：在流入城镇以外购房的比例为 23.4%，其中，购买的是商品房的占 69.0%，购买的是小产权房的占 18.8%，购买的是棚改房或拆迁安置房的占 5.5%，购买的是保障房的占 1.8%，其他占 4.9%。可见，乡—城迁移人口在非流入城镇购房占有相当大的比例，甚至超过了在流入城镇的购房比例。

（二）位置：农村老家附近城镇购房的较多，其次是在流入城镇附近购房

中国社会科学院 2018~2019 年对北京、成都、青岛等地农民工的问卷调查数据显示：在非流入城镇购房的农民工中，在老家附近城镇购房的占 68.1%，在自己工作城市周边城镇购房的占 21.8%，在子女流入城镇购房的占 3.0%，在其他城镇购房的占 7.1%。从在非流入城镇购房的主要原因（见表 5-6）来看，自己及配偶现在住的占 19.3%，与在自己工作城市周边城镇购房的比例相接近，说明了这部分非流入城镇购房实质上是流入城镇房价格较高导致的需求外溢；而留着自己以后住的购房原因占比较高，也与在老家附近城镇购房比例较高有某种契合，说明了一种流入城镇住房需求的外溢与未来迁移方向的考虑。

表 5-6 农民工家庭在流入地以外城镇购房的主要原因

单位：%

购买原因	比例
留着自己以后住	26.8
自己/配偶现在住	19.3
子女住	18.7
找媳妇需要的条件	13.4
父母住	13.1
投资保值	3.6
棚改/拆迁安置有优惠政策	2.5
其他	2.5

资料来源：中国社会科学院 2018~2019 年农民工调查。

第二节 城—城迁移人口的住房

城—城迁移人口的住房状况分析，主要采用的是对中国流动人口动态监测调查（CMDS）数据。中国流动人口动态监测调查（CMDS）中的农业户籍流动人口可近似视作乡—城迁移人口，非农业户籍流动人口可近似视作城—城迁移人口。

一 城—城迁移人口在流入地的住房

（一）来源：城—城迁移人口比乡—城迁移人口的购房比例高而租房比例低

与乡—城迁移人口相比，城—城迁移人口在流入地的购房比例较高而租房比例较低。中国流动人口动态监测调查（CMDS）2017 年数据显示：非农业户籍流动人口居住在流入地自购商品房中的比例为 36.05%，而农业户籍流动人口居住在流入地自购商品房中的比例为 17.32%，非农业户籍流动人口自购商品房的比例约为农业户籍流动人口的 2 倍；同时，农业户籍流动人口租住私房的比例明显高于非农业户籍流动人口，无论整租还是合租的比例均高于非农业户籍流动人口，农业户籍流动人口整租、合租私房的比例合计为 59.70%，非农业户籍流动人口整租、合租私房的比例合计为 43.22%，两者相差 16.48 个百分点（见表 5-7）。

表 5-7 流动人口在流入地的住房类型

单位：%

流入地现住房	非农业户籍流动人口	农业户籍流动人口	全部流动人口
单位/雇主房（不包括就业场所）	8.48	9.61	9.36
政府提供公租房	1.20	0.95	1.01
自购商品房	36.05	17.32	21.44
自购保障性住房	1.74	1.12	1.26
自购小产权住房	3.20	2.37	2.55
借住房	2.12	1.46	1.61
就业场所	1.47	2.90	2.58
自建房	2.23	4.02	3.62
其他非正规居所	0.28	0.56	0.50
租住私房（整租）	36.13	48.48	45.76
租住私房（合租）	7.09	11.22	10.31
合计	100.00	100.00	100.00

资料来源：中国流动人口动态监测调查（CMDS）2017 年数据。

（二）支出：城—城迁移人口比乡—城迁移人口的住房支出水平高且租房支付意愿高

与乡—城迁移人口相比，城—城迁移人口在流入地的住房支出水平较高，且租房支付意愿较高。中国流动人口动态监测调查（CMDS）2017 年数据显示：非农业户籍流动人口的家庭月住房支出平均为 1172 元/月，明显高于农业户籍流动人口的家庭月住房支出（平均为 816 元/月）；其中，租住私房的非农业户籍流动人口家庭每月住房支出（房租）均值为 1294 元/月，房租收入比为 18%，而租住私房的农业户籍流动人口家庭每月住房支出（房租）均值为 851 元/月，房租收入比为 14%，非农业户籍流动人口家庭的房租支出水平较高且房租收入比较高,说明非农业户籍流动人口相对愿意在住房方面支出更多(见表5-8)。

表5-8 流动人口家庭在流入地的住房支出状况

流入地住房支出	家庭月住房支出均值(元/月)		家庭月住房支出占收入的比重均值(%)	
	全部	租住私房	全部	租住私房
非农业户籍流动人口	1172	1294	14%	18%
农业户籍流动人口	816	851	13%	14%
全部流动人口	895	926	13%	15%

资料来源:中国流动人口动态监测调查(CMDS)2017年数据。

(三)差别:流出地的行政级别越高,在流入地自购商品房的比例越高,租房比例越低

从城—城迁移人口的内部差别来看,城—城迁移人口的流出地(户籍所在地)行政级别越高,在流入地自购商品房的比例越高,租房比例越低。中国流动人口动态监测调查(CMDS)2017年数据显示:非农业户籍流动人口户籍地为乡镇、县城、地级市、省会城市和直辖市的在流入地自购商品房的比例分别为33.36%、38.05%、42.79%、49.46%和50.63%,在流入地租住私房(含整租与合租)的比例分别为45.62%、41.71%、38.41%、31.44%、30.77%(见表5-9)。可见,城—城迁移人口的流出地行政级别越高,购房支付能力越强,自购商品房的比例越高。

表5-9 非农业户籍流动人口在流入地的住房类型

单位:%

流入地现住房	乡镇	县城	地级市	省会城市	直辖市
单位/雇主房(不包括就业场所)	8.69	8.79	7.31	7.86	6.44
政府提供公租房	1.47	1.53	0.77	0.97	0.89
自购商品房	33.36	38.05	42.79	49.46	50.63

续表

流入地现住房	乡镇	县城	地级市	省会城市	直辖市
借住房	1.97	2.26	3.24	3.02	2.50
自购保障性住房	1.89	1.83	2.03	2.24	2.86
自购小产权住房	2.99	2.31	2.57	1.75	2.15
就业场所	1.59	1.26	1.09	1.03	1.79
自建房	2.19	1.91	1.62	2.00	1.61
其他非正规居所	0.22	0.34	0.18	0.24	0.36
租住私房（整租）	38.11	34.81	32.93	26.48	25.40
租住私房（合租）	7.51	6.90	5.48	4.96	5.37
合计	100.00	100.00	100.00	100.00	100.00

资料来源：中国流动人口动态监测调查（CMDS）2017年数据。

二 城—城迁移人口在流出地的住房

城—城迁移人口在流出城镇的住房状况分析，采用的是国家卫生计生委2015年流动人口卫生计生服务流出地监测调查数据。该调查是在河北、辽宁、吉林、黑龙江、江苏、浙江、安徽、河南、广东、四川10个省份流出人口较为集中的区域内开展的，调查包括位于居委会辖区的10470户家庭和位于村委会辖区的30930户的家庭，共计41400户。

（一）产权：绝大多数城—城迁移人口在流出地拥有自有产权住房

根据国家卫生计生委2015年流动人口卫生计生服务流出地监测调查数据，绝大多数的城—城迁移人口在流出地拥有产权住房。从居住区位来看，将流出地家庭住址位于居委会辖区的流动人口视为城—城迁移人口，则居住在自建房中的占22.25%，居住在自购商品房中的占51.59%，居住在自购福利房中的占11.74%，居住在回迁房（指因为拆迁等分配的住房）中的占9.42%，租住在公房（指廉租房、集体宿舍等）中的占2.41%，居住在其他住房中的占2.60%。从户籍属性来看，将在流出地调查中非农户籍的流动人口视为城—城迁移人口，则居住在自建房、自购商品房、自购福利房、回迁房、公房或其他住房中的比重，分别为 22.83%、50.08%、12.38%、9.55%、2.50%和 2.66%。从兼顾居住区位与户籍属性来看，将流出地家庭住址位于居委会辖区且户籍为非农户籍的流动人口视为城—城迁移人口，则自购商品房占比提高至 55.19%、自建房占比下降至 15.15%、其他占比都略有提升（见表 5-10）。其中，自建房、自购商品房、自购福利房、回迁房可视为自有产权住房，从居住区位、户籍属性、兼顾两者考虑，自有产权住房的占比分别为 95.00%、94.84%、94.48%。可见，无论是以何种口径统计，均表明绝大多数的城—城迁移人口在流出地拥有自有产权住房。

表 5-10　流动人口在流出地的住房类型

单位：%

住房性质	居委会辖区	非农户籍人口	居委会辖区内的非农户籍人口
自建房	22.25	22.83	15.15
自购商品房	51.59	50.08	55.19
自购福利房	11.74	12.38	13.83
回迁房	9.42	9.55	10.31
公房	2.41	2.50	2.73
其他	2.60	2.66	2.79
合计	100	100	100

资料来源：国家卫生计生委 2015 年流动人口卫生计生服务流出地监测调查数据。

（二）面积：城—城迁移人口在流出地的住房面积小于乡—城迁移人口

国家卫生计生委 2015 年流动人口卫生计生服务流出地监测调查数据显示：居委会辖区被调查家庭住房的建筑面积平均值为 99.87 平方米、中位数为 85.00 平方米；村委会辖区被调查家庭住房的建筑面积平均值为 132.12 平方米、中位数为 110.00 平方米，明显高于居委会辖区家庭的住房面积。被调查的农业户籍人口住房的建筑面积平均值为 130.91 平方米、中位数为 110.00 平方米；被调查的非农业户籍人口住房的建筑面积平均值为 100.04 平方米、中位数为 84.00 平方米，明显低于农业户籍人口的住房面积（见表

5-11）。可见，无论是从居住区位来看，还是从户籍属性来看，城—城迁移人口在流出地的住房面积都明显小于乡—城迁移人口在流出地的住房面积。

表 5-11　流动人口在流出地的住房面积

单位：平方米

建筑面积	居委会辖区	村委会辖区	非农业户籍人口	农业户籍人口
平均值	99.87	132.12	100.04	130.91
中位数	85.00	110.00	84.00	110.00

资料来源：国家卫生计生委 2015 年流动人口卫生计生服务流出地监测调查数据。

（三）数量：少部分城—城迁移人口在流出地拥有2套及以上产权住房

国家卫生计生委 2015 年流动人口卫生计生服务流出地监测调查数据显示：18%的非农业户籍人口家庭拥有 2 套及以上的自有产权住房，而第二套住房有 89.39%位于本地（包括本村居、本乡镇、本区县、本地市州），10.61%位于外地。由于调查问卷的问题未能反映外地的具体位置，无法判断非农业户籍人口家庭的外地产权住房是否位于其流入地，但是从第二套住房位于本地的数据，可以判断出少部分城—城迁移人口在流出地拥有 2 套及以上产权住房。

第三节　本章小结

本章利用相关年份的国家统计局《全国农民工监测调查报告》、中国流动人口动态监测调查（CMDS）数据、国家卫生计生委 2015 年流动人口卫生计生服务流出地监测调查数据，以及中国社会科学院 2018~2019 年对北京、成都、青岛等地农民工的一手调查数据，对中国迁移人口的住房及土地权益现状进行了较为全面的分析，既包括对乡—城迁移人口住房及土地权益的分析，也包括对城—城迁移人口住房状况的分析。

对乡—城迁移人口住房及土地权益的分析，包括乡—城迁移人口在流入城镇的住房、乡—城迁移人口在农村老家的住房及土地权益、乡—城迁移人口在非流入城镇的住房三方面的分析。对城—城迁移人口住房状况的分析，从流入地与流出地两方面展开。受数据资料所限，对乡—城迁移人口住房及土地权益的分析较为丰富，而对城—城迁移人口住房状况的分析略显逊色，但也能够部分弥补已有文献中相应分析的不足。

第六章 住房价格与人口迁移

第一节 住房价格与迁移人口的住房支付能力

一 购房支付能力与租房支付能力

住房价格的高低并不能单纯从价格绝对值的高低来进行判断,衡量住房价格高低的合理标准,须将住房价格与收入水平相联系进行考虑。常用的衡量指标按指标的形式划分为两大类:一类是比值形式的指标,包括房价收入比、租金收入比、月付收入比、住房消费比等;另一类是绝对值形式的指标,主要是剩余收入指标。受限于统计口径、调查方法、计算方法等,以房价收入比衡量我国居民住房支付能力的效果较好(董昕,2012)。购买住房和租赁住房是两种居住方式,一个家庭的住房支付能力可以分为购房支付能力和租房支付能力两大类,房价收入比和房租收入比分别是衡量购房支付能力和租房支付能力的常用指标(董昕,2015)。

房价收入比是住房支付能力的主要参考指标之一,各城市的房价收入比一直众说纷纭,有的仅计算少数几个城市的房价收入比就对全国城市的住房支付能力进行判断。本报告采用统一的方法计算全国272个地级及以上城市的房价收入比,以期对中国城市的住房支付能力有一个更为清晰的认识。鉴于数据的可获得性,根据《中国城市统计年鉴》中市辖区在岗职工平均工资、各地统计年鉴中商品住宅平均销售价格,假设3口之家、2人为在岗职工、人均住房面积30平方米,计算272个地级及以上城市的房价收入比,发现房价收入比在10以上(含10)的城市有6个,占2.2%;在7以上(含7)的城市有9个,占3.3%;在5~7(含5)的城市有28个,占10.3%;在3~5(含3)的城市有144个,占52.9%;在0~3的城市有85个,占31.3%。房价收入比作为住房支付能力的参考指标,其国际经验值在4~6为合理标准,考虑到财不外露的文化传统、经济增速高于全球水平等因素,中国房价收入比的合理标准在5~7较为合适,即总房价是家庭年收入的5~7倍。以此标准衡量,全国城镇总的房价收入比水平略高于合理标准,只有5.5%的城市房价收入比超过了合理标准,10.3%的城市房价收入比在合理范围内,84.2%的城市房价收入比低于合理标准。也就是说,对于城市在岗职工家庭来说,住房支付能力不足仅是少数热点城市的问题,大多数城市的住房支付能力是足够的(董昕,2020b)。这为分析迁移人口的住房支付能力提供了必要的参考。

二 乡—城迁移人口的住房支付能力

由于乡—城迁移人口的住房问题主要体现在流入地城镇,因而乡—城迁移人口住房支付能力的分析侧重于其在流入地的住房支付能力。对乡—城迁移人口在流入地的住房支付能力分析,分别从购房支付能力和租房支付能力两方面进行。

(一)购房支付能力普遍不足,东部地区的购房支付能力更差

从购房支付能力来看,乡—城迁移人口家庭购买住房的支付能力普遍不足。要让农民工真正在城镇落户,还要考虑农民工的购房支付能力。本研究以房价收入比来衡量农民工的购房支付能力。由于农民工在城镇的住房问题主要集中在外出农民工家庭,本研究具体测度的是外出农民工的住房支付能力。房价收入比的具体计算方法为:用商品住宅的套均销售价格与外出农民工的户均家庭年收入相比,得出房价收入比。其中,商品住宅的套均销售价格(元/套),由商品住宅的平均销售价格(元/平方米)乘以城镇人均住房

建筑面积（平方米）再乘以城镇居民平均每户家庭人口（人/户）得出（假定每户家庭使用一套住房）；外出农民工的户均家庭年收入（元/户），由假定的农民工家庭户均外出从业人数2（人/户）乘以外出农民工的人均年收入（元/人）得出。两者相比，得出的2008~2012年外出农民工家庭在各地区的房价收入比，如表6-1所示。

表6-1 外出农民工家庭在不同区域的房价收入比

区域	2008年	2009年	2010年	2011年	2012年
全国	9.9	11.9	10.6	9.5	9.3
东部地区	13.1	15.8	13.9	12.1	11.8
中部地区	6.6	7.5	7.3	7.1	6.8
西部地区	7.5	8.5	8.1	7.7	7.5

资料来源：根据国家统计局《2012年全国农民工监测调查报告》和相关年份《中国统计年鉴》的数据计算而得。

从表6-1来看，2008~2012年外出农民工家庭在全国住房市场的房价收入比平均水平在9.3~11.9，东部地区外出农民工家庭的房价收入比在11.8~15.8，中部地区外出农民工家庭的房价收入比在6.6~7.5；西部地区外出农民工家庭的房价收入比在7.5~8.5（董昕、周卫华，2014）。房价收入比的国际经验值是在4~6较为合理，但结合中国的实际情况，房价收入比采用5~7作为合理标准更为适合（董昕，2012）。以此标准来看，近年来外出农民工家庭在全国住房市场的房价收入比总体水平均超出合理标准，说明中国乡—城迁移人口家庭购买住房的支付能力普遍不足。相比而言，外出农民工家庭在东部地区的房价收入比更是远高于合理标准，说明在东部地区的乡—城迁移人口家庭住房支付能力较差；外出农民工家庭在中部和西部地区的房价收入比则超出合理标准较少，甚至在部分年份外出农民工家庭房价收入比在合理范围内，这说明在中部和西部地区的乡—城迁移人口家庭住房支付能力相对较好。

（二）租房支付能力尚可，但低租金对应的是恶劣的住房条件

从租房支付能力来看，乡—城迁移人口家庭的房租收入比未超过合理标

准，但低租金对应的是恶劣的住房条件。国家统计局《全国农民工监测调查报告》显示，2015年，外出农民工在务工城镇的人均月居住支出为475元、人均月收入为3072元，居住支出占收入的比例为15.5%。国际上租金收入比的合理标准是不超过30%，以此标准来看，似乎农民工不存在城镇租房支付能力不足的问题。但是，低廉的居住支出对应的是恶劣的住房条件，有相当一部分农民工居住在城中村、棚户区和工棚内。

三 城—城迁移人口的住房支付能力

受数据所限，不能计算出城—城迁移人口家庭的房价收入比、房租收入比，但是从自购住房的比例、住房支出占收入的比重可以判断出城—城迁移人口的购房支付能力和租房支付能力。

（一）城—城迁移人口的购房支付能力明显强于乡—城迁移人口

从自购住房的比例可以判断出城—城迁移人口的购房支付能力明显强于乡—城迁移人口。以中国流动人口动态监测调查（CMDS）2017年数据为例，非农业户籍流动人口居住在流入地自购商品房中的比例为36.05%、自购保障性住房的比例为1.74%、自购小产权住房的比例为3.20%，合计40.99%；而农业户籍流动人口居住在流入地自购商品房中的比例为17.32%、自购保障性住房的比例为1.12%、自购小产权住房的比例为2.37%，合计20.81%。可见，非农业户籍流动人口自购各类住房的比例均高于农业户籍流动人口，非农业户籍流动人口自购住房比例约为农业户籍流动人口自购住房比例的2倍。

（二）城—城迁移人口的租房支付能力也高于乡—城迁移人口

从中国流动人口动态监测调查（CMDS）2014~2018年数据来看，非农业户籍流动人口家庭住房支出占收入的比重略高于农业户籍流动人口家庭，但住房支出明显高于农业户籍流动人口家庭（见表6-2）。虽然住房支出中也包括房贷等非租房支出，但是考虑到流动人口的住房来源主要是租房，因而可以大致判断流动人口家庭的租房支付能力。住房支出占收入的比重可以部分视为房租收入比，一般而言比重越高租房支付能力越差。虽然非农户籍流动人口家庭住房支出占收入的比重略高于农业户籍流动人口家庭,但并不能说明非农业户籍流动人口家庭的租房支付能力低于农业户籍流动人口家庭,原因有二:一是非农业户籍流动人口家庭住房支出占收入的比重在13%~15%,仅高于农业户籍流动人口家庭住房支出占收入比重1~2个百分点,远未超过国际上租金收入比的合理标准30%;二是非农业户籍流动人口家庭住房支出水平明显高于农业户籍流动人口家庭,多年来支出水平大约高出30%。综合来看,城—城迁移人口的租房支付能力还是高于乡—城迁移人口。

表6-2 流动人口家庭住房支出占收入的比重

项目	住房支出(元/月)					住房支出占收入的比重(%)				
	2014年	2015年	2016年	2017年	2018年	2014年	2015年	2016年	2017年	2018年
农业户籍流动人口	642	710	770	816	872	13.3	12.2	12.2	12.7	12.7
非农业户籍流动人口	935	1046	1104	1172	1151	14.7	14.4	13.6	14.1	13.5
全部流动人口	688	765	830	895	959	13.5	12.5	12.5	13.0	13.0

资料来源:中国流动人口动态监测调查(CMDS)2014~2018年数据。

第二节 住房支付能力对人口迁移的影响

鉴于本研究更为关注人口的持久性迁移,因此,住房支付能力对人口迁移的影响分析,着重于分析住房支付能力对于人口持久性迁移的影响。以下将分别探讨购房支付能力和租房支付能力对人口持久性迁移的影响。

一 购房支付能力对人口持久性迁移的影响

购房支付能力对人口持久性迁移的影响反映的是住房销售价格对人口持久性迁移的影响。由于农村老家住房市场尚未形成、非流入城镇住房价格数据较少,难以满足实证分析的需要,故住房销售价格对人口持久性迁移的影响，分析的是流入城镇住房价格对流动人口持久性迁移的影响。其中，住房销售价格对流动人口持久性迁移影响的测度，分析的是流入城镇住房销售价格的影响。考虑到在个体层面分析住房销售价格的可行性不足，因此，流入城镇住房销售价格对人口持久性迁移影响的测度，采用的是城市层面的数据，本部分构建空间计量模型进行分析。

（一）模型与数据

流入城镇住房销售价格（下文简称"房价"）对人口持久性迁移影响的测度，采用的是城市层面的数据。为了避免房价绝对值带来的偏差，利用房价收入比作为衡量该城市房价高低的变量。同时，由于城市层面缺乏衡量人口持久性迁移行为的直接变量，故将流动人口的定居意愿作为代表人口持久性迁移的替代变量。流动人口的定居意愿除了取决于所在城市的特征外，还取决于其有没有更好的城市可以选择，尤其是附近城市中有没有更好的选择。所以，为了更好地反映地理空间关系，构建空间计量模型进行分析，将空间因素纳入城市流动人口定居意愿影响因素的探究之中（董昕等，2021）。因变量是一个城市具有定居意愿的流动人口比例，解释变量是包括房价收入比在内的代表城市特征的各个变量。空间模型选取空间杜宾模型（SDM）和空间杜宾误差模型（SDEM）。为了更好地进行对比分析，在对空间杜宾模型（SDM）和空间杜宾误差模型（SDEM）进行回归前，先进行经典线性模型（OLS）回归。

经典线性模型（OLS）设定为：

$$y_j = X_j\theta_1 + \varepsilon_1$$
$$\varepsilon_1 \sim N(0, \sigma^2 I_n) \quad (6-1)$$

空间杜宾模型（SDM）设定为：

$$y_j = \rho W y_j + X_j\theta_2 + W X_j\varphi_2 + \varepsilon_2$$
$$\varepsilon_2 \sim N(0, \sigma^2 I_n) \quad (6-2)$$

空间杜宾误差模型（SDEM）设定为：

$$y_j = X_j\theta_3 + W X_j\varphi_3 + \mu$$

$$\mu = \lambda W_2 \mu + \varepsilon_3$$
$$\varepsilon_3 \sim N(0, \sigma^2 I_n) \tag{6-3}$$

其中，y_j 表示第 j 个城市流动人口中有定居意愿的比例；X_j 表示一系列城市特征变量，包括城市第三产业产值占比（ServIndustry）、房价收入比（PIR）、流动人口家庭成员同在流入地比例的平均值（PSamecity）、农业户籍流动人口占比（FHukou）、女性流动人口占比（Female）、流动人口受教育年限的平均值（MeanEduyear）等；W 是空间权重矩阵；ρ 是空间自回归系数；λ 是空间自相关系数；θ_1、θ_2、θ_3、φ_2、φ_3 表示待估计系数；ε_1、ε_2、ε_3、μ 表示残差项。需要说明的是，考虑到第三产业就业占比已经超过第一、二产业，第三产业占比还在一定程度上体现了经济发展水平，故在城市层面分析中，选用第三产业产值占比作为城市就业机会与收入水平的替代变量。

城市层面分析的数据来源是中国流动人口动态监测调查（CMDS）2017年数据和《中国城市统计年鉴2018》。其中，与流动人口相关的城市特征数据来源于中国流动人口动态监测调查（CMDS）2017年数据，其他城市特征数据来源于《中国城市统计年鉴2018》。

空间模型中各变量的具体含义、取值以及描述性统计，如表6-3所示。

表6-3 变量描述性统计（住房价格与人口迁移1）

变量名称	样本个数	均值	标准差	最小值	最大值	变量含义及取值
y	270	36.28	16.21	0	79.41	流动人口有定居意愿的占比
ServIndustry	270	50.16	10.35	27.71	80.56	第三产业产值占比
PSamecity	270	84.78	8.43	51.09	100	流动人口家庭成员同在流入地比例的平均值
PIR	270	3.95	2.18	1.83	21.84	房价收入比
FHukou	270	75.95	21.64	0	100	农业户籍流动人口占比
Female	270	48.32	4.17	30	60	女性流动人口占比
MeanEduyear	270	9.83	0.89	6.12	13.24	流动人口受教育年限的平均值

资料来源：中国流动人口动态监测调查（CMDS）2017年数据和《中国城市统计年鉴2018》。

（二）回归结果

为了考察附近城市特征对本城流动人口定居意愿的影响，构建空间模型。在回归前,先进行空间自相关检验。统计量 Moran's I = 6.229(Probability=0.000),表明存在空间自相关,需要建立空间回归模型。空间权重矩阵 W 设定为基于空间相邻的 0-1 矩阵。经典线性模型(OLS)、空间杜宾模型(SDM)和空间杜宾误差模型(SDEM)的回归结果如表 6-4 所示。

表 6-4 回归结果(住房价格与人口迁移 1)

变量	模型(6-1) OLS	模型(6-2) SDM	模型(6-3) SDEM
$ServIndustry$	0.196** (2.31)	0.021 (0.27)	0.045 (0.58)
$PSamecity$	0.455*** (4.20)	0.256** (2.54)	0.264*** (2.67)
PIR	-1.248*** (-3.07)	-0.128 (-0.28)	-0.331 (-0.75)
$FHukou$	-0.188*** (-4.54)	-0.034 (-0.68)	-0.061 (-1.28)
$Female$	0.918*** (4.26)	0.702*** (3.70)	0.706*** (3.70)
$MeanEduyear$	1.760* (1.69)	3.226*** (3.01)	2.629*** (2.59)
$W-ServIndustry$		0.180 (1.15)	0.284 (1.45)
$W-PSamecity$		0.074 (0.39)	0.261 (1.17)
$W-PIR$		-1.468** (-2.10)	-2.224*** (-2.75)
$W-FHukou$		-0.189** (-2.52)	-0.305*** (-3.66)
$W-Female$		-0.290 (-0.70)	-0.017 (-0.03)
$W-MeanEduyear$		-4.693*** (-2.95)	-4.664** (-2.54)

续表

变量	模型(6-1)	模型(6-2)	模型(6-3)
	OLS	SDM	SDEM
常数项	-54.539*** (-3.12)		
ρ		0.442*** (5.66)	
λ			0.445*** (5.60)
样本量	270	270	270
Log likelihood	-1090.369	-968.156	-968.441
Adjusted R^2	0.264	0.358	0.440

注：*、**、***分别表示10%、5%、1%的水平上显著。括号内为t值。

(三) 住房销售价格影响

1. 流入城镇住房销售价格对人口持久性迁移意愿的负向影响显著

经典线性模型（OLS）的回归结果如表6-4模型（6-1）一列所示，房价收入比（PIR）对流动人口定居意愿的影响在1%的水平上负向显著。这意味着房价收入比越高的城市，流动人口有定居意愿的比例越低，因此，也可以说，流入城镇的高房价会削弱流动人口的持久性迁移意愿。

2. 周边城镇住房售价进一步强化了房价因素对人口定居意愿的影响

空间杜宾模型（SDM）和空间杜宾误差模型（SDEM）的回归结果如表6-4中模型（6-2）和模型（6-3）两列所示，加入周边城市的特征变量后，本地房价收入比（PIR）影响的显著性有所下降，但是影响方向仍然为负，而且周边城市的房价收入比（W-PIR）对本地的流动人口定居意愿影响负向显著，周边城市房价收入比越高，则本地流动人口定居意愿越低，与房价收入比（PIR）的本地影响方向一致。原因可能是区域存在一定的同质性，周边城市房价具有联动效应。周边城市的房价收入比进一步强化了房价因素对本地流动人口定居意愿的影响。

二 租房支付能力对人口持久性迁移的影响

考虑到乡—城迁移人口的住房支付能力比城—城迁移人口的住房支付能力差，且租房比例更高，因此，在分析租房支付能力对人口持久性影响时，着重分析租房支付能力对乡—城迁移人口持久性迁移的影响。

与住房售价对乡—城迁移人口持久性迁移影响的分析相同，由于农村老家住房市场尚未形成、非流入城镇住房价格数据较少，难以满足实证分析的需要，故分析住房价格对乡—城迁移人口持久性迁移的影响，重点分析的是流入城镇住房价格对乡—城迁移人口持久性迁移的影响。同时，考虑到租赁住房是乡—城迁移人口在流入城镇最主要的居住方式，对住房租赁价格（即住房租金）对乡—城迁移人口持久性迁移影响的测度，分析的是流入城镇住房租赁价格的影响。流入城镇住房销售价格对乡—城迁移人口持久性迁移影响的测度，是利用个体层面的数据，同时采用 LPM 和非线性 Logit 模型进行分析。

（一）模型与数据

流入城镇住房租赁价格（下文简称"房租"）对乡—城迁移人口持久性迁移影响的测度，采用的是个体层面的数据。为了避免房价绝对值带来的偏差，利用房租收入比（Rent-to-Income Ratio，RIR）作为衡量该城市房租高低的变量。同时，由于缺乏衡量乡—城迁移人口持久性迁移行为的直接变量，故将乡—城迁移人口的长期居住意愿作为代表乡—城迁移人口持久性迁移的替代变量。具体分析时以被访者"是否打算在流入城镇长期居住"作为是否具有持久性迁移意愿的替代变量。房租收入比，具体的取值方法为被访者家庭在流入城镇的月居住支出除以被访者家庭在流入城镇的月收入。除了代表流入城镇住房租赁价格高低的房租收入比外，模型中还添加了两类控制变量：一类是反映个体特征的控制变量，包括年龄、性别、受教育程度、婚姻状况、社会保障情况；另一类是反映流入地公共服务水平等的流入城镇行政级别、流出地老家的住房情况，以及来到流入城镇的时间等控制变量。模型设定如下：

$$Will_i = \alpha + \beta RIR_i + \lambda_i X_i + \varepsilon \qquad (6\text{-}4)$$

其中，$Will_i$ 表示第 i 个被访者的持久性迁移意愿；RIR_i 表示第 i 个被访者家庭的房租收入比；X_i 表示一系列的控制变量，包括第 i 个被访者的年龄（Age）、年龄的平方（Age^2）、性别（$Gender$）、受教育程度（$Education$）、婚姻状况（$Marriage$）、社会保障情况（$SocialSecurity$）、来到流入城镇的时间（$Years$）等个体特征，以及流入城镇行政级别（$CityLevel$）[①]和流出地老家的住房情况（$OldHouse$）；α、β、λ 表示待估计系数；ε 表示残差项。

考虑到房租收入比与乡—城迁移人口持久性迁移意愿之间并非简单的线性关系，可能存在着拐点，在式（6-4）中添加房租收入比的二次项（即 RIR_i^2），回归模型变为式（6-5）。

$$Will_i = \alpha + \beta_1 RIR_i + \beta_2 RIR_i^2 + \lambda_i X_i + \varepsilon \qquad (6\text{-}5)$$

以二值变量作为因变量的常用模型有线性概率模型（Linear Probability Model，简称 LPM）和非线性 Logit 模型等。LPM 以潜变量的方式来看待二值变量，虽然观察到的因变量取值是 1 和 0，但是可以假想因变量是未被观测到的一种从无到有的倾向性，是不断增加的概率，是取值在 0~1 的连续变量，从而进行线性回归，回归系数可以直观解释，便于回归系数比较。因变量是二值变量违背了同方差（homoscedasticity）等线性回归的假设，Logit 模型的合法性就是部分地建立在批判 LPM 之上的，但是，Logit 模型作为非线性模型，也存在回归系数不能直观解释、对同一模型不同样本的回归系数之间不能比较等问题（洪岩璧，2015）。由于 LPM 和 Logit 模型各有优劣之处，在研究分析中，不少学者同时采用 LPM 和 Logit 模型进行估计，并比较估计结果得出结论（姚洋、张牧扬，2013；尹志超等，2014）。因此，本研究也将同时采用 LPM 和非线性 Logit 模型估计式（6-4）和式（6-5）。

研究数据来源于 2010 年 12 月中国流动人口动态监测调查（CMDS）中，

[①] 在中国的城镇体系中，城市的行政级别往往可以反映城市的经济发展水平、人口规模、公共服务水平等。

在北京、河南郑州、四川成都、江苏苏州、广东中山、陕西韩城6个代表城市的调查结果。[①] 由于此次对流动人口的调查监测采用的是以流入地为主的原则,因而调查的重点放在流动人口流入较为集中的城市。此次调查的代表城市,包括直辖市1个(北京)、省会城市2个(郑州和成都)、地级市2个(苏州和中山)、县级市1个(韩城),随机抽取的样本量共计8200个。其中,农业户籍流动人口可以近似地作为乡—城迁移人口的代表。鉴于本研究的重点是分析住房支付能力对乡—城迁移人口持久性迁移意愿的影响,为了保证研究的准确性,从上述样本中剔除了非农业户籍流动人口、尚未考虑持久性迁移问题的样本,以及具有异常值、缺失值的样本,最终使用的有效样本量为4524个。各变量的含义、取值及描述性统计如表6-5所示。

表6-5 变量描述性统计(住房价格与人口迁移2)

变量名称	样本个数	均值	标准差	最小值	最大值	变量含义及取值
$Will$	4524	0.62	0.49	0	1	持久性迁移意愿,0=无,1=有
RIR	4524	0.16	0.15	0	2.40	房租收入比
Age	4524	32.83	8.62	16	59	年龄(岁)
Age^2	4524	1151.73	590.42	256	3481	年龄的平方
$Gender$	4524	0.52	0.50	0	1	性别,0=男,1=女
$Education$	4524	0.29	0.45	0	1	受教育程度,0=初中及以下,1=高中及以上
$Marriage$	4524	0.79	0.40	0	1	婚姻状况,0=单身,1=在婚
$SocialSecurity$	4524	0.38	0.49	0	1	流入城镇社保状况,0=无,1=有
$Years$	4524	4.08	4.63	0	33	来到流入城镇的时间(年)
$CityLevel$	4524	0.72	0.45	0	1	流入城镇行政级别,0=地级及以下城市,1=省会及以上城市
$OldHouse$	4524	0.96	0.19	0	1	老家有无住房,0=无,1=有

资料来源:中国流动人口动态监测调查(CMDS)2010年12月。

[①] 此次调查监测的对象是在调查前一个月之前来到流入地城市居住、非本区(县)户口且年龄在16~59岁的流入人口,不包括调查时在车站、码头、机场、旅馆、医院等地点的流入人口,但包括在临时工地等非正规场所居住的流入人口。

（二）回归结果

同时采用 LPM 和非线性 Logit 模型估计式（6-4）和式（6-5），估计结果分别如表 6-6 中模型（6-4）与模型（6-5）各栏所示。

表 6-6 回归结果（住房价格与人口迁移 2）

变量	模型（6-4）		模型（6-5）	
	LPM	Logit	LPM	Logit
RIR	0.242*** (0.048)	1.249*** (0.258)	0.404*** (0.077)	1.927*** (0.374)
RIR^2	—	—	-0.183*** (0.068)	-0.844*** (0.326)
Age	0.016** (0.007)	0.067** (0.031)	0.015** (0.007)	0.065** (0.031)
Age^2	-0.000*** (0.000)	-0.001** (0.000)	-0.000*** (0.000)	-0.001** (0.000)
$Gender$	0.006 (0.014)	0.028 (0.066)	0.005 (0.014)	0.025 (0.066)
$Education$	0.111*** (0.016)	0.534*** (0.079)	0.109*** (0.016)	0.526*** (0.079)
$Marriage$	0.047* (0.024)	0.211* (0.114)	0.044* (0.024)	0.201* (0.114)
$SocialSecurity$	0.028* (0.015)	0.142** (0.072)	0.029** (0.015)	0.148** (0.072)
$CityLevel$	0.215*** (0.016)	0.951*** (0.076)	0.212*** (0.016)	0.943*** (0.076)
$Years$	0.018*** (0.002)	0.097*** (0.009)	0.018*** (0.002)	0.097*** (0.009)
$OldHouse$	-0.143*** (0.036)	-0.937*** (0.224)	-0.142*** (0.036)	-0.936*** (0.224)
$Constant$	0.182* (0.110)	-1.155** (0.532)	0.175 (0.110)	-1.186** (0.533)
样本量	4524	4524	4524	4524
修正后的 R^2	0.102	—	0.103	—

续表

变量	模型(6-4)		模型(6-5)	
	LPM	Logit	LPM	Logit
F 值	52.166 (p=0.000)	—	48.144 (p=0.000)	—
-2 Log likelihood	—	5497.362	—	5491.210
Nagelkerke R²	—	0.144	—	0.146

注：*** 表示在1%水平上显著；** 表示在5%水平上显著；* 表示在10%水平上显著。回归系数下部的括号内是标准误。

（三）住房租赁价格影响

1. 总体上流入城镇房租尚未显现出对人口持久性迁移意愿的负向影响

从表6-6的回归结果可以看出，采用LPM和非线性Logit模型对式（6-4）的估计结果基本一致。房租收入比、受教育程度、流入城镇行政级别、流出地老家的住房情况、来到流入城镇的时间均在1%的水平上显著，年龄均在5%的水平上显著，婚姻状况均在10%的水平上显著，性别均不显著；只有年龄的平方和社会保障程度的显著水平略有差异。LPM和非线性Logit模型回归结果中，各解释变量对乡—城迁移人口持久性迁移意愿影响的方向也是一致的。房租收入比对乡—城迁移人口的持久性迁移意愿产生正向影响；年龄对乡—城迁移人口持久性迁移意愿的影响存在拐点，在拐点到来前呈正相关关系，在拐点后呈负相关关系；受教育程度越高、来到流入城镇的时间越长，乡—城迁移人口的持久性迁移意愿越强；结婚的、流入省级及以上城市的乡—城迁移人口，其持久性迁移意愿较强；而在老家有住房则对乡—城迁移人口的持久性迁移意愿具有负面影响。

房租收入比对乡—城迁移人口持久性迁移意愿的正向影响显著，也就是说，房租收入比越高，乡—城迁移人口的持久性迁移意愿越强。表面上看，这与乡—城迁移人口倾向于选择住房价格较高的大城市的现实情况相吻合，但是与房租提高会增加生活费用从而降低迁移意愿的成本—收益原理相矛盾。从表6-6模型（6-5）的回归结果可以看出，房租收入比对乡—城迁移人口持久性迁移意愿的影响存在拐点,在拐点之前,相对于乡—城迁移人口的收入,住房租赁价格尚在可承受的范围内,房租收入比对迁移意愿并不显现出负相关关系。房租收入比对乡—城迁移人口持久性迁移意愿的正向影响,可以解释为:房租收入比较高的城市或地区,其经济发展水平、教育和医疗等公共服务水平也较高;当房租收入比并未超出乡—城迁移人口家庭的承受范围时,或者说是房租收入比尚在合理范围内时,乡—城迁移人口为了能够获得更好的就业机会、享受更好的公共服务,因而更愿意选择长期居住在房租收入比较高且经济发展水平、公共服务水平较高的城市或地区。

2. 当流入城镇房租超过合理范围时,住房租赁价格对持久性迁移意愿的负向影响显现

从表6-6模型(6-5)的回归结果可以看出,采用LPM和非线性Logit模型对式(6-5)的估计结果基本一致。房租收入比(RIR)对乡—城迁移人口持久性迁移意愿的影响正向显著,而房租收入比的平方(RIR^2)对乡—城迁移人口持久性迁移意愿的影响负向显著,并且都在1%的水平上显著;其他解释变量的估计系数方向与显著性与对式(6-4)的估计结果基本相同。这说明房租收入比与乡—城迁移人口持久性迁移意愿之间的关系存在着拐点。在拐点之前房租收入比与乡—城迁移人口持久性迁移意愿呈正相关关系,在拐点之后房租收入比与乡—城迁移人口持久性迁移意愿呈负相关关系。这拐点很可能是房租收入比合理与否的临界值,即当房租收入比在合理的范围内,即住房租赁价格在可承受的范围内,房租收入比对迁移意愿并不显现出负相关关系;当房租收入比超过合理范围时,住房租赁价格对持久性迁移的负向影响显现。

第三节 人口迁移对住房价格的影响

住房价格与人口迁移之间关系是复杂的,因为它们相互作用且在空间上同时存在(Jeanty et al., 2010)。在分析了住房价格对人口迁移的影响之

后，也有必要分析人口迁移对住房价格的影响。下面将分别从人口迁移对住房销售价格和住房租赁价格的影响进行分析。

一 人口迁移对住房销售价格的影响

20世纪后半叶，发达国家的城市化率相继达到70%以上，由此，发达国家学者关于人口迁移对住房价格影响的研究集中于国际移民（International Migration）流入对当地住房市场的影响（Nygaard，2011；Haas & Osland，2014；d'Albis et al.，2018）。一个地区人口的增加，尤其是大都市区较高的人口净流入量，将带来住房价格的上涨（Potepan，1994；Saiz，2007；Jeanty et al.，2010）。但近期发达国家学者的相关研究开始重回对内部人口迁移（Internal Migration）的分析。在德国的大城市，房价的上涨与外部人口的流入相伴而生（Stawarz et al.，2021）。在澳大利亚，人口迁移扩大了迁移目的地的住房需求并导致房价上涨：对悉尼和墨尔本这样的大都市地区，国内人口迁移对房价变化具有显著的积极影响；而对非大都市地区，影响则小得多（Erol & Unal，2022）。

包括区域间迁移和城乡间迁移在内的人口迁移导致的住房需求变化可能会对城市房价产生巨大影响（Wang et al.，2017）。中国城市房价升速与城市人口增长率有显著关联，除户籍人口以外，流动人口的影响也较大（徐腾、姚洋，2018）。但是，在限购政策实施后，人口流动对房价的影响减弱，且在限购、限贷政策力度强的组中减少的幅度更大（郎昱等，2022）。在已有研究中研究迁移人口数量对房价影响的较多，而从迁移人口内部结构方面研究对房价影响的较少，下文将从迁移人口的性别结构、年龄结构、教育结构、户籍结构等方面分析其对房价产生的影响。

（一）模型与数据

在分析人口迁移对住房销售价格的影响中，将主要考虑迁移人口数量和迁移人口结构两方面的影响因素。住房销售价格，选择流入城镇商品住宅平均销售价格作为替代变量，数据来自相关年份的《中国城市统计年鉴》、Wind数据库和各地统计年鉴。迁移人口数量方面，由于迁移流动人口城市层面面板数据的缺失，故采用相关年份《中国城市统计年鉴》中市辖区年末总人口作为替代变量，以市辖区年末总人口的变动来体现迁移人口的数量。迁移人口结构方面，通过将中国流动人口动态监测调查（CMDS）2011~2018年的微观调查数据转换为城市面板数据来获得，分别采用女性流动人口占比、流动人口平均年龄、流动人口平均受教育年限、农业户籍流动人口占比作为流入地城市的迁移人口性别结构、年龄结构、教育结构、户籍结构的替代变量。此外，还将市辖区人均国内生产总值（perGDP）作为控制变量，以反映流入地城市的经济社会发展水平、收入水平、就业机会等的综合情况。实证分析模型如下所示。

$$HP_{it} = \alpha + \beta Popu_{it} + \theta perGDP_{it} + \lambda_i X_{it} + \varepsilon_{it} \quad (6-6)$$

其中，HP_{it}表示第i个城市在时间t的商品住房平均销售价格；$Popu_{it}$表示第i个城市在时间t的市辖区年末总人口；$perGDP_{it}$表示第i个城市在时间t的市辖区人均国内生产总值；X_{it}表示一系列迁移人口结构变量，包括第i个城市在时间t的女性流动人口占比（Female）、流动人口平均年龄（MeanAge）、流动人口平均受教育年限（MeanEduyear）、农业户籍流动人口占比（FHukou）；α、β、θ、λ_i表示待估计系数；ε_{it}表示残差项。

模型中各变量的具体含义、取值以及描述性统计，如表6-7所示。

表6-7 变量描述性统计（住房价格与人口迁移3）

变量名称	样本个数	均值	标准差	最小值	最大值	变量含义及取值
HP	2272	8.41	0.46	5.90	10.92	商品住宅平均销售价格（元/平方米）的对数
Popu	2272	13.87	0.79	11.93	17.02	市辖区年末总人口（人）的对数
perGDP	2272	10.90	0.57	8.33	15.68	市辖区人均国内生产总值（元）的对数
Female	2272	46.22	6.98	10.00	96.25	女性流动人口占比(%)
MeanAge	2272	35.85	2.84	24.74	51.73	流动人口平均年龄（岁）
MeanEduyear	2272	9.82	0.88	5.75	14.38	流动人口平均受教育年限(年)
FHukou	2272	81.00	16.14	0.00	100.00	农业户籍流动人口占比(%)

资料来源：中国流动人口动态监测调查（CMDS）2011~2018年数据、《中国城市统计年鉴》、Wind数据库和各地统计年鉴。

（二）回归结果

鉴于数据的可获得性，对模型（6-6）的估计采用的是2011~2018年的284个城市的面板数据。为了更清楚地看到地域差异，对流入地城市进行分组对比分析。考虑到依靠行政级别会掩盖一些不同城市间的住房市场差异，故根据衡量住房支付能力的常用指标——房价收入比（PIR）对城市进行分组。鉴于数据获取情况，根据《中国城市统计年鉴》和各地统计年鉴中的市辖区在岗职工平均工资、商品住宅平均销售价格，假设3口之家中2人为在岗职工、人均住房面积30平方米，计算各城市的房价收入比。房价收入比的国际经验值是在4~6为合理标准，考虑到财不外露的文化传统、经济增速高于全球平均水平等因素，中国房价收入比的合理标准在5~7较为合适。由此，将城市划分为 PIR 在5以下、PIR 在5~7、PIR 大于7三组。对全部样本城市和按 PIR 分组的城市，估计结果如表6-8各列所示。由于个别城市 PIR 数据缺失，故分组样本量加总后小于总样本量。

表6-8 回归结果（住房价格与人口迁移3）

变量	全部城市	城市分组		
		$PIR<5$	$5 \leqslant PIR \leqslant 7$	$PIR>7$
$Popu$	0.167*** (8.32)	0.194*** (9.58)	0.201** (2.53)	0.205* (1.96)
$perGDP$	0.202*** (14.25)	0.184*** (12.69)	0.589*** (9.85)	0.221*** (3.47)
$Female$	0.001 (1.05)	0.001 (1.49)	0.004** (2.23)	-0.001 (-0.18)
$MeanAge$	0.129*** (6.63)	0.112*** (5.48)	-0.035 (-0.40)	-0.058 (-0.20)
$MeanAge^2$	-0.001*** (-4.91)	-0.001*** (-4.01)	0.001 (0.81)	0.002 (0.52)
$MeanEduyear$	0.063*** (10.04)	0.055*** (8.53)	0.067*** (3.61)	0.123** (2.54)
$FHukou$	-0.001*** (-4.22)	-0.001*** (-4.42)	-0.002** (-2.50)	-0.001 (-0.78)

续表

变量	全部城市	城市分组		
		PIR<5	5≤PIR≤7	PIR>7
常数项	0.359 (0.84)	0.511 (1.12)	-1.279 (-0.69)	2.356 (0.46)
地区固定效应	控制	控制	控制	控制
样本量	2272	1768	268	132
P值	0.000	0.000	0.000	0.000
R2	0.434	0.430	0.773	0.741

注：*、**、***分别表示在10%、5%、1%的水平上显著。括号内为t值。

（三）对住房销售价格的影响

1. 迁移人口数量对流入城镇住房销售价格的影响正向显著

从表6-8的回归结果可以看出，人口规模（$Popu$）的增加对当地住房销售价格的影响正向显著。迁移人口数量的增加将导致当地人口规模的增大，从而可以判断迁移人口数量的增加将使当地住房销售价格上涨。而且对于按房价收入比分组的不同类型城市，人口规模的增大对当地住房销售价格的影响均正向显著。同时，Chow test结果（Prob > chi2 = 0.0000）表明按房价收入比分组的城市之间的差异在统计上显著。通过估计系数比较可知，人口的增加对房价收入比较高的城市影响更大。房价收入比较高的城市往往是人房关系紧张的大城市，这与已有研究中人口流入对大城市影响更大的结论相一致。

2. 迁移人口结构中受教育年限对房价的影响在各类城市中均正向显著

表6-8的回归结果表明，迁移人口的平均受教育年限（$MeanEduyear$）对当地住房销售价格的影响正向显著。迁移人口的平均受教育年限越长，也就是说迁移人口的受教育水平越高，住房销售价格也越高。通过组间比较可知，在房价收入比越高的城市中，受教育水平对住房销售价格的正向影响越大。综合其他影响因素来看，当房价收入比超过合理标准（$PIR>7$）时，流入人口的性别结构、年龄结构、户籍结构的影响都不再显著，只有教育因素的影响依然显著，而且影响力还有所增强。

3. 迁移人口性别结构、年龄结构、户籍结构的影响对不同城市存在差异

从表6-8的回归结果还可以看出,代表流入地城市的迁移人口性别结构、年龄结构、户籍结构的女性流动人口占比($Female$)、流动人口平均年龄($MeanAge$)、农业户籍流动人口占比($FHukou$)对住房销售价格的影响,在不同住房市场情况的城市之间存在着差异。女性流动人口占比($Female$)在房价收入比合理($5 \leq PIR \leq 7$)的城市中对住房销售价格的正向影响显著;流动人口平均年龄($MeanAge$)在房价收入比较低($PIR<5$)的城市中对住房销售价格的影响显著且存在拐点;农业户籍流动人口占比($FHukou$)在房价收入比未超过合理标准($PIR<5$ 和 $5 \leq PIR \leq 7$)的城市中对住房销售价格的负向影响显著。

二 人口迁移对住房租赁价格的影响

(一)模型与数据

在分析人口迁移对住房租赁价格的影响中,采用与上一节类似的方法,将主要考虑迁移人口数量和迁移人口结构两方面的影响因素。住房租赁价格,选择 Wind 数据库中各城市的住宅平均租金作为替代变量。迁移人口数量方面,由于迁移流动人口城市层面面板数据缺失,故采用相关年份《中国城市统计年鉴》和各地统计年鉴中市辖区年末总人口作为替代变量,通过市辖区年末总人口的变动来体现迁移人口的数量。迁移人口结构方面,通过将中国流动人口动态监测调查(CMDS)2011~2018年的微观调查数据转换为城市面板数据来获得,分别采用女性流动人口占比、流动人口平均年龄、流动人口平均受教育年限、农业户籍流动人口占比作为流入地城市的迁移人口性别结构、年龄结构、教育结构、户籍结构的替代变量。此外,还将市辖区人均国内生产总值($perGDP$)作为控制变量,以反映流入地城市的经济社会发展水平、收入水平、就业机会等的综合情况,数据来自相关年份的《中国城市统计年鉴》和各地统计年鉴。实证分析模型如下所示。

$$HR_{it} = \alpha + \beta Popu_{it} + \theta perGDP_{it} + \lambda_i X_{it} + \varepsilon_{it} \tag{6-7}$$

其中，HR_{it} 表示第 i 个城市在时间 t 的住宅平均租金；$Popu_{it}$ 表示第 i 个城市在时间 t 的市辖区年末总人口；$perGDP_{it}$ 表示第 i 个城市在时间 t 的市辖区人均国内生产总值；X_{it} 表示一系列迁移人口结构变量，包括第 i 个城市在时间 t 的女性流动人口占比（Female）、流动人口平均年龄（MeanAge）、流动人口平均受教育年限（MeanEduyear）、农业户籍流动人口占比（FHukou）；α、β、θ、λ_i 表示待估计系数；ε_{it} 表示残差项。

模型中各变量的具体含义、取值以及描述性统计，如表 6-9 所示。

表 6-9 变量描述性统计（住房价格与人口迁移 4）

变量名称	样本个数	均值	标准差	最小值	最大值	变量含义及取值
HR	288	29.35	11.86	14.72	90.21	住宅平均租金（元/月·平方米）
Popu	288	15.13	0.68	13.73	17.02	市辖区年末总人口（人）的对数
perGDP	288	11.39	0.35	9.41	12.15	市辖区人均国内生产总值（元）的对数
Female	288	47.57	4.21	34.05	70.63	女性流动人口占比（%）
MeanAge	288	34.56	2.06	29.43	41.64	流动人口平均年龄（岁）
MeanEduyear	288	10.23	0.64	8.42	11.81	流动人口平均受教育年限（年）
FHukou	288	80.52	12.58	5.35	95.35	农业户籍流动人口占比（%）

资料来源：中国流动人口动态监测调查（CMDS）2011~2018 年数据、《中国城市统计年鉴》、Wind 数据库和各地统计年鉴。

（二）回归结果

由于租金数据较销售数据匮乏，对模型（6-7）的估计采用的只能是 2011~2018 年 36 个大中城市的面板数据。估计结果分别如表 6-10 第一列模型（6-7-1）所示。可见，迁移人口群体的性别、年龄、户籍特征对住宅租金的影响均不显著，只有迁移人口群体的平均受教育年限（MeanEduyear）影响显著。为考察教育水平影响的稳健性，将"平均受教育年限（MeanEduyear）"替换为"受高等教育占比（HighEdu）""专业技术人员占比（PTech）"类似变量进行回归，回归结果如表 6-10 模型（6-7-2）和模型（6-7-3）两列所示。

表 6-10　回归结果（住房价格与人口迁移 4）

变量	模型(6-7-1)	模型(6-7-2)	模型(6-7-3)
$Popu$	3.892** (2.00)	3.519* (1.78)	5.333*** (2.75)
$perGDP$	2.260* (1.93)	2.275* (1.93)	3.248*** (2.84)
$Female$	-0.110 (-1.62)	-0.085 (-1.25)	-0.112 (-1.62)
$MeanAge$	2.406 (0.89)	1.551 (0.56)	3.295 (1.21)
$MeanAge^2$	-0.027 (-0.70)	-0.019 (-0.48)	-0.040 (-1.05)
$MeanEduyear$	3.122*** (4.16)		
$HighEdu$		0.235*** (3.92)	
$PTech$			0.387*** (2.98)
$FHukou$	0.004 (0.19)	0.009 (0.43)	0.002 (0.10)
常数项	-133.670** (-2.45)	-81.383 (-1.40)	-151.664*** (-2.76)
地区固定效应	控制	控制	控制
样本量	288	288	288
P 值	0.000	0.000	0.000
R2	0.338	0.333	0.316

注：*、**、*** 分别表示在 10%、5%、1% 的水平上显著。括号内为 t 值。

（三）对住房租赁价格的影响

1. 迁移人口数量对流入城镇住房租赁价格的影响正向显著

从迁移人口数量上看，表 6-10 的回归结果表明，人口规模（$Popu$）的增加对当地住房租赁价格的正向影响显著。迁移人口数量的增加将导致当地人口规模的增加，从而可以判断迁移人口数量的增加将使当地住房租赁价格上涨。结合上一节的研究结论，说明迁移人口数量的增加对当地住房销售价格和租赁价格的影响都是正向显著的。

2. 迁移人口的受教育和技能水平对流入城镇住房租赁价格的影响正向显著

从迁移人口的素质上看，表6-10的回归结果表明，迁移人口的平均受教育年限（MeanEduyear）对当地住房租赁价格的影响正向显著。此外，反映迁移人口群体教育水平和技能水平的"受高等教育占比（HighEdu）""专业技术人员占比（PTech）"对当地住房租赁价格的影响也是正向显著的。同时，迁移人口群体的性别、年龄、户籍特征对住宅租金的影响均不显著，迁移人口群体的受教育和技能水平对住房租赁价格的影响更为突出。

第四节　本章小结

本章首先探讨了住房价格和住房支付能力之间的关系，并利用房价收入比、房租收入比等指标衡量了乡—城迁移人口和城—城迁移人口的住房支付能力。从购房支付能力来看，城—城迁移人口的购房支付能力明显强于乡—城迁移人口，乡—城迁移人口购房支付能力普遍不足；从租房支付能力来看，城—城迁移人口的租房支付能力也高于乡—城迁移人口，乡—城迁移人口租房支付能力尚可，但低租金对应的是恶劣的住房条件。

在分析迁移人口住房支付能力的基础上，本章分别实证分析了迁移人口住房支付能力对人口迁移的影响，以及人口迁移对住房价格的影响。综合两方面的分析结果，人口的流入会对流入城镇的住房销售价格和租赁价格产生正向的显著影响。就住房销售价格而言，住房销售价格的上涨则会提高房价收入比，房价收入比对流动人口定居意愿的影响负向显著，流入城镇较高的住房销售价格会削弱流动人口的持久性迁移意愿；周边城镇住房售价会进一步强化房价因素对人口定居意愿的影响。就住房租赁价格而言，当流入城镇房租收入比未超过合理范围时，流入城镇房租未显现出对人口持久性迁移意愿的负向影响；当流入城镇房租收入比超过合理范围时住房租赁价格对持久性迁移的负向影响显现。就迁移人口群体的性别、年龄、教育、户籍等特征而言，教育特征对流入城镇的住房价格影响最大，对销售价格和租赁价格的影响均是如此。

第七章 住房产权与人口迁移

《中华人民共和国民法典》（2020年）第二百四十条规定："所有权人对自己的不动产或者动产，依法享有占有、使用、收益和处分的权利。"住房属于不动产，住房所有权包括对住房的占有、使用、收益和处分的权利。文中的"住房产权"，即指住房所有权，有无住房产权即有无住房的所有权，住房产权类型即不同类型住房的所有权。

第一节 流入地住房产权对人口迁移的影响

中国住房市场"重买轻租"的倾向，绝不仅仅是受到传统文化的影响。在现行教育制度和城市治理模式下，拥有住房产权，不仅可以使人获得稳定的居所，还可以使人获得与住房产权相关的户籍、教育等权益，同时可以令人获得身份认同、幸福感等心理满足。住房产权也对人口迁移产生重要影响。拥有住房所有权的流动人口更愿意在城市永久定居（林李月等，2019）。在流入地拥有住房产权的流动人口更倾向于家庭化的流动方式，其在流入地的家庭规模更大，家庭结构更完整（陶霞飞，2020）。与非持久性迁移相比，住房产权对持久性迁移的影响更大。因此，在分析住房产权对于人口迁移的影响时着重分析其对人口持久性迁移的影响。

一 流入地住房产权对人口持久性迁移的总体影响

（一）模型与数据

在模型构建上，以流动迁移人口微观个体在流入城镇是否具有定居意愿作为因变量,将其在流入城镇的住房产权状况作为核心解释变量,构建 Logit 模型进行分析。在流入城镇住房产权状况的代表变量选取中,有两个相近的指标变量,一是"在流入地购房与否",二是"在流入地是否居住在自有产权住房中"。这是两个相关但不相同的概念,有部分已经在流入地购房的流动人口并未住在自有产权的住房中。中国流动人口动态监测调查(CMDS)2016 年数据显示,约 27.7% 的流动人口已在流入地购房,约 26.2% 的流动人口居住在自有产权住房中;在流入地已购房的流动人口中,居住在自购住房中的占 81.4% 人,租住私房的占 13.3%,住在自建房中的占 2.1%,住在单位或雇主提供住房中的占 2.0%,其他占 1.2%。本研究在测度流入地住房产权对人口持久性迁移的影响中,将使用"在流入地购房与否""在流入地是否居住在自有产权住房中"两个变量进行对比分析。实证模型设定如下:

$$Settle_i = \alpha + \beta HPR_i + \lambda_i X_i + \varepsilon \tag{7-1}$$

其中,$Settle_i$ 表示第 i 个被访者在流入城镇是否具有定居意愿;HPR_i 表示第 i 个被访者在流入地的住房产权状况;X_i 表示一系列控制变量,既包括被访者的户籍($Hukou$)、性别($Gender$)、年龄(Age)、年龄的平方(Age^2)、受教育年限($Education$)、婚姻($Marriage$)、流入地养老保险状况($Insurance$)等个体与家庭特征,也包括被访者的流动范围($Range$)、来到流入城镇的时间($Years$)、家庭成员在流入地的比例($Samecity$)、16 岁以下家庭同住成员数($Child$)等流动迁移情况;α、β、λ_i 表示待估计系数;ε 表示残差项。

数据来源是中国流动人口动态监测调查(CMDS)2016 年数据。中国流动人口动态监测调查(CMDS)数据,是国家卫生健康委员会(原国家人口和计划生育委员会、原国家卫生和计划生育委员会)自 2009 年起一年一度大规模全国性流动人口抽样调查数据,覆盖全国 31 个省(区、市)和新疆生产建设兵团中流动人口较为集中的流入地,每年样本量近 20 万户。该数据的抽样原则是以流入地为主,因而调查的重点放在流动人口流入较为集中的城市。调查对象是在流入地居住一个月以上、非本区（县、市）户口的15~59周岁的流入人口，不包括调查时在车站、码头、机场、旅馆、医院等地点的流入人口以及在校学生，但包括在临时工地、废弃厂房、路边等非正规场所居住的流入人口。本研究将调查对象中的农业户籍流动人口视为乡—城迁移人口的代表，将非农业户籍流动人口视为城—城迁移人口的代表。为了保证研究的准确性，本研究从上述样本中剔除了尚未想好是否在流入城镇定居的样本，以及具有缺失值、异常值的样本，最终有效样本量为119043。实证模型中各变量的含义、取值以及描述性统计，如表7-1所示。

表7-1　变量描述性统计（住房产权与人口迁移1）

变量名称	样本个数	均值	标准差	最小值	最大值	变量含义及取值
$Settle$	119043	0.86	0.34	0	1	在流入地的定居意愿，0=无，1=有
HU	119043	0.36	0.48	0	1	在流入地购房与否，0=否，1=是
$Homeowner$	119043	0.34	0.47	0	1	在流入地是否居住在自有产权住房中，0=否，1=是
$Hukou$	119043	0.80	0.40	0	1	户籍，0=非农业，1=农业
$Gender$	119043	0.48	0.50	0	1	性别，0=男，1=女
Age	119043	3.56	0.29	2.69	4.60	年龄的对数
Age^2	119043	12.72	2.06	7.21	21.12	年龄对数的平方
$Education$	119043	10.22	3.13	0	19	受教育年限（年）
$Marriage$	119043	0.84	0.37	0	1	婚姻状况，0=单身，1=在婚
$Insurance$	119043	0.24	0.43	0	1	有无流入地养老保险，0=无，1=有
$Range$	119043	0.47	0.50	0	1	迁移范围是否跨省，0=否，1=是
$Years$	119043	6.16	5.76	0.17	73.17	来到流入地的时间（年）
$Samecity$	119043	0.75	0.44	0	1	家庭成员在流入地的比例
$Child$	119043	0.81	0.78	0	7	16岁以下家庭同住成员数（人）

资料来源：中国流动人口动态监测调查（CMDS）2016年数据。

（二）回归结果

Logit模型（7-1）的回归结果如表7-2所示，模型（7-1-1）、模型（7-1-2）所列为基准回归结果，分别为以"是否居住在自有产权住房中"（$Homeowner$）和"在流入地购房与否"（HU）作为在流入地住房产权状况的代理变量；模型（7-1-3）、模型（7-1-4）所列为添加控制变量后的回归结果。可以看出，"在流入地购房与否"与"是否居住在自有产权住房中"作为流入地住房产权状况的代理变量，两者的回归结果基本一致（见表7-2）。考虑到在流入地已购房但是否居住其内是一个相对购房产权更易变更的情况，故本研究采用"在流入地购房与否"（HU）作为后续分析中流入地住房产权状况的代理变量。

表7-2 回归结果（住房产权与人口迁移1-1）

变量	模型(7-1-1)	模型(7-1-2)	模型(7-1-3)	模型(7-1-4)
$Homeowner$	2.348*** (67.64)		2.018*** (56.38)	
HU		2.534*** (70.44)		2.164*** (58.71)
$Hukou$			-0.166*** (-5.82)	-0.175*** (-6.12)
$Gender$			0.159*** (8.51)	0.168*** (8.98)
Age			6.340*** (9.87)	4.969*** (7.76)
Age^2			-0.935*** (-10.35)	-0.745*** (-8.28)
$Education$			0.071*** (19.53)	0.062*** (17.10)
$Marriage$			0.522*** (18.07)	0.499*** (17.28)
$Insurance$			0.564*** (20.94)	0.541*** (20.01)
$Range$			-0.612*** (-32.58)	-0.600*** (-31.90)
$Years$			0.093*** (42.29)	0.094*** (43.08)
$Samecity$			0.778*** (38.52)	0.722*** (35.68)

续表

变量	模型(7-1-1)	模型(7-1-2)	模型(7-1-3)	模型(7-1-4)
Child			0.224*** (15.94)	0.232*** (16.53)
常数项	1.420*** (157.74)	1.375*** (152.41)	-11.177*** (-9.92)	-8.614*** (-7.67)
样本量	119043	119043	119043	119043
Log likelihood	-43166.905	-42510.145	-39227.057	-38872.448
Prob> chi2	0.000	0.000	0.000	0.000
Pseudo R^2	0.090	0.104	0.173	0.180

注：*、**、***分别表示在10%、5%、1%的水平上显著。括号内为t值。

（三）流入地住房产权影响

从表7-2的回归结果可以看出，拥有流入地住房产权对人口持久性迁移意愿的正向影响显著。无论是以"是否居住在自有产权住房中"（Homeowner）作为在流入地住房产权状况的代理变量，还是以"在流入地购房与否"（HU）作为在流入地住房产权状况的代理变量，对迁移人口在流入地定居意愿的影响均在1%的水平上显著，且估计系数为正。这说明在流入地拥有住房产权可以增强迁移人口在流入地的定居意愿。表7-2的回归结果还表明，被访者的户籍（Hukou）、性别（Gender）、年龄（Age）、年龄的平方（Age^2）、受教育年限（Education）、婚姻（Marriage）、流入地养老保险状况（Insurance）等个体与家庭特征对持久性迁移意愿的影响均显著，非农户籍、女性、受教育年限较长、在婚、具有流入地养老保险的迁移人口其定居意愿更强；同时，被访者的流动范围（Range）、来到流入地的时间（Years）、家庭成员在流入地的比例（Samecity）、16岁以下家庭同住成员数（Child）等流动迁移情况对持久性迁移意愿的影响也显著，省内迁移、来到流入地时间越长、家庭成员在流入地比例越高、在流入地同住的受义务教育阶段的孩子越多，迁移人口的持久性迁移意愿越强。

二 流入地住房产权对乡—城迁移与城—城迁移影响的对比分析

流入地住房产权对乡—城迁移人口与城—城迁移人口影响的对比分析，与上文类似。在模型构建上，以迁移人口微观个体在流入城镇是否具有定居意愿作为因变量，将其"在流入地购房与否"（HU）作为核心解释变量，构建 Logit 模型进行分析。实证模型设定如下：

$$Settle_i = \alpha + \beta HU_i + \lambda_i X_i + \varepsilon \qquad (7-2)$$

其中，$Settle_i$ 表示第 i 个被访者在流入城镇是否具有定居意愿；HU_i 表示第 i 个被访者在流入地购房与否；X_i 表示一系列控制变量，既包括被访者的户籍（Hukou）、性别（Gender）、年龄（Age）、年龄的平方（Age^2）、受教育年限（Education）、婚姻（Marriage）、流入地养老保险状况（Insurance）等个体与家庭特征，也包括被访者的流动范围（Range）、来到流入城镇的时间（Years）、家庭成员在流入地的比例（Samecity）、16 岁以下家庭同住成员数（Child）等流动迁移情况；α、β、λ_i 表示待估计系数；ε 表示残差项。

在分析数据上，数据来源于中国流动人口动态监测调查（CMDS）2016 年数据，将其中的农业户籍流动人口视为乡—城迁移人口的代表，将其中的非农业户籍流动人口视为城—城迁移人口的代表。由此将参与上文模型（7-2）回归的样本分为两组，一组是农业户籍流动人口，样本量为 95310；一组是非农业户籍流动人口，样本量是 23733，合计样本量为 119043。实证模型中各变量的含义、取值以及描述性统计，如表 7-1 所示。分组回归结果如表 7-3 中户籍差异两列所示。

表 7-3 回归结果（住房产权与人口迁移 1-2）

变量	户籍差异		性别差异	
	农业户籍	非农业户籍	男性	女性
HU	2.200***	2.052***	2.117***	2.209***
	(51.35)	(27.93)	(42.27)	(40.50)
Hukou			-0.084**	-0.283***
			(-2.21)	(-6.55)

续表

变量	户籍差异		性别差异	
	农业户籍	非农业户籍	男性	女性
$Gender$	0.137***	0.351***		
	(6.82)	(6.96)		
Age	5.291***	2.608	5.327***	4.255***
	(7.35)	(1.61)	(6.00)	(4.44)
Age^2	-0.794***	-0.403*	-0.801***	-0.639***
	(-7.81)	(-1.81)	(-6.46)	(-4.71)
$Education$	0.063***	0.053***	0.066***	0.060***
	(15.71)	(5.93)	(12.68)	(11.38)
$Marriage$	0.520***	0.404***	0.560***	0.448***
	(16.40)	(5.69)	(13.85)	(10.66)
$Insurance$	0.474***	0.835***	0.512***	0.575***
	(15.87)	(13.18)	(14.37)	(13.85)
$Range$	-0.613***	-0.516***	-0.603***	-0.597***
	(-30.17)	(-10.25)	(-23.62)	(-21.41)
$Years$	0.096***	0.083***	0.096***	0.090***
	(40.78)	(13.62)	(33.64)	(26.67)
$Samecity$	0.728***	0.663***	0.805***	0.622***
	(33.35)	(12.21)	(29.51)	(20.54)
$Child$	0.225***	0.284***	0.217***	0.249***
	(15.11)	(6.41)	(11.35)	(12.00)
常数项	-9.314***	-4.536	-9.377***	-7.038***
	(-7.42)	(-1.56)	(-5.97)	(-4.24)
样本量	95310	23733	61788	57255
Log likelihood	-33173.756	-5670.066	-20997.316	-17853.202
Prob> chi2	0.000	0.000	0.000	0.000
Pseudo R^2	0.173	0.190	0.188	0.170

注：*、**、***分别表示在10%、5%、1%的水平上显著。括号内为t值。

表7-3的回归结果表明，对于农业户籍流动人口、非农业户籍流动人口，在流入地购房对其在流入地持久性迁移意愿的正向影响均在1%的水平

上显著。也就是说，在流入地拥有住房产权有利于提升乡—城迁移人口和城—城迁移人口在流入地的定居意愿。同时，Chow test 结果（Prob > chi2 = 0.0000）表明农业户籍样本与非农业户籍样本的差异在统计上显著。通过估计系数比较可知，相对于非农业户籍流动人口，农业户籍流动人口在流入地拥有住房产权对其持久性迁移意愿的影响更大。也就是说，流入地的住房产权对乡—城迁移人口的影响比对城—城迁移人口的影响更大。

三 流入地住房产权对人口持久性迁移影响的性别差异

"家里有房"不等同于"个人有房"，在个人拥有住房机会方面男性与女性存在巨大的性别差距（Chen & Yu，2020）。男性拥有住房产权的机会普遍高于女性，住房产权在相当多情况下被性别化为男性的保留地（Viljoen et al.，2020）。然而，从住房社会效应来看，相对于男性来说，住房对女性社会阶层认同及幸福感的影响更为显著（王敏，2019）。当家庭拥有住房产权时，居民的婚姻满意度提升，且女性群体婚姻满意度的提升更加明显；女性拥有住房产权，显著提高了女性群体的生育意愿，在高房价区域，女性持有住房产权对女性理想孩子数量的正向影响更为显著（刘姝辰，2021）。近年来中国城镇女性拥有住房的比例有所上升，但仍远低于男性，住房产权和住房财富积累的性别分化显著（杨澜，2021）。住房产权的性别不平等构成了性别不平等和住房不平等的重要维度，关注住房产权对人口迁移影响的性别差异具有重要意义。

对比住房产权对人口迁移影响性别差异的实证分析方法，与上文类似。在模型构建上，以迁移人口微观个体在流入城镇是否具有定居意愿作为因变量，将其"在流入地购房与否"（HU）作为核心解释变量，构建 Logit 模型进行分析。实证模型设定与模型（7-2）相同。在分析数据上，同样采用中国流动人口动态监测调查（CMDS）2016 年数据，根据性别将参与上文模型（7-2）回归的样本分为两组：一组是男性流动人口，样本量为 61788 个；另一组是女性流动人口，样本量是 57255 个。合计样本量为 119043 个。实证模型中各变量的含义、取值以及描述性统计，亦如表 7-1 所示。分组回归结果如表 7-3 中性别差异两列所示。

表 7-3 的回归结果表明，无论是男性流动人口还是女性流动人口，在流入地购房对其在流入地持久性迁移意愿的正向影响均在 1% 的水平上显著。也就是说，在流入地拥有住房产权对于提升男性或女性迁移人口在流入地的定居意愿都有利。但是，表 7-2 中模型（7-1-4）的回归结果表明性别对流入地持久性迁移意愿的影响显著，而且性别分组的 Chow test 结果（Prob > chi2 = 0.0000）表明男性流动人口与女性流动人口的差异在统计上显著。通过估计系数比较可知，相对于男性流动人口，女性流动人口在流入地拥有住房产权对其持久性迁移意愿的影响更大。综合已有文献和本研究的实证分析结果，可以总结：获得住房产权对于女性的意义更大，对女性的迁移影响也更强。

第二节 户籍地县城住房产权对人口迁移的影响

在中国，由于流入城镇住房价格较高，部分迁移人口转而在户籍地老家购房。其中，有相当一部分人选择购买户籍地的县城住房。县城住房产权成为迁移人口住房产权分析中不可或缺的一部分。中国流动人口动态监测调查（CMDS）2016 年数据表明，约 26.8% 的流动人口在户籍地购房；其中，有 26.5% 的人选择在户籍地区县政府所在地购房。与分析流入地住房产权对人口迁移的影响相同，在分析户籍地县城住房产权对人口迁移的影响时也着重分析其对人口持久性迁移的影响。

一 户籍地县城住房产权对人口持久性迁移的总体影响

（一）模型与数据

在模型构建上，以流动迁移人口微观个体在流入城镇是否具有定居意愿作为因变量，将其在户籍地县城的住房产权状况作为核心解释变量，构建 Logit 模型进行分析。数据来源于中国流动人口动态监测调查（CMDS）2016 年数据。其中，将"在户籍地区县政府所在地购房与否"作为在户籍地县城住房产权状况的代表变量。实证模型设定如下：

$$Settle_i = \alpha + \beta HT_i + \lambda_i X_i + \varepsilon \tag{7-3}$$

其中，$Settle_i$ 表示第 i 个被访者在流入城镇是否具有定居意愿；HT_i 表示第 i 个被访者在户籍地县城购房与否；X_i 表示一系列控制变量，既包括被访者的户籍（Hukou）、性别（Gender）、年龄（Age）、年龄的平方（Age^2）、受教育年限（Education）、婚姻（Marriage）、流入地养老保险状况（Insurance）等个体与家庭特征，也包括被访者的流动范围（Range）、来到流入城镇的时间（Years）、家庭成员在流入地的比例（Samecity）、16 岁以下家庭同住成员数（Child）等流动迁移情况；α、β、λ_i 表示待估计系数；ε 表示残差项。

为了保证研究的准确性，本研究从中国流动人口动态监测调查（CMDS）2016 年样本中剔除了尚未想好是否在流入城镇定居的样本，以及具有缺失值、异常值的样本，最终有效样本量为 119043。实证模型中各变量的含义、取值以及描述性统计，如表 7-4 所示。

表 7-4 变量描述性统计（住房产权与人口迁移 2）

变量名称	样本个数	均值	标准差	最小值	最大值	变量含义及取值
Settle	119043	0.86	0.34	0	1	在流入地的定居意愿,0=无,1=有
HT	119043	0.07	0.26	0	1	在户籍地区县政府所在地购房与否,0=否,1=是
Hukou	119043	0.80	0.40	0	1	户籍,0=非农业,1=农业
Gender	119043	0.48	0.50	0	1	性别,0=男,1=女
Age	119043	3.56	0.29	2.69	4.60	年龄的对数
Age^2	119043	12.72	2.06	7.21	21.12	年龄对数的平方
Education	119043	10.22	3.13	0	19	受教育年限(年)
Marriage	119043	0.84	0.37	0	1	婚姻状况,0=单身,1=在婚
Insurance	119043	0.24	0.43	0	1	有无流入地养老保险,0=无,1=有
Range	119043	0.47	0.50	0	1	迁移范围是否跨省,0=否,1=是

续表

变量名称	样本个数	均值	标准差	最小值	最大值	变量含义及取值
Years	119043	6.16	5.76	0.17	73.17	来到流入地的时间（年）
Samecity	119043	0.75	0.44	0	1	家庭成员在流入地的比例
Child	119043	0.81	0.78	0	7	16岁以下家庭同住成员数（人）

资料来源：中国流动人口动态监测调查（CMDS）2016年数据。

（二）回归结果

Logit模型（7-3）的回归结果如表7-5所示，第一列是全部样本的回归结果，第二列和第三列是按户籍状况将样本分组回归的结果，第四列和第五列是按性别不同将样本分组回归的结果。

表7-5 回归结果（住房产权与人口迁移2）

变量	全部样本	户籍差异		性别差异	
		农业户籍	非农业户籍	男性	女性
HT	-0.624***	-0.421***	-1.009***	-0.596***	-0.654***
	(-19.48)	(-10.31)	(-18.84)	(-13.96)	(-13.45)
Hukou	-0.450***			-0.355***	-0.556***
	(-15.80)			(-9.31)	(-12.88)
Gender	0.217***	0.183***	0.410***		
	(11.89)	(9.31)	(8.29)		
Age	2.054***	3.406***	-3.221**	2.522***	0.620
	(3.32)	(4.89)	(-2.04)	(2.95)	(0.67)
Age^2	-0.307***	-0.506***	0.464**	-0.384***	-0.091
	(-3.54)	(-5.16)	(2.14)	(-3.23)	(-0.70)
Education	0.097***	0.091***	0.114***	0.099***	0.097***
	(27.43)	(23.48)	(13.17)	(19.70)	(19.27)
Marriage	0.698***	0.696***	0.665***	0.750***	0.675***
	(24.72)	(22.47)	(9.52)	(18.84)	(16.50)
Insurance	0.585***	0.514***	0.874***	0.549***	0.629***
	(22.02)	(17.51)	(13.99)	(15.63)	(15.41)
Range	-0.761***	-0.790***	-0.620***	-0.764***	-0.759***
	(-41.42)	(-39.82)	(-12.53)	(-30.66)	(-27.85)

续表

变量	全部样本	户籍差异		性别差异	
		农业户籍	非农业户籍	男性	女性
$Years$	0.112***	0.112***	0.104***	0.113***	0.110***
	(51.29)	(48.14)	(16.96)	(39.45)	(32.47)
$Samecity$	0.787***	0.808***	0.652***	0.911***	0.636***
	(39.94)	(37.99)	(12.30)	(34.23)	(21.60)
$Child$	0.232***	0.220***	0.294***	0.215***	0.256***
	(16.89)	(15.12)	(6.71)	(11.46)	(12.55)
常数项	-3.734***	-6.379***	4.952*	-4.627***	-0.970
	(-3.44)	(-5.24)	(1.74)	(-3.06)	(-0.60)
样本量	119043	95310	23733	61788	57255
Log likelihood	-41567.036	-35423.956	-6062.279	-22365.970	-19159.733
Prob> chi2	0.000	0.000	0.000	0.000	0.000
Pseudo R^2	0.124	0.116	0.134	0.135	0.109

注：*、**、***分别表示在10%、5%、1%的水平上显著。括号内为t值。

(三) 户籍地县城住房产权影响

从表7-5的回归结果可以看出，无论是全部样本回归，还是分组回归，代表县城住房产权状况的核心解释变量——"在户籍地区县政府所在地购房与否"（HT）对迁移人口在流入地的定居意愿的影响均在1%的水平上显著，且估计系数为负。这说明在户籍地县城拥有住房产权会减弱迁移人口在流入地的定居意愿。表7-5的回归结果还表明，被访者的户籍（Hukou）、性别（Gender）、年龄（Age）、年龄的平方（Age^2）、受教育年限（Education）、婚姻（Marriage）、流入地养老保险状况（Insurance）等个体与家庭特征对持久性迁移意愿的影响均显著，非农户籍、女性、受教育年限较长、在婚、具有流入地养老保险的迁移人口其定居意愿更强；同时，被访者的流动范围（Range）、来到流入地的时间（Years）、家庭成员在流入地的比例（Samecity）、16岁以下家庭同住成员数（Child）等流动迁移情况对持久性迁移意愿的影响也显著，省内迁移、来到流入地时间越长、家庭成员在流入地比例越高、在流入地同住的受义务教育阶段的孩子越多,迁移人口的持久性迁移意愿越强。

二 户籍地县城住房产权对乡—城迁移与城—城迁移影响的对比分析

户籍地县城住房产权对乡—城迁移人口与城—城迁移人口影响的对比分析,与上文类似。在模型构建上,以迁移人口微观个体在流入城镇是否具有定居意愿作为因变量,将其"在户籍地区县政府所在地购房与否"(HT)作为核心解释变量,构建 Logit 模型进行分析。实证模型见上文模型(7-3)。

在分析数据上,数据来源于中国流动人口动态监测调查(CMDS)2016年数据,将其中的农业户籍流动人口视为乡—城迁移人口的代表,将其中的非农业户籍流动人口视为城—城迁移人口的代表。由此将全部样本分为两组:一组是农业户籍流动人口,样本量为 95310 个;另一组是非农业户籍流动人口,样本量是 23733 个。合计样本量为 119043 个。实证模型中各变量的含义、取值以及描述性统计,亦如表 7-4 所示。

表 7-5 中户籍差异分组回归的结果表明,对于农业户籍流动人口或非农业户籍流动人口,拥有户籍地县城住房产权对其在流入地持久性迁移意愿的负向影响均在 1% 的水平上显著。也就是说,拥有户籍地县城住房产权将减弱乡—城迁移人口和城—城迁移人口在流入地的定居意愿。同时,户籍差异分组的 Chow test 结果($Prob > chi2 = 0.0000$)表明农业户籍样本与非农业户籍样本的差异在统计上显著。通过估计系数比较可知,相对于非农业户籍流动人口,拥有户籍地县城住房产权对农业户籍流动人口向流入地持久迁移意愿的负向影响更大。

三 户籍地县城住房产权对人口持久性迁移影响的性别差异

对比户籍地县城住房产权对人口迁移影响性别差异的实证分析方法,与上文类似。在模型构建上,以迁移人口微观个体在流入城镇是否具有定居意愿作为因变量,将其"在户籍地区县政府所在地购房与否"(HT)作为核心解释变量，构建 Logit 模型进行分析。实证模型设定与模型（7-3）相同。在分析数据上，同样采用中国流动人口动态监测调查（CMDS）2016 年数据，根据性别将参与上文模型全部样本分为两组：一组是男性流动人口，样本量为 61788 个；一组是女性流动人口，样本量是 57255 个。合计样本量为 119043 个。实证模型中各变量的含义、取值以及描述性统计，亦如表 7-4 所示。

表 7-5 中性别差异分组回归的结果表明，无论是男性流动人口还是女性流动人口，拥有户籍地县城住房产权对其在流入地持久性迁移意愿的负向影响均在 1% 的水平上显著。也就是说，拥有户籍地县城住房产权将减弱男性或女性迁移人口在流入地的定居意愿。同时，性别分组的 Chow test 结果（Prob > chi2 = 0.0000）表明男性流动人口与女性流动人口的差异在统计上显著。通过估计系数比较可知，相对于男性流动人口，拥有户籍地县城住房产权对女性流动人口向流入地持久迁移意愿的负向影响更大。

第三节 本章小结

本章在分析住房产权对于人口迁移的影响时着重分析对于人口持久性迁移的影响。人口迁移涉及的住房产权，包括流入地住房产权和流出地住房产权。在中国，现阶段流出地住房产权主要是户籍地县城住房和农村住房。本章主要分析流入地住房产权和户籍地县城住房产权对人口持久性迁移的影响。农村住房产权与宅基地权益密切相关，放在第九章《农村土地权益与人口迁移》中进行讨论。本章研究结论如下。

流入地住房产权对人口持久性迁移的总体影响是，拥有流入地住房产权对人口持久性迁移意愿的正向影响显著。其中，对比分析对乡—城迁移、城—城迁移人口的影响发现，流入地的住房产权对乡—城迁移人口的影响比城—城迁移人口的影响更大；流入地住房产权对人口持久性迁移影响的性别差异分析则表明，相对于男性流动人口，女性流动人口在流入地拥有住房产权对其持久性迁移意愿的影响更大。

户籍地县城住房产权对人口持久性迁移的总体影响是，在户籍地县城拥有住房产权会减弱迁移人口在流入地的定居意愿。其中，对乡—城迁移与城—城迁移影响的对比分析发现，相对于非农户籍流动人口，拥有户籍地县城住房产权对农业户籍流动人口向流入地持久迁移意愿的负向影响更大；户籍地县城住房产权对人口持久性迁移影响存在性别差异，拥有户籍地县城住房产权对女性流动人口向流入地持久迁移意愿的负向影响比对男性流动人口的负向影响更大。

第八章 住房保障与人口迁移

第一节 住房保障对人口迁移影响的总体分析

一 住房保障的财政属性

住房保障是政府对市场配置住房的一种补充,其实质是一种财政补贴。从公共财政理论、福利经济学理论、社会公平理论的角度来看,政府住房保障范围应优先涵盖社会中低收入群体的住房需求(董昕,2011)。住房保障这种财政补贴的运用方式主要分为两种:一是供给方补贴;二是需求方补贴。供给方补贴是政府直接介入住房供给并提供财政补贴的住房保障方式,也称生产者补贴。需求方补贴是政府向住房需求者提供财政补贴的住房保障方式,也称消费者补贴。

2010~2020年全国公共财政支出中住房保障支出共计59640.82亿元,约占全国公共财政支出的3.2%。从财政的视角研究住房保障对人口迁移的影响具有重要意义(董昕,2023)。2010~2020年各年的中央与地方公共财政住房保障支出如图8-1所示,其中,中央公共财政住房保障支出合计4870.51亿元,地方公共财政住房保障支出合计54770.31亿元。[①] 可见,住房保障支出中地方财政支出较中央财政支出更多,这与地方政府在住房保障中居于主体地位是相适应的。

---

① 资料来源:财政部、Wind 数据库。

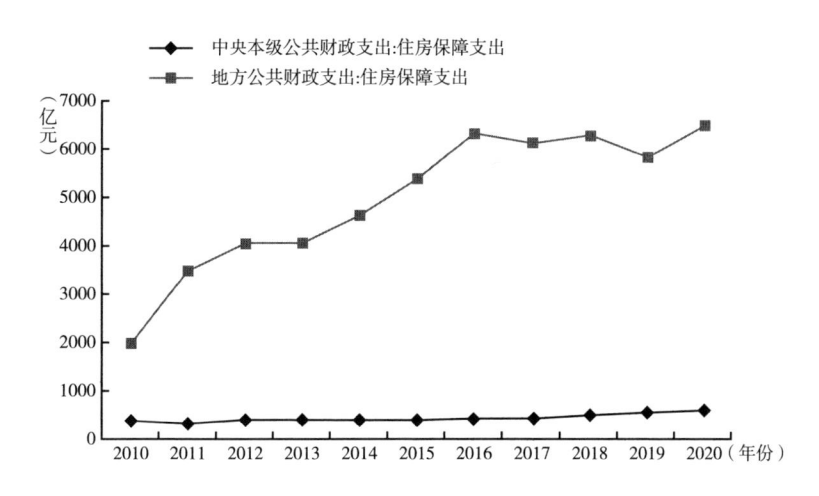

图 8-1 公共财政住房保障支出

资料来源：财政部、Wind 数据库。

二 住房保障财政支出对人口迁移的影响

（一）模型与数据

鉴于数据的可获得性，本研究以地方公共财政支出中的住房保障支出作为政府提供住房保障的替代变量。分析数据来源于相关年份的《中国统计年鉴》《中国城市建设统计年鉴》和 Wind 数据库的 2010~2020 年中国省级面板数据。在被解释变量的选取中，考虑到如果使用省级的人口净流入量，将不能反映大量省内的人口迁移，故选用城镇化率作为被解释变量，既能刻画省内的人口迁移，也能刻画省际的人口迁移。在解释变量的选取中，将财政住房保障支出作为核心解释变量；控制变量选择依据前文的理论分析框架——迁移决策取决于流入地与流出地的效用差异以及迁移成本，迁移者的效用又分为由经济因素带来的效用与由非经济因素带来的效用两大类，故从影响迁移者效用的经济因素与非经济因素以及迁移成本方面选取影响人口迁移的控制变量。选取的经济因素控制变量，包括第三产业产值占比、失业率、房价收入比，分别代表经济发展水平、就业机会、生活成本；选取的非经济因素控制变量,包括建成区绿化覆盖率、女性人口占比,分别代表气候环境、社会特征。实证分析模型如下所示。

$$UR_{it} = \alpha + \beta EH_{it} + \lambda_i X_{it} + \varepsilon_{it} \tag{8-1}$$

其中,UR_{it} 表示第 i 个省在时间 t 的城镇化率;EH_{it} 表示第 i 个省在时间 t 的住房保障地方公共财政支出;X_{it} 表示一系列控制变量,包括第 i 个省在时间 t 的第三产业产值占比(ServIndustry)、失业率(UnemRate)、房价收入比(PIR)、建成区绿化覆盖率(GreenRate)、女性人口占比(Female)等;α、β、λ_i 表示待估计系数;ε_{it} 表示残差项。需要说明的是,为避免人均 GDP、收入水平与其他解释变量的共线性问题,同时考虑到第三产业就业占比已经超过第一、二产业,第三产业占比还在一定程度上体现了经济发展水平,故本研究采用第三产业就业占比作为就业机会与收入水平的替代变量;生活成本中非住房成本各地之间相差不大,在各地差异较大的生活成本主要是住房成本,住房成本用房价收入比来衡量比单独用住房价格更为合理,故本研究采用房价收入比作为生活成本的替代变量。

模型中各变量的具体含义、取值以及描述性统计,如表 8-1 所示。

表 8-1 变量描述性统计(住房保障与人口迁移 1)

变量名称	样本个数	均值	标准差	最小值	最大值	变量含义及取值
UR	341	57.41	13.42	22.67	89.60	城镇化率(%),即城镇人口占总人口的比重
EH	341	4.87	0.70	1.84	6.64	地方公共财政支出中住房保障支出(亿元)的对数
ServIndustry	341	46.92	9.75	28.60	83.90	第三产业产值占比(%)
UnemRate	341	3.28	0.64	1.21	4.61	城镇登记失业率(%)
PIR	341	6.91	2.48	3.57	17.70	房价收入比
GreenRate	341	39.20	4.01	18.06	48.96	建成区绿化覆盖率(%)
Female	341	48.79	0.92	44.80	51.08	女性人口占比(%)

资料来源:相关年份《中国统计年鉴》《中国城市建设统计年鉴》和 Wind 数据库。

(二) 回归结果

依次添加经济因素与非经济因素，对实证模型（8-1）进行估计，回归结果分别如表 8-2 中模型（8-1-1）和模型（8-1-2）所示。其中，又各分为随机效应和固定效应两种进行估计。模型整体的显著性和 Hausman 检验结果表明，控制了地区固定效应的模型更为适合。

表 8-2　回归结果（住房保障与人口迁移 1）

变量	模型（8-1-1）		模型（8-1-2）	
	随机效应	固定效应	随机效应	固定效应
EH	1.337*** (3.83)	1.407*** (4.12)	1.071*** (3.29)	1.157*** (3.62)
$ServIndustry$	0.568*** (19.76)	0.556*** (19.78)	0.505*** (18.51)	0.495*** (18.50)
$UnemRate$	-1.680*** (-3.76)	-1.723*** (-3.94)	-1.218*** (-2.96)	-1.258*** (-3.12)
PIR	-0.489*** (-2.91)	-0.645*** (-3.85)	-0.480*** (-3.13)	-0.609*** (-3.98)
$GreenRate$			0.486*** (7.35)	0.473*** (7.30)
$Female$			0.472** (2.53)	0.497*** (2.73)
常数项	33.113*** (10.53)	34.556*** (13.11)	-6.250 (-0.63)	-5.931 (-0.62)
地区固定效应	未控制	控制	未控制	控制
样本量	341	341	341	341
P 值	0.000	0.000	0.000	0.000
R^2	0.738	0.739	0.784	0.784

注：*、**、*** 分别表示在 10%、5%、1% 的水平上显著。括号内为 t 值。

（三）住房保障财政支出影响

回归结果表明，地方公共财政支出的住房保障支出对乡—城人口迁移的正向影响显著。表 8-2 中各模型的回归结果均显示，核心解释变量——住房保障财政支出对于该地区的城镇化率提升具有正向影响，且影响在

1%的水平上显著。而城镇化率的提升，代表着城镇人口占比的提升。住房保障财政支出对城镇化率的正向影响显著，说明地方公共财政在住房保障方面的支出将有利于乡—城人口的迁移。由于数据所限，未能将住房保障的财政支出区分为更为具体的住房保障类型，例如区分是保障性住房财政支出还是住房补贴支出，只能从总体上对住房保障财政支出对人口迁移的影响进行分析。

第二节　住房保障对人口迁移影响的个体分析

从总体上看，住房保障财政支出对人口迁移具有积极影响。对是否享有住房保障对迁移人口个体的影响，还需要具体分析。在现行土地制度下，农村住房保障体现为宅基地的无偿分配，宅基地权益对人口迁移的影响将在第九章《农村土地权益与人口迁移》中进行分析，本节重点分析流入城镇住房保障对人口迁移的影响。本节先分析住房保障对流动迁移人口的个体影响，然后再分析住房保障对乡—城人口迁移和城—城人口迁移的个体影响。

一　住房保障对人口迁移的影响

由于城镇住房保障的进入门槛往往包括对于在本地工作生活的时间要求，非持久性迁移的流动人口难以达到流入城镇住房保障的居住时间条件，故在分析住房保障对人口迁移的影响时将研究聚焦到流入城镇住房保障对人口持久性迁移的影响。

（一）模型与数据

在模型构建上，以流动迁移人口微观个体在流入城镇是否具有定居意愿作为因变量，将其在流入城镇的住房是否为保障房作为核心解释变量，构建模型进行分析。流动迁移人口在流入城镇享有住房保障的比例很低。中国流动人口动态监测调查（CMDS）2017年数据显示，仅有2.3%的流动人口享有流入城镇的住房保障，其中，农业户籍流动人口中享有城镇住房保障的比例为2.1%，非农业户籍流动人口中享有城镇住房保障的比例为 2.9%。国家统计局《全国农民工监测调查报告》数据也印证了这一情况，2018 年，进城农民工中购买保障性住房和租赁公租房的比例为 2.9%，租赁公租房的占 1.3%，自购保障性住房的占 1.6%。流动迁移人口在流入城镇享有住房保障的比例较低，在计量上可称为"稀有事件"（Rare Event）。即使是在大样本下，传统 Logit 模型的估计结果仍然可能存在"稀有事件偏差"。可采用稀有事件对数模型（Rare Event Logit Model）或补对数—对数模型（Complementary Log-Log Model）对稀有事件所导致的偏差进行校正（King & Zen，2001；田巍、余淼杰，2017；李勇辉等，2019）。因此，本研究在对住房保障对人口持久性迁移影响的测度中，将同时使用稀有事件对数模型和补对数—对数模型进行回归。实证模型设定如下：

$$Settle_i = \alpha + \beta HS_i + \lambda_i X_i + \varepsilon \qquad (8-2)$$

其中，$Settle_i$ 表示第 i 个被访者在流入城镇是否具有定居意愿；HS_i 表示第 i 个被访者在流入城镇的住房是否为保障房；X_i 表示一系列控制变量，既包括被访者的性别（Gender）、年龄（Age）、年龄的平方（Age^2）、受教育年限（Education）、婚姻状况（Marriage）等个体与家庭特征，也包括被访者的流动范围（Range）、来到流入城镇的时间（Years）等流动迁移情况；α、β、λ_i 表示待估计系数；ε 表示残差项。

数据来源是中国流动人口动态监测调查（CMDS）2017 年数据。中国流动人口动态监测调查（CMDS）数据，是国家卫生健康委员会（原国家卫生计生委）自 2009 年起一年一度大规模全国性流动人口抽样调查数据，覆盖全国 31 个省（区、市）和新疆生产建设兵团中流动人口较为集中的流入地，每年样本量近 20 万户。该数据的抽样原则是以流入地为主，因而调查的重点放在流动人口流入较为集中的城市。调查对象是在流入地居住一个月以上、非本区（县、市）户口的 15~59 周岁的流入人口，不包括调查时在车站、码头、机场、旅馆、医院等地点的流入人口以及在校学生，但包括在临时工地、废弃厂房、路边等非正规场所居住的流入人口。本研究将调查对象中的农业户籍流动人口视为乡—城迁移人口的代表,将非农业户籍流动人口视为城—城迁移人口的代表。为了保证研究的准确性,本研究从上述样本中剔除了尚未想好是否在流入城镇定居的样本,以及具有缺失值、异常值的样本,最终有效样本量为105915。实证模型中各变量的含义、取值以及描述性统计,如表8-3所示。

表8-3 变量描述性统计(住房保障与人口迁移2)

变量名称	样本个数	均值	标准差	最小值	最大值	变量含义及取值
Settle	105915	0.48	0.50	0	1	在流入城镇的定居意愿,0=无,1=有
HS	105915	0.03	0.16	0	1	在流入城镇住房是否为保障房,0=无,1=有
Gender	105915	0.48	0.50	0	1	性别,0=男,1=女
Age	105915	3.57	0.29	2.69	4.56	年龄的对数
Age^2	105915	12.80	2.08	7.21	20.78	年龄对数的平方
Education	105915	10.32	3.32	0	19	受教育年限(年)
Marriage	105915	0.84	0.37	0	1	婚姻状况,0=单身,1=在婚
Range	105915	0.48	0.50	0	1	迁移范围是否跨省,0=否,1=是
Years	105915	6.73	6.29	0.17	68.92	来到流入城镇的时间(年)

资料来源:中国流动人口动态监测调查(CMDS)2017年数据。

(二)回归结果

为了避免传统Logit模型的估计结果可能存在的"稀有事件偏差",并对比稀有事件对数模型和补对数—对数模型的回归结果是否一致,本研究同时采用稀有事件对数模型和补对数—对数模型估计式(8-2),全部样本、农业户籍样本和非农户籍样本的估计结果分别如表8-4中模型(8-2)、模型(8-2-1)和模型(8-2-2)各列所示。Relogit、Cloglog所在列分别表示稀有事件对数模型回归和补对数—对数模型回归的结果。

表 8-4　回归结果（住房保障与人口迁移 2）

变量	模型(8-2) 全部样本		模型(8-2-1) 农业户籍		模型(8-2-2) 非农户籍	
	Relogit	Cloglog	Relogit	Cloglog	Relogit	Cloglog
HS	0.873*** (18.67)	0.496*** (19.75)	1.016*** (18.70)	0.640*** (20.87)	0.473*** (5.48)	0.221*** (5.05)
$Gender$	0.419*** (31.44)	0.295*** (31.48)	0.387*** (24.92)	0.284*** (24.91)	0.404*** (15.04)	0.250*** (15.14)
Age	-8.321*** (-17.27)	-5.988*** (-17.40)	-6.532*** (-11.11)	-4.956*** (-11.34)	-10.224*** (-10.43)	-6.399*** (-10.63)
Age^2	1.228*** (18.38)	0.877*** (18.45)	0.935*** (11.38)	0.704*** (11.55)	1.492*** (11.16)	0.926*** (11.32)
$Education$	0.144*** (61.90)	0.103*** (65.19)	0.096*** (32.95)	0.071*** (33.83)	0.151*** (31.58)	0.092*** (31.56)
$Marriage$	0.418*** (19.45)	0.324*** (20.43)	0.409*** (15.85)	0.328*** (16.55)	0.503*** (12.85)	0.340*** (12.79)
$Range$	-0.726*** (-55.34)	-0.491*** (-52.46)	-0.828*** (-54.23)	-0.601*** (-52.63)	-0.409*** (-15.07)	-0.229*** (-13.69)
$Years$	0.067*** (55.69)	0.043*** (58.47)	0.069*** (50.86)	0.046*** (53.18)	0.067*** (24.26)	0.036*** (26.33)
常数项	11.722*** (13.72)	8.136*** (13.26)	9.496*** (9.18)	6.921*** (8.97)	15.192*** (8.60)	9.285*** (8.52)
样本量	105915	105915	79075	79075	26840	26840
Log likelihood		-67326.513		-50070.598		-16487.371
Prob> chi2	0.000	0.000	0.000	0.000	0.000	0.000

注：*、**、*** 分别表示在 10%、5%、1% 的水平上显著。括号内为 t 值。

（三）有无住房保障影响

从理论分析部分可以看出，在持久性迁移阶段，流入城镇的住房价格与迁移人口效用现值为负相关关系，享有流入城镇的住房保障相当于降低了流入城镇的住房价格，有利于人口的持久性迁移。回归结果验证了这一理论分析，流入城镇住房保障对人口持久性迁移意愿的正向影响显著。从表 8-4 的回归结果可以看出，采用稀有事件对数模型或补对数—对数模型对式（8-2）的估计结果基本一致。流动人口在流入城镇享受住房保障待遇，对其在流入城镇定居意愿的影响在1%的水平上正向显著。也就是说，流动人口在流入城镇享有住房保障可以促进人口向流入城镇的持久性迁移。

二 住房保障对乡—城人口迁移的影响

住房保障对乡—城人口迁移影响的实证分析方法，与上文相同。在模型构建上，以乡—城迁移人口微观个体在流入城镇是否具有定居意愿作为因变量，将其在流入城镇的住房是否为保障房作为核心解释变量，构建模型进行分析。实证模型设定如模型（8-2）所示。分析数据来源于中国流动人口动态监测调查（CMDS）2017年数据，以其中的农业户籍流动人口作为乡—城迁移人口的代表。同样，由于乡—城迁移人口在流入城镇享有住房保障的比例较低，故采用稀有事件对数模型和补对数—对数模型对模型（8-2）进行估计，估计结果分别见表8-4模型（8-2-1）Relogit、Cloglog所在列。

稀有事件对数模型和补对数—对数模型的回归结果，均表明乡—城迁移人口在流入城镇的住房是否为保障房，对其在流入城镇的定居意愿的正向影响在1%的水平上显著，乡—城迁移人口在流入城镇享有住房保障可以促进乡—城迁移人口向流入城镇的持久性迁移。同时，Chow test结果（Prob > chi2 =0.0000）表明农业户籍样本与非农业户籍样本的差异在统计上显著。通过估计系数比较可知，相对于非农业户籍流动人口，农业户籍流动人口在流入城镇享有住房保障对其持久性迁移意愿的影响更大。也就是说，流入城镇的住房保障对乡—城迁移人口的影响比城—城迁移人口的影响更大。

三 住房保障对城—城人口迁移的影响

住房保障对城—城人口迁移影响的实证分析方法，与上文相同。在模型构建上，以城—城迁移人口微观个体在流入城镇是否具有定居意愿作为因变量，将其在流入城镇的住房是否为保障房作为核心解释变量，构建模型进行分析。实证模型设定如模型（8-2）所示。分析数据来源于中国流动人口动态监测调查（CMDS）2017年数据，以其中的非农业户籍流动人口作为城—城迁移人口的代表。同样，由于城—城迁移人口在流入城镇享有住房保障的比例较低，故采用稀有事件对数模型和补对数—对数模型对模型（8-2）进行估计，估计结果分别见表8-4模型（8-2-2）Relogit、Cloglog所在列。

稀有事件对数模型和补对数—对数模型的回归结果，均表明城—城迁移人口在流入城镇的住房是否为保障房，对其在流入城镇的定居意愿的正向影响在1%的水平上显著，城—城迁移人口在流入城镇享有住房保障可以促进城—城迁移人口向流入城镇的持久性迁移。同时，Chow test结果（Prob > chi2 = 0.0000）表明农业户籍样本与非农业户籍样本的差异在统计上显著。通过估计系数比较可知，相对于农业户籍流动人口，非农业户籍流动人口在流入城镇享有住房保障对其持久性迁移意愿的影响较小。也就是说，流入城镇的住房保障对城—城迁移人口的影响比乡—城迁移人口的影响小。

第三节　保障房类型对人口迁移影响的对比分析

一　住房保障的类型

目前，我国城镇的住房保障主要以供给方补贴形式出现，辅之以需求方补贴形式进行，具体方式主要有以下几方面。其一，通过减免政府土地出让收入实现对住房供给方进行补贴。政府土地出让收入是地方政府财政收入的重要组成部分，对廉租住房、经济适用住房、限价商品住房等保障性住房的政府土地出让金的或免或减，也就是供给方补贴的一种实现形式。其二，直接新建或收购廉租住房、公共租赁住房。有的地方政府通过直属机构或企业直接建设廉租住房，财政资金作为建设资金投入形成对住房供给方的补贴；也有地方政府在土地出让环节，与开发企业约定，在新建住宅小区中按政府要求的面积、户型配建一部分廉租住房，由开发企业垫付建设资金，建成验收合格后由政府按约定的价格出资收购。其三，通过发放住房补贴对住房需求方进行补贴。我国对住房需求的补贴主要是对社会低收入群体直接发放住房补贴，以弥补实物补贴不足的问题，而以税收方面的优惠作为对住房需求补贴的方式目前基本处于空白状态（董昕，2013）。

从实物与货币形式来看，可以将住房保障区分为保障性住房与住房补贴两大类。其中，保障性住房又可以分为购置型保障房和租赁型保障房。经济适用房、限价房、棚改房、共有产权住房等属于购置型保障房；廉租房、公共租赁住房等属于租赁型保障房。理论分析表明，在持久性迁移阶段，流入城镇的住房价格与迁移人口效用现值为负相关关系，享有流入城镇的住房保障相当于降低了流入城镇的住房价格，享有租赁型住房保障相当于降低了租赁价格，享有购置型住房保障相当于降低了购买价格，都有利于人口的持久性迁移。但不同的住房保障类型对于人口迁移的影响是否相同，则需要在实证分析部分加以验证。本节将重点对购置型保障房与租赁型保障房这两种住房保障类型进行对比分析。

二 不同类型保障性住房对人口迁移的影响

（一）模型与数据

中国现有的住房保障以实物形式为主、货币形式为辅，其中实物形式的住房保障主要是保障性住房（以下简称"保障房"）。保障房可以分为购置型保障房与租赁型保障房两大类，为了分析不同保障房对人口持久性迁移的影响是否相同，将在流入城镇的住房是否为保障房 HS_i 细分为购置型保障房与租赁型保障房，模型（8-2）转化为模型（8-3）与模型（8-4）两种情况：

$$Settle_i = \alpha + \beta_1 HSb_i + \lambda_i X_i + \varepsilon \quad (8-3)$$

$$Settle_i = \alpha + \beta_2 HSr_i + \lambda_i X_i + \varepsilon \quad (8-4)$$

其中，$Settle_i$ 表示第 i 个被访者在流入城镇是否具有定居意愿；HSb_i 表

示第 i 个被访者在流入城镇的住房是否为自购保障性住房，HSr_i 表示第 i 个被访者在流入城镇的住房是否为政府公租房；X_i 表示一系列控制变量，既包括被访者的性别（Gender）、年龄（Age）、年龄的平方（Age^2）、受教育年限（Education）、婚姻状况（Marriage）等个体与家庭特征，也包括被访者的流动范围（Range）、来到流入城镇的时间（Years）等流动迁移情况；α、β_1、β_2、λ_i 表示待估计系数；ε 表示残差项。

数据来源是中国流动人口动态监测调查（CMDS）2017年数据。为了保证研究的准确性，本研究从上述样本中剔除了尚未想好是否在流入城镇定居的样本，以及具有缺失值、异常值的样本，最终有效样本量为105915。实证模型中各变量的含义、取值以及描述性统计，如表8-5所示。

表8-5 变量描述性统计（住房保障与人口迁移3）

变量名称	样本个数	均值	标准差	最小值	最大值	变量含义及取值
Settle	105915	0.48	0.50	0	1	在流入城镇的定居意愿，0=无，1=有
HSb	105915	0.02	0.13	0	1	在流入城镇住房是否为自购保障性住房，0=无，1=有
HSr	105915	0.01	0.10	0	1	在流入城镇住房是否为政府公租房，0=无，1=有
Gender	105915	0.48	0.50	0	1	性别，0=男，1=女
Age	105915	3.57	0.29	2.69	4.56	年龄的对数
Age^2	105915	12.80	2.08	7.21	20.78	年龄对数的平方
Education	105915	10.32	3.32	0	19	受教育年限（年）
Marriage	105915	0.84	0.37	0	1	婚姻状况，0=单身，1=在婚
Range	105915	0.48	0.50	0	1	迁移范围是否跨省，0=否，1=是
Years	105915	6.73	6.29	0.17	68.92	来到流入城镇的时间（年）

资料来源：中国流动人口动态监测调查（CMDS）2017年数据。

（二）回归结果

从表8-4的回归结果可以看出，稀有事件对数模型和补对数—对数模型的回归结果在解释变量的影响方向、显著性判断方面结果是一致的。为简便起见,在分析个体层面不同类型保障性住房对人口迁移的影响时,仅报告稀有事件对数模型的回归结果,不再报告补对数—对数模型的回归结果。采用稀有事件对数模型估计模型(8-3)和模型(8-4),全部样本、农业户籍样本和非农业户籍样本的估计结果分别如表8-6各栏所示。

表8-6 回归结果(住房保障与人口迁移3)

变量	模型(8-3)			模型(8-4)		
	全部样本	农业户籍	非农业户籍	全部样本	农业户籍	非农业户籍
HSb	1.376*** (19.97)	1.618*** (19.92)	0.716*** (5.91)			
HSr				0.266*** (3.94)	0.301*** (3.76)	0.156 (1.25)
$Gender$	0.420*** (31.53)	0.388*** (24.97)	0.405*** (15.09)	0.424*** (31.89)	0.392*** (25.34)	0.408*** (15.17)
Age	-8.206*** (-16.98)	-6.402*** (-10.86)	-10.139*** (-10.32)	-8.479*** (-17.63)	-6.681*** (-11.38)	-10.321*** (-10.54)
Age^2	1.213*** (18.10)	0.918*** (11.13)	1.481*** (11.05)	1.252*** (18.77)	0.957*** (11.67)	1.507*** (11.28)
$Education$	0.144*** (61.93)	0.096*** (33.01)	0.151*** (31.59)	0.144*** (62.08)	0.096*** (33.06)	0.151*** (31.60)
$Marriage$	0.409*** (19.04)	0.399*** (15.48)	0.497*** (12.69)	0.419*** (19.57)	0.411*** (15.98)	0.503*** (12.86)
$Range$	-0.730*** (-55.57)	-0.833*** (-54.49)	-0.410*** (-15.10)	-0.730*** (-55.66)	-0.829*** (-54.39)	-0.414*** (-15.26)
$Years$	0.067*** (55.20)	0.068*** (50.32)	0.067*** (24.16)	0.068*** (55.96)	0.069*** (51.21)	0.067*** (24.30)
常数项	11.516*** (13.44)	9.265*** (8.93)	15.042*** (8.50)	11.995*** (14.06)	9.755*** (9.45)	15.358*** (8.70)
样本量	105915	79075	26840	105915	79075	26840

注:*、**、***分别表示在10%、5%、1%的水平上显著。括号内为t值。

（三）不同类型住房保障的影响

1. 流入城镇的购置型保障房影响比租赁型保障房影响更显著

对比表 8-6 中模型（8-3）流入城镇的购置型保障房对人口持久性迁移意愿的影响和模型（8-4）流入城镇的租赁型保障房对人口持久性迁移意愿的影响，可以看出，流入城镇的购置型保障房对乡—城迁移人口（农业户籍）和城—城迁移人口（非农业户籍）的定居意愿的影响均在 1% 的水平上显著，且方向为正；流入城镇的租赁型保障房对乡—城迁移人口（农业户籍）的定居意愿的影响均在 1% 的水平上正向显著，但对城—城迁移人口（非农业户籍）的定居意愿的影响不显著。这说明在流入城镇享有购置型保障房，有利于提高乡—城迁移人口和城—城迁移人口的持久性迁移意愿；但在流入城镇享有租赁型保障房，可以显著提高乡—城迁移人口的持久性迁移意愿，而不能显著提高城—城迁移人口的持久性迁移意愿。也就是说，在流入城镇只有享有购置型保障房，才能显著提高城—城迁移人口的持久性迁移意愿。这种对比也说明流入城镇的购置型保障房影响比租赁型保障房影响更显著。

2. 流入城镇的购置型或租赁型保障房对乡—城迁移人口的影响更强

无论是以有无流入城镇的购置型保障房作为解释变量，还是以有无流入城镇的租赁型保障房作为解释变量，Chow test 结果（Prob > chi2 = 0.0000）均表明农业户籍样本与非农业户籍样本的差异在统计上显著。表 8-6 的回归结果表明，无论是流入城镇的购置型保障房还是租赁型保障房对乡—城迁移人口的影响均强于对城—城迁移人口的影响。

第四节　本章小结

住房保障是政府对市场配置住房的一种补充，其实质是一种财政补贴。政府住房保障范围应优先涵盖社会中低收入群体的住房需求。地方政府在住房保障中居于主体地位，住房保障支出中地方财政支出较中央财政支出更多。从总体上看，住房保障财政支出对城镇化率的正向影响显著，这说明地方公共财政在住房保障方面的支出将有利于乡—城人口的迁移。从个体来看，流动人口在流入城镇享有住房保障可以促进人口向流入城镇的持久性迁移，流入城镇的住房保障对乡—城迁移人口的影响比城—城迁移人口的影响更大。从保障房类型对比来看，流入城镇的购置型保障房对乡—城迁移人口和城—城迁移人口的定居意愿的影响均显著，流入城镇的租赁型保障房对乡—城迁移人口的定居意愿的影响显著，但对城—城迁移人口的定居意愿的影响不显著。

第九章 农村土地权益与人口迁移

第一节 农村土地权益对人口迁移的影响

一 乡—城迁移人口的农村土地权益状况

（一）大部分乡—城迁移人口拥有承包地权益和宅基地权益

对于农业转移人口而言，老家农村的土地是一项重要的权益。农业转移人口的农村土地权益主要包括承包地权益和宅基地权益两大组成部分。大部分乡—城迁移人口在农村同时拥有承包地权益和宅基地权益。中国流动人口动态监测调查（CMDS）2017年数据显示：农业户籍流动人口中，有53.94%的人在农村老家拥有承包地，有68.60%的人在农村老家拥有宅基地（详见表9-1）。

表9-1 农业户籍流动人口的土地权益状况

单位：%

土地权益状况	老家是否有承包地			老家是否有宅基地		
	有	没有	不清楚	有	没有	不清楚
全部农业户籍流动人口	53.94	39.43	6.64	68.60	27.29	4.11
#女性	47.91	43.96	8.13	63.88	31.09	5.03
#男性	59.50	35.24	5.26	72.96	23.77	3.27

资料来源：中国流动人口动态监测调查（CMDS）2017年数据。

（二）女性乡—城迁移人口的土地权益明显低于男性

无论是从承包地来看，还是从宅基地来看，农业转移人口的农村土地权益存在明显的性别差异。中国流动人口动态监测调查（CMDS）2017年数据显示：农业户籍流动人口中，在老家没有承包地的女性占43.96%，而在老家没有承包地的男性占35.24%，两者相差8.72个百分点；在老家没有宅基地的女性占31.09%，而在老家没有宅基地的男性占23.77%，两者相差7.32个百分点（见表9-1）。在老家无地的女性农业转移人口比例明显高于男性。

二 农村土地权益对人口迁移性迁移的影响

中国乡—城迁移人口在农村的土地权益主要体现在农地和宅基地两方面。改革开放以来，中国的土地制度因土地用途的不同而沿着不同的路径演进：农地制度变迁一直沿着稳定地权、促进市场交易的改革路径前进；而宅基地等非农用地的制度变迁却朝着强化地方政府垄断和土地利益最大化的方向发展（刘守英，2008；丰雷等，2013）。在这样的土地制度演进过程中，一方面，随着一系列法律与政策的制定，农地调整在制度上受到了严格的限制，地权稳定性不断增强，农地租赁市场逐渐形成并日益活跃，参与农地租赁的农户不断增多，经济发达地区的农地租赁交易更为普遍（田传浩、方丽，2013；田传浩、贾生华，2004）。《关于完善农村土地所有权承包权经营权分置办法的意见》（中办发〔2016〕67号）、《中共中央国务院关于实施乡村振兴战略的意见》（中发〔2018〕1号）等都提出完善农村承包地"三权分置"制度，以"三权分置"进一步推动农地使用、流转、抵押或退出。另一方面，随着工业化和城镇化的发展，宅基地等非农用地的价值不断提升，农村集体建设用地隐性流转普遍存在，但受到法律法规的限制，其流转缺乏合法的市场通道（高圣平、刘守英，2007；常敏，2013）。虽然，2018年中央1号文件《中共中央国务院关于实施乡村振兴战略的意见》提出要探索宅基地所有权、资格权、使用权"三权分置"，但是强调"不得违规违法买卖宅基地，严格实行土地用途管制"，也就是说宅基地依旧只能在同一集体经济组织内部转让（董昕、庄立，2019）。不同的制度变迁路径使农地与宅基地的市场发展状况显著不同，那么对于乡—城人口迁移的影响方向、影响力度是否相同呢？这在已有研究中尚无法找到答案，也为本研究提供了空间。本研究的主要内容就是分析农村土地权益对乡—城迁移人口迁移意愿的影响，将农地、宅基地两种土地权益对迁移意愿的影响加以对比，以期回答上述问题，并提出相应的政策建议。

（一）模型与数据

现阶段，我国乡—城人口迁移的短期性、流动性仍然较为突出，大量乡—城迁移人口在农村与一个或多个城市之间循环流动，非持久性迁移的特征明显。有的学者将是否获得当地户口作为标准，将获得当地户口者视为永久移民（邓曲恒、古斯塔夫森，2007）；有的学者将是否放弃农村土地作为标准，将愿意放弃农村土地者视为具有永久迁移意愿（蔡禾、王进，2007）。然而，不转变户籍、不放弃农村土地的乡—城迁移人口仍然可以长期居住在城市，形成事实上的持久性迁移（董昕，2015）。在户籍制度改革、公共服务均等化的政策背景之下，事实上的持久性迁移更应成为研究的重点，乡—城人口持久性迁移的主观意愿更应受到重视。因而，本研究将选用乡—城迁移人口的持久性迁移意愿作为因变量，构建 Logit 模型进行实证分析。

目前，农地的租金水平较低，有些地区甚至出现了农地抛荒的情况。有学者对全国 252 个村进行调查，发现当前农地出租增长速率仍然未能赶上土地抛荒的增长速率（白雪娇，2015）。而宅基地的出租更为有限，本地农民新增的住房需求可以通过分户向集体申请宅基地自建房屋来解决，而且劳动力大量外出打工，农村住房大量闲置，除了大城市城乡接合部的住房出租收入较高外，绝大部分乡—城迁移人口家庭并无宅基地的出租收入。因而，本研究将农地面积和宅基地面积作为农村土地权益的替代变量，从微观个体的视角研究农地、宅基地两种土地权益对乡—城人口持久性迁移意愿的影响。实证模型设定如下：

$$Will_i = \alpha + \beta_1 Field_i + \beta_2 House_i + \lambda_i X_i + \varepsilon \tag{9-1}$$

其中，$Will_i$ 表示第 i 个被访者的持久性迁移意愿；$Field_i$ 表示第 i 个被访者家庭所拥有的农地面积；$House_i$ 表示第 i 个被访者家庭的宅基地面积；X_i 表示一系列控制变量；α、β_1、β_2、λ_i 表示待估计系数；ε 表示残差项。

本研究的实证分析基于中国流动人口动态监测调查（CMDS）数据，即国家卫生和计划生育委员会对流动人口进行动态监测的数据。本研究选择 2014 年 CMDS 数据的原因在于其他年份的监测数据缺少本研究需要的调查数据。该数据的抽样原则是以流入地为主，因而调查的重点放在流动人口流入较为集中的城市。2014 年的重点调查城市包括北京市、浙江省嘉兴市、福建省厦门市、山东省青岛市、河南省郑州市、广东省深圳市和中山市、四川省成都市等。调查对象是在流入地居住一个月以上、非本区（县、市）户口的 15~59 周岁的流入人口，不包括调查时在车站、码头、机场、旅馆、医院等地点的流入人口以及在校学生，但包括在临时工地、废弃厂房、路边等非正规场所居住的流入人口。

本研究将调查对象中的农业户籍流动人口视为乡—城迁移人口的代表。以"是否打算在流入城市长期居住（5 年以上）"作为是否具有持久性迁移意愿的替代变量，此次调查的农业户籍流动人口中，"打算在流入城市长期居住"的占 57%，"没想好"的占 31%，"不打算在流入城市长期居住"的占 12%。分别以"农村老家的田地面积"和"农村老家的住房面积"作为农地权益和宅基地权益的替代变量，并取其自然对数后作为具体解释变量。此次调查的农业户籍流动人口中，90% 以上在农村老家有田地，98% 以上在农村老家有住房。可见，研究农地和宅基地权益对乡—城人口持久性迁移意愿的影响具有普遍意义。为了保证研究的准确性，本研究从上述样本中剔除了尚未想好是否在流入城市长期居住的样本，以及具有缺失值、异常值的样本，最终有效样本量为 8327 个。

本研究选取了三类控制变量。第一类是反映被访者的家庭情况的变量，包括家庭经济状况（NI）和教育需求情况（$Child$）。其中，家庭经济状况以被访者家庭在流入地的月均总收入减去月均总支出得到的月均剩余收入表示，取对数后作为回归变量；教育需求情况以被访者家庭 16 岁以下的家庭成员数表示，即16岁以下的子女和同住亲属数之和。第二类是反映被访者个体特征的变量，除被访者的年龄（Age）、性别（Gender）、受教育年限（Education）、婚姻状况（Marriage）外，本研究还选取了有无城镇职工养老保险（OIU）、有无新型农村社会养老保险（OIR）、有无城镇职工基本医疗保险（MIU）、有无新型农村合作医疗保险（MIR）作为反映被访者在城市和农村社会保障情况的控制变量。第三类是反映被访者迁移行为特征的变量，包括迁移时间（FY）和迁移范围（Range）。

实证模型中各变量的含义、取值以及描述性统计如表9-2所示。

表9-2 变量描述性统计（农村土地权益与人口迁移1）

变量名称	样本个数	均值	标准差	最小值	最大值	变量含义及取值
Will	8327	0.83	0.38	0	1	持久性迁移意愿，0=无，1=有
Field	8327	7.53	0.93	4.20	12.72	农村老家农地面积的对数
House	8327	4.90	0.52	1.61	6.89	农村老家住房面积的对数
NI	8327	7.78	0.80	3.91	12.39	家庭月均净收入的对数
Child	8327	0.85	0.80	0	5	16岁以下的家庭成员数（个）
Age	8327	3.48	0.27	2.69	4.10	年龄的对数
Age^2	8327	12.16	1.83	7.21	16.84	年龄对数的平方
Gender	8327	0.43	0.50	0	1	性别，0=男，1=女
Education	8327	10.87	2.67	0	19	受教育年限（年）
Marriage	8327	0.78	0.41	0	1	婚姻状况，0=单身，1=在婚
OIU	8327	0.27	0.45	0	1	城镇职工养老保险，0=无，1=有
OIR	8327	0.49	0.50	0	1	新型农村社会养老保险，0=无，1=有
MIU	8327	0.26	0.44	0	1	城镇职工基本医疗保险，0=无，1=有
MIR	8327	0.62	0.49	0	1	新型农村合作医疗保险，0=无，1=有
FY	8327	4.55	4.56	0.08	33.33	来到流入城市的时间（年）
Range	8327	0.51	0.50	0	1	迁移范围是否跨省，0=否，1=是

资料来源：中国流动人口动态监测调查（CMDS）2014年数据。

(二)回归结果

为了考察核心变量农地权益和宅基地权益对乡—城人口持久性迁移意愿的影响,本研究首先单独用这两个变量进行回归,结果如表9-3中模型(9-1-1)列所示。在此基础上,进一步将反映被访者家庭情况的控制变量和反映被访者个体特征的控制变量依次加入模型,回归结果分别如表9-3中模型(9-1-2)、模型(9-1-3)列所示。

表9-3 分步回归结果(农村土地权益与人口迁移1)

变量	模型(9-1-1)	模型(9-1-2)	模型(9-1-3)
Field	-0.122***	-0.122***	-0.105***
	(-3.86)	(-3.78)	(-3.19)
House	-0.222***	-0.217***	-0.170***
	(-3.95)	(-3.79)	(-2.91)
NI		0.237***	0.114***
		(6.42)	(2.92)
Child		0.439***	0.178***
		(10.83)	(3.46)
Age			7.909***
			(3.23)
Age^2			-1.100***
			(-3.11)
Gender			-0.084
			(-1.41)
Education			0.025**
			(2.15)
Marriage			0.615***
			(5.87)
OIU			0.328*
			(1.84)
OIR			0.212***
			(2.65)
MIU			0.080
			(0.44)

续表

变量	模型(9-1-1)	模型(9-1-2)	模型(9-1-3)
MIR			0.066
			(0.77)
_cons	3.562***	1.381***	-12.873***
	(10.46)	(3.25)	(-3.07)
样本量	8327	8327	8327
Log likelihood	-3847.6993	-3748.255	-3668.1548
Prob > chi2	0.0000	0.0000	0.0000
Pseudo R^2	0.0047	0.0304	0.0511

注：*** 表示在1%水平上显著；** 表示在5%水平上显著；* 表示在10%水平上显著。括号内为Z值。

为了考察迁移行为特征对于乡—城人口持久性迁移意愿的影响，进一步将迁移时间和迁移范围这两个变量加入模型中，回归结果如表9-4中模型（9-1-4）列所示。由于是否跨省对于政策制定的范围具有较强的指向性意义，因而在模型中进一步添加土地权益与迁移范围的交互项（Field×Range、House×Range）进行分析，回归结果如表9-4中模型（9-1-5）列所示。

表9-4 分步回归结果（农村土地权益与人口迁移2）

变量	模型(9-1-4)	模型(9-1-5)
Field	-0.0609*	-0.181***
	(-1.83)	(-3.16)
House	-0.130**	-0.294***
	(-2.14)	(-3.07)
NI	0.155***	0.151***
	(3.78)	(3.68)
Child	0.164***	0.170***
	(3.11)	(3.21)
Age	7.446***	7.498***
	(2.97)	(2.99)

续表

变量	模型(9-1-4)	模型(9-1-5)
Age^2	-1.113***	-1.117***
	(-3.08)	(-3.09)
$Gender$	-0.0600	-0.0585
	(-0.98)	(-0.96)
$Education$	0.0205*	0.0214*
	(1.77)	(1.85)
$Marriage$	0.600***	0.582***
	(5.64)	(5.45)
OIU	0.289	0.288
	(1.64)	(1.64)
OIR	0.131	0.121
	(1.60)	(1.48)
MIU	-0.0118	-0.0172
	(-0.07)	(-0.10)
MIR	0.0303	0.0368
	(0.34)	(0.42)
FY	0.135***	0.135***
	(13.26)	(13.24)
$Range$	-0.691***	-3.427***
	(-10.80)	(-4.54)
$Field \times Range$		0.181***
		(2.58)
$House \times Range$		0.277**
		(2.26)
_cons	-11.93***	-10.31**
	(-2.77)	(-2.38)
样本量	8327	8327
Log likelihood	-3503.6765	-3496.8721
Prob > chi2	0.0000	0.0000
Pseudo R^2	0.0937	0.0954

注：*** 表示在1%水平上显著；** 表示在5%水平上显著；* 表示在10%水平上显著。括号内为Z值。

（三）土地权益影响

1. 农地权益和宅基地权益对乡—城人口持久性迁移意愿的负向影响显著

从表9-3中模型（9-1-1）列可以看出，农地权益和宅基地权益对乡—城人口持久性迁移意愿的负向影响均在1%水平上显著，即无论是农地还是宅基地，其面积越大，乡—城迁移人口的持久性迁移意愿越弱。从表9-3中模型（9-1-2）、模型（9-1-3）列可以看出，在加入被访者家庭情况的控制变量和反映被访者个体特征的控制变量后，农地权益和宅基地权益对乡—城人口持久性迁移意愿的负向影响在1%水平上依然均显著，表明了回归结果的稳健性。并且随着解释变量的增加，模型的解释力也逐渐增强。

2. 跨省迁移会减弱土地权益对乡—城人口持久性迁移意愿的负向影响

从表9-4中模型（9-1-4）列所列回归结果可以看出，表示迁移时间和迁移范围的变量均在1%水平上显著，迁移时间的估计系数为正，而迁移范围的估计系数为负。也就是说，乡—城迁移人口来到流入城市的时间越长，其持久性迁移意愿越强；而跨省迁移的乡—城迁移人口的迁移意愿则比省内迁移的乡—城迁移人口的迁移意愿要弱。从表9-4中模型（9-1-5）列所列回归结果可以看出，交互项 $Field \times Range$ 在1%水平上显著，$House \times Range$ 在5%水平上显著，且与 $Range$ 的影响方向相反。这表明跨省迁移会减弱农村土地权益对乡—城人口持久性迁移意愿的负向影响。

3. 相对于农地权益，宅基地权益对乡—城人口持久性迁移意愿的影响更大

从表9-3和表9-4的回归结果还可以看出，农地权益估计系数的绝对值均高于宅基地权益估计系数的绝对值，这说明对于乡—城人口持久性迁移意愿而言，农村宅基地面积的影响比农地面积更大。这一方面是由于农地对应的收入相对于城镇收入而言很少，并且承包地的补贴、租赁收入并不会因为进城务工经商而失去；另一方面是由于宅基地的建设用地属性使其土地价值预期较高，同时住宅在农村社会生活中具有重要地位。

此外，回归结果还显示：乡—城迁移人口在流入城市的净收入越高，其持久性迁移意愿越强；16岁以下的家庭成员数越多，对教育类的公共服务需求越多,乡—城迁移人口的持久性迁移意愿越强;较高受教育程度、婚姻的存续都对乡—城迁移人口的持久性迁移意愿具有正向影响;而年龄对乡—城人口持久性迁移意愿的影响则表现为倒U形,拐点到来之前,年龄越大,乡—城迁移人口的持久性迁移意愿越强,而拐点之后,年龄越大,持久性迁移意愿越弱。

第二节 人口迁移对农村土地权益处置的影响

一 乡—城迁移人口的农村土地权益处置状况

乡—城迁移人口中,大多数在老家还拥有承包地、宅基地的相应权益。中国流动人口动态监测调查（CMDS）2017年数据显示,除了对承包地、宅基地权益不清楚的农业户籍流动人口以外,57.78%的农业户籍流动人口在老家拥有土地承包权,71.54%的农业户籍流动人口在老家拥有宅基地。受现行规定和数据所限,本研究暂不讨论宅基地权益的处置。本部分只讨论农业户籍流动人口的承包地处置情况。大部分农业户籍流动人口家庭的承包地是由自己或家人耕种的,其次是由亲戚朋友耕种的,再次是转租给私人耕种（董昕、王小映,2020）。中国流动人口动态监测调查（CMDS）2017年数据显示,对自有土地承包权的农地,由自己或家人耕种的占51.24%,由亲朋耕种的占23.32%,转租给私人耕种的占12.90%。其中,男性、女性略有差异,详见表9-5。

表9-5 农业户籍流动人口的承包地处置情况

单位:%

您家承包地谁在耕种	全部农业户籍流动人口	#女性	#男性
自己/家人耕种	51.24	51.57	50.99
亲朋耕种	23.32	23.21	23.41
雇人代耕种	1.63	1.62	1.64
转租给私人	12.90	12.88	12.92

续表

您家承包地谁在耕种	全部农业户籍流动人口	#女性	#男性
转租给村集体	1.24	1.04	1.38
转租给企业	0.40	0.34	0.44
撂荒	7.00	7.20	6.85
种树	1.47	1.35	1.56
其他	0.81	0.79	0.82
合计	100	100	100

资料来源：中国流动人口动态监测调查（CMDS）2017年数据。

二 乡—城迁移人口迁移对土地权益处置的影响分析

（一）模型与数据

根据乡—城迁移人口的农村土地权益处置情况，本研究将分别以承包地是否由自家耕种、承包地是否转租作为因变量，构建 Logit 模型进行实证分析，从微观个体的视角研究乡—城迁移人口的迁移对其农村土地权益处置的影响。同时，选用乡—城迁移人口第一次离开户籍地至被访时点的时间即离家时间作为乡—城迁移人口迁移行为的代表变量。考虑到承包地的处置方式还与土地自身禀赋情况密切相连，故选用承包地面积的对数作为土地自身禀赋情况的代表变量。

以承包地是否由自家耕种作为因变量的实证模型设定为：

$$Farm_i = \alpha + \beta_1 Flowyears_i + \beta_2 SField_i + \lambda_i X_i + \varepsilon \tag{9-2}$$

以承包地是否转租作为因变量的实证模型设定为：

$$Sublease_i = \alpha + \beta_1 Flowyears_i + \beta_2 SField_i + \lambda_i X_i + \varepsilon \tag{9-3}$$

其中，$Farm_i$ 表示第 i 个被访者自家的承包地是否由自家耕种；$Sublease_i$ 表示第 i 个被访者自家的承包地是否转租；$Flowyears_i$ 表示第 i 个被访者离开老家的时间；$SField_i$ 表示第 i 个被访者所拥有的承包地面积；X_i 表示一系列控制变量，包括被访者的性别（$Gender$）、年龄（Age）、受教育年限

（Education）、婚姻状况（Marriage）和迁移范围（Range）；α、β_1、β_2、λ_i 表示待估计系数；ε 表示残差项。实证模型中各变量的含义、取值以及描述性统计，如表 9-6 所示。

表 9-6 变量描述性统计（农村土地权益与人口迁移 2）

变量名称	样本个数	均值	标准差	最小值	最大值	变量含义及取值
Farm	71482	0.51	0.50	0	1	承包地是否由自家耕种，0＝否，1＝是
Sublease	71482	0.15	0.35	0	1	承包地是否转租，0＝否，1＝是
Flowyears	71482	2.15	1.01	-1.79	4.19	离开老家年限的对数
SField	71482	6.71	0.94	4.20	13.05	农村老家承包地面积的对数
Gender	71482	0.43	0.50	0	1	性别，0＝男，1＝女
Age	71482	3.60	0.29	2.69	4.56	年龄的对数
Age^2	71482	13.02	2.08	7.21	20.81	年龄对数的平方
Education	71482	9.24	3.04	0	19	受教育年限（年）
Marriage	71482	0.86	0.35	0	1	婚姻状况，0＝单身，1＝在婚
Range	71482	0.50	0.50	0	1	迁移范围是否跨省，0＝否，1＝是

资料来源：中国流动人口动态监测调查（CMDS）2017 年数据。

（二）回归结果

以承包地是否由自家耕种作为因变量，对（9-2）式进行估计，回归结果如表 9-7 模型（9-2-1）所示。为了更好地了解乡—城迁移人口的流动迁移行为对承包地是否由自家人耕种的影响，进一步将单身男性与单身女性、在婚男性与在婚女性进行分组回归，回归结果分别如表 9-7 中模型（9-2-3）、（9-2-4）和模型（9-2-5）、（9-2-6）所列。

自家承包地是否转租的变量处理，是将中国流动人口动态监测调查（CMDS）2017 年数据选项中的转租给私人、转租给村集体、转租给企业三种情况进行合并，将转租给私人、转租给村集体、转租给企业均视为已经转租，赋值为 1。以承包地是否转租作为因变量的回归结果如表 9-8 所示。为了分析乡—城迁移人口迁移对承包地转租的地域差异，将样本根据其户籍所在地分为东、中、西部以及东北地区四组，回归结果分别如表9-8模型（9-3-3）、模型（9-3-4）、模型（9-3-5）、模型（9-3-6）所示。

表9-7 回归结果（自家耕种）

变量	模型（9-2-1）	模型（9-2-2）	模型（9-2-3）	模型（9-2-4）	模型（9-2-5）	模型（9-2-6）
	全部	全部	单身男性	单身女性	在婚男性	在婚女性
$Flowyears$	-0.160***	-0.145***	-0.358***	-0.367***	-0.119***	-0.126***
	(-18.79)	(-13.21)	(-13.52)	(-11.26)	(-9.33)	(-8.89)
$SField$	-0.035***	-0.035***	0.039	-0.059	-0.042***	-0.022
	(-4.18)	(-4.16)	(1.37)	(-1.61)	(-3.55)	(-1.57)
$Gender$	-0.061***	0.016				
	(-3.82)	(0.43)				
Age	19.878***	19.984***	16.434***	18.298***	28.272***	23.164***
	(30.34)	(30.41)	(9.97)	(8.94)	(21.13)	(17.91)
Age^2	-2.945***	-2.960***	-2.427***	-2.738***	-4.065***	-3.429***
	(-32.26)	(-32.33)	(-10.19)	(-9.17)	(-22.22)	(-19.01)
$Education$	0.010***	0.010***	-0.006	-0.008	0.005	0.018***
	(3.52)	(3.44)	(-0.57)	(-0.64)	(1.08)	(3.90)
$Marriage$	-0.004	-0.008				
	(-0.16)	(-0.29)				
$Range$	0.010	0.010	0.000	0.041	0.033	-0.027
	(0.65)	(0.65)	(0.01)	(0.61)	(1.49)	(-1.06)
$Gender \times Flowyears$		-0.036**				
		(-2.29)				
_cons	-32.596***	-32.815***	-26.966***	-29.022***	-48.273***	-38.401***
	(-28.14)	(-28.22)	(-9.61)	(-8.48)	(-19.80)	(-16.64)
样本量	71482	71482	6190	4066	34808	26418
Log likelihood	-47516.298	-47513.678	-4067.103	-2619.634	-23229.460	-17456.921
Prob> chi2	0.000	0.000	0.000	0.000	0.000	0.000
Pseudo R^2	0.041	0.041	0.043	0.062	0.037	0.046

注：***表示在1%水平上显著；**表示在5%水平上显著；*表示在10%水平上显著。括号内为t值。

表 9-8 回归结果（转租）

变量	模型 (9-3-1) 全部	模型 (9-3-2) 全部	模型 (9-3-3) 来自东部	模型 (9-3-4) 来自中部	模型 (9-3-5) 来自西部	模型 (9-3-6) 来自东北
$Flowyears$	0.042***	0.027*	0.100***	0.099***	0.028	-0.045
	(3.52)	(1.81)	(3.48)	(5.03)	(1.23)	(-1.48)
$SField$	0.303***	0.303***	0.155***	0.202***	0.291***	0.405***
	(27.20)	(27.19)	(4.94)	(9.29)	(14.93)	(10.97)
$Gender$	0.061***	-0.012	0.134**	-0.036	0.091**	0.007
	(2.73)	(-0.22)	(2.51)	(-1.01)	(2.08)	(0.12)
Age	-7.083***	-7.160***	-9.434***	-10.853***	-3.270**	-7.027***
	(-8.64)	(-8.72)	(-4.30)	(-7.71)	(-2.16)	(-3.32)
Age^2	1.094***	1.104***	1.446***	1.572***	0.571***	1.078***
	(9.71)	(9.78)	(4.80)	(8.06)	(2.75)	(3.74)
$Education$	0.028***	0.029***	0.030***	-0.002	0.044***	-0.026**
	(7.17)	(7.22)	(3.05)	(-0.26)	(6.04)	(-2.20)
$Marriage$	0.048	0.051	-0.129	0.212***	0.040	-0.125
	(1.25)	(1.33)	(-1.38)	(3.10)	(0.57)	(-1.38)
$Range$	0.078***	0.078***	0.056	-0.036	0.043	0.076
	(3.64)	(3.63)	(1.08)	(-1.05)	(1.01)	(1.27)
$Gender \times Flowyears$		0.034				
		(1.51)				
_cons	6.917***	7.086***	11.874***	15.204***	-0.497	7.669**
	(4.71)	(4.81)	(3.01)	(6.08)	(-0.18)	(1.99)
样本量	71482	71482	12255	26757	26977	5493
Log likelihood	-28963.463	-28962.317	-5099.758	-11517.712	-8351.861	-3290.017
Prob> chi2	0.000	0.000	0.000	0.000	0.000	0.000
Pseudo R^2	0.023	0.023	0.017	0.012	0.021	0.041

注：*** 表示在1%水平上显著；** 表示在5%水平上显著；* 表示在10%水平上显著。括号内为t值。东部地区包括北京、天津、河北、上海、江苏、浙江、福建、山东、广东和海南；中部地区包括山西、安徽、江西、河南、湖北和湖南；西部地区包括内蒙古、广西、重庆、四川、贵州、云南、西藏、陕西、甘肃、青海、宁夏、新疆；东北地区包括辽宁、吉林和黑龙江。

（三）人口迁移影响

1. 迁移时间的增加对承包地由自家人耕种的负向影响均显著

从表9-7的回归结果可以看出，离家时间变量 $Flowyears$ 在1%的水平上显著，说明离开老家时间长短与自家承包地是否由自己或家人耕种呈负相关关系，即乡—城迁移人口离开老家的时间越久，自家承包地由自己或家人耕种的可能性越小。在基本模型即模型（9-2-1）的回归中，性别变量 $Gender$ 的估计系数为负，且在1%的水平上显著，说明自家承包地是否由自己或家人耕种存在性别差异。为了考察乡—城迁移人口的流动迁移行为对承包地是否由自家人耕种的影响是否具有性别差异，在模型中进一步添加离家时间与性别的交互项（$Gender \times Flowyears$）进行分析，回归结果如表9-7第2列模型（9-2-2）所示。交互项 $Gender \times Flowyears$ 的系数与 $Flowyears$ 的影响方向相同，且在5%的水平上显著。这表明与男性相比，女性乡—城迁移人口迁移时间的增加对承包地由自家人耕种的负向影响更强。从表9-7中模型（9-2-3）、（9-2-4）和模型（9-2-5）、（9-2-6）所列结果可以看出，单身的乡—城迁移人口中，无论是男性还是女性，其迁移时间的增加对承包地由自家人耕种的负向影响均显著，虽然从估计系数上看女性的影响力略强，但 Chow test 结果显示这种差异在统计上不显著，原因可能是单身的乡—城迁移人口绝大部分（84.29%）处于未婚状态，家里承包地的处置更多受其父母的影响。在婚姻中的乡—城迁移人口中，无论是男性还是女性，其迁移时间的增加对承包地由自家人耕种的负向影响均显著，从估计系数上看女性的影响力强于同样在婚姻中的男性，且 Chow test 结果表明这种性别差异在统计上显著。在婚女性占农业户籍女性流动人口的82.07%，故从整体上看，女性乡—城迁移人口的迁移对承包地是否自种的影响比男性更大。

2. 乡—城迁移人口离开老家的时间越久，自家承包地转租的可能性越大

从表9-8的回归结果可以看出，离家时间变量 $Flowyears$ 分别在1%~10%的水平上显著，说明离开老家时间长短与自家承包地是否转租呈正相关关系，即乡—城迁移人口离开老家的时间越久，自家承包地转租的可能性越大。模型（9-3-1）中的性别变量 $Gender$ 显著，而模型（9-3-2）中的性别与离家时间交互项（$Gender \times Flowyears$）不显著，但估计系数与 $Flowyears$ 估计系数的方向一致，说明女性乡—城迁移人口迁移时间的增加对自家承包地转租可能性的正向影响比男性略强。表9-8模型（9-3-3）、模型（9-3-4）、模型（9-3-5）、模型（9-3-6）的回归结果表明，来自东部和中部地

区的乡—城迁移人口迁移时间对承包地转租具有显著的正向影响；但是，来自西部和东北地区的乡—城迁移人口迁移时间对承包地转租的影响不显著。这与东部及中部地区的经济发展水平相对较高、土地流转市场发育较好有关。

第三节　本章小结

本章对农村土地权益与人口迁移的分析，从两个方向进行，一是分析农村土地权益对人口迁移的影响，二是分析人口迁移对农村土地权益处置的影响。由于农村土地权益主要是涉及乡—城迁移人口，故本章侧重对乡—城迁移的分析。

农村土地权益是影响乡—城人口持久性迁移的重要因素，主要体现在农地和宅基地两方面，通过二者对乡—城人口迁移影响的对比分析发现：农地权益和宅基地权益对乡—城人口持久性迁移意愿的负向影响显著；跨省迁移会减弱土地权益对乡—城人口持久性迁移意愿的负向影响；相对于农地权益，宅基地权益对乡—城人口持久性迁移意愿的影响更大；家庭经济状况、教育需求情况、受教育程度、婚姻存继等均对乡—城人口持久性迁移意愿具有显著影响。

乡—城迁移人口迁移对土地权益处置的影响分析则表明：迁移时间的增加对承包地由自家人耕种的负向影响显著；乡—城迁移人口离开老家的时间越久，自家承包地转租的可能性越大。同时，这种影响存在区域差异，来自东部和中部地区的乡—城迁移人口迁移时间对承包地转租具有显著的正向影响；但是，来自西部和东北地区的乡—城迁移人口迁移时间对承包地转租的影响不显著。这与东部及中部地区的经济发展水平相对较高、土地流转市场发育较好有关。

第十章 结论与建议

第一节 分析结果总结

一 理论分析总结

理论分析部分,在总结人口迁移理论发展脉络的基础上,对城乡人口迁移的经济学经典模型——托达罗模型(Todaro Model)进行修正,构建乡—城迁移人口迁移的效用函数与决策模型,分析乡—城迁移人口住房多点配置对其持久性迁移的影响机制。主要修正包括:将迁移分为非持久性迁移与持久性迁移两个阶段;将收入分析改为效用分析,在模型中纳入非经济因素;将城乡生活成本差异纳入模型分析;着重将住房因素体现在模型分析中。理论模型分别从乡—城迁移人口在流入城镇的住房、农村老家的住房、非流入城镇的住房三方面对乡—城迁移人口持久性迁移的影响机制进行分析,结论主要有:在流入城镇拥有住房产权对乡—城迁移人口的持久性迁移具有正向影响;流入城镇住房价格尤其是售价对乡—城迁移人口的持久性迁移具有负向影响;享有流入城镇住房保障对大城市乡—城迁移人口的持久性迁移具有积极作用;农村老家住房(宅基地)权益对乡—城迁移人口持久性迁移大多难以形成助力;非流入城镇住房产权对乡—城迁移人口持久性迁移影响取决于资产增值情况。

二 制度与现实基础分析总结

对人口迁移影响较大的政策与制度,主要包括户籍制度、就业制度以及地域发展政策等。由于制度刚性、改革重点等不同,各种政策制度的改革进程不尽相同,各种政策制度制定的社会经济背景大体相同。当前,中国的户籍制度改革以城乡基本公共服务均等化为目标,就业制度改革以建立城乡统一的劳动力市场为导向,地域发展政策以推进区域协调发展为引领,彼此呼应,共同构成了人口迁移的大背景。在户籍制度、就业制度、地域发展政策变迁等因素的影响下,中国的人口迁移呈现其自身的特征。迁移的规模特征方面,主要有:从计划经济下的零星迁移到快速城镇化背景下的大量迁移;乡—城迁移人口持续增加,已经成为规模庞大的社会群体;流动人口规模增速加快,城—城迁移人口规模逐渐扩大。迁移的空间特征方面,主要有:从由内陆向沿海的单向迁移转变为东西双向迁移;省内迁移是人口迁移的主流,且占比呈上升趋势;地级市和小城镇是乡—城迁移人口的主要流入地;外出乡—城迁移人口较多,但就近迁移趋势增强。迁移的主体特征方面,主要有:由单人务工迁移向家庭整体迁移转变;年龄增大趋势明显,中老年成为农民工主力;制造业、建筑业从业占比下降而服务业占比上升;乡—城迁移人口群体内部阶层分化已经显现。

中国的住房与土地制度变迁,历经制度探索期、市场萌芽期、快速发展期、整合发展期,至今已进入规范发展期,住房与土地制度改革不断深化。住房市场空前重视租购并举,土地市场逐步探索城乡统一。在此制度背景下,乡—城迁移人口与城—城迁移人口的住房及土地权益有所不同。乡—城迁移人口在农村老家普遍拥有宅基地,绝大多数城—城迁移人口在流出地拥有自有产权住房。乡—城迁移人口在流入地城镇的购房比例较低,以租赁住房为主,且体现出不同的行业特征;城—城迁移人口比乡—城迁移人口的购房比例高,而比乡—城迁移人口的租房比例低。乡—城迁移人口在非流入城镇购房情况较为突出,甚至超过在流入城镇的购房比例,非流入城镇购房主要是在农村老家附近城镇或流入城镇附近购房。

三 实证分析总结

实证分析部分,分别对住房价格、住房产权、住房保障、农村土地权益等与人口迁移的关系进行了分析。

住房价格与人口迁移方面。分别实证分析了住房价格(住房支付能力)对人口迁移的影响,以及人口迁移对住房价格的影响。住房价格又可以分为住房销售价格和住房租赁价格。住房价格(住房支付能力)对人口迁移的影响,主要体现在流入城镇较高的住房销售价格会削弱流动人口的持久性迁移意愿,周边城镇住房售价会进一步强化房价因素对人口定居意愿的影响;当流入城镇房租收入比超过合理范围时,住房租赁价格对持久性迁移的负向影响才会显现。人口迁移对住房价格的影响,主要体现在人口的流入会对流入城镇的住房销售价格和租赁价格产生正向的显著影响,迁移人口群体的教育特征对流入城镇的住房价格影响较大。

住房产权与人口迁移方面。着重分析流入地住房产权和户籍地县城住房对于人口持久性迁移的影响。研究发现:拥有流入地住房产权对人口持久性迁移意愿的正向影响显著。流入地的住房产权对乡—城迁移人口的影响比城—城迁移人口的影响更大;在流入地拥有住房产权对女性流动人口持久性迁移意愿的影响比对男性更大。在户籍地县城拥有住房产权则会减弱迁移人口在流入地的定居意愿。相对于非农户籍流动人口,拥有户籍地县城住房产权对农业户籍流动人口向流入地持久迁移意愿的负向影响更大;拥有户籍地县城住房产权对女性流动人口向流入地持久迁移意愿的负向影响比对男性流动人口的影响更大。

住房保障与人口迁移方面。住房保障是政府对市场配置住房的一种补充,其实质是一种财政补贴。从总体上看,住房保障财政支出对城镇化率的正向影响显著,这说明地方公共财政在住房保障方面的支出将有利于乡—城人口的迁移。从个体上看,流动人口在流入城镇享有住房保障可以促进人口向流入城镇的持久性迁移,流入城镇的住房保障对乡—城迁移人口的影响比对城—城迁移人口的影响更大。从保障房类型对比来看,流入城镇的购置型保障房对乡—城迁移人口和城—城迁移人口的定居意愿均影响显著,流入城镇的租赁型保障房对乡—城迁移人口的定居意愿影响显著，但对城—城迁移人口的定居意愿影响不显著。

农村土地权益与人口迁移方面。从两个方向进行分析，一是农村土地权益对人口迁移的影响，二是人口迁移对农村土地权益处置的影响。由于农村土地权益主要涉及乡—城迁移人口，故侧重对乡—城迁移的分析。农村土地权益对乡—城人口迁移的影响分析发现，农地权益和宅基地权益对乡—城人口持久性迁移意愿的负向影响显著；跨省迁移会减弱土地权益对乡—城人口持久性迁移意愿的负向影响；相对于农地权益，宅基地权益对乡—城人口持久性迁移意愿的影响更大。乡—城人口迁移对土地权益处置的影响分析发现，迁移时间的增加对承包地由自家人耕种的负向影响显著；乡—城迁移人口离开老家的时间越久，自家承包地转租的可能性越大。

第二节 相关政策建议

从理论分析与实证分析结果来看，住房与土地是影响人口迁移的重要因素，因此，应将解决好迁移人口的住房与土地问题作为新型城镇化的核心问题来抓，以此引导迁移人口向流入城镇的持久性迁移，有利于提高城镇化质量，也有利于提高住房和土地资源的利用效率。下面将根据上文分析结果，从住房产权、住房价格、住房保障、土地权益等方面提出政策建议。

一 住房产权方面

（一）多方式、多角度促使更多的迁移人口拥有流入城镇的住房产权

流入城镇的住房产权是促进迁移人口持久性迁移的关键。理论分析与实证分析都表明在流入城镇拥有住房产权对迁移人口的持久性迁移具有正向影响。然而，现实中乡—城迁移人口在非流入城镇的购房情况较为突出，在非流入城镇的购房比例甚至超过在流入城镇的购房比例；而且非流入城镇购房中，在农村老家附近城镇购房的较多，在流入城镇附近购房的较少，购房空置的概率较高。从乡—城迁移人口的迁移特征来看，大多数乡—城迁移人口

流入的是地级市和小城镇,而且就近迁移的趋势有所增强。与乡—城迁移人口相比,城—城迁移人口在流入城镇的购房比例较高,更具拥有流入城镇住房产权的可能。城市层面来看,全国范围内大多数城市的房价收入比在合理范围内。可见,让更多的迁移人口在流入城镇拥有住房产权并非不可能。多方式、多角度使更多的迁移人口拥有流入城镇的住房产权,才能有力地推动迁移人口向流入城镇的持久性迁移。

(二)推进制度改革使农村老家住房成为乡—城迁移人口持久性迁移的助力

乡—城迁移人口在农村老家普遍拥有宅基地和住房,有些甚至拥有两处及以上的宅基地。实证分析表明,现阶段在农村老家拥有宅基地和住房产权对乡—城迁移人口向流入城镇的持久性迁移产生显著的负向影响。但是,理论分析显示农村老家的宅基地和住房产权是有可能成为乡—城迁移人口向流入城镇持久性迁移的助力的。推进农村住房制度与土地制度改革,建立城乡一体的土地市场、形成有效的农村住房市场,有利于提高土地与住房资源的利用效率,也有利于使农村老家住房成为乡—城迁移人口向流入城镇持久性迁移的助力而非牵绊。

(三)以租购同权为导向发展住房租赁市场,保护承租者权益

从各方调查结果来看,租赁住房已经成为迁移人口在流入地最主要的住房来源。同时,大部分人认为自购住房是留城的必要条件,而对保障性租赁住房的诉求难以通过政府供给满足。产权住房虽然对迁移人口留城定居意愿的影响显著,但是毕竟难以在短时间内拥有,所以,以租购同权为导向发展住房租赁市场,保护承租者的合法权益,提高租赁住房在义务教育等方面的附属权益,使租赁住房与购买住房之间的权益差距逐渐缩小,有利于逐步解决迁移群体在流入城市的住房问题。

二 住房价格方面

(一)将房租收入比控制在合理范围内,逐步改善迁移人口的住房条件

租赁住房已成为迁移人口在流入城镇主要的居住方式。实证分析表明,

总体上流入城镇住房租赁价格尚未显现对乡—城迁移人口持久性迁移意愿的负向影响;但当流入城镇房租收入比超过合理范围时,住房租赁价格对持久性迁移的负向影响显现。因此,在"租购并举"的住房制度导向下,必须将房租收入比控制在合理范围内。与此同时,需要注意的是,还有相当一部分乡—城迁移人口租住在城中村、地下室、小产权房等居住条件较差的非正式住房中。在将房租收入比控制在合理范围内的前提下,逐步改善迁移人口的住房条件。例如,可在城市更新中注重改善老旧小区以及非正规住房的安全、卫生条件。

(二)以都市圈作为房地产市场调控单元,统筹住房相关政策的制定与实施

理论分析显示,流入城镇的住房售价对迁移人口的持久性迁移具有负向影响;实证分析结果也验证了流入城镇的住房售价对迁移人口持久性迁移的负向影响,而且周边城镇的房价对流入城镇的迁移人口持久性迁移也有影响。在城市群、都市圈的发展背景下,将都市圈作为房地产市场调控的空间单元,以房价收入比等衡量住房支付能力的指标为依据,综合考虑住房的供给与需求,统筹住房、交通规划、公共服务配置等政策的制定与实施。

三 住房保障方面

(一)扩大迁移人口的住房保障覆盖面,但需注意群体内部的阶层分化

迁移人口在流入城镇享有住房保障可以促进人口向流入城镇的持久性迁移,流入城镇的住房保障对乡—城迁移人口的影响比城—城迁移人口的影响更大。现状分析表明,绝大多数乡—城迁移人口不知道流入城镇保障房的申请渠道,享受城镇住房保障的农民工比例不足3%。可见,迁移人口在流入城镇的住房保障覆盖面是偏窄的。而本研究的理论分析与实证分析都表明,享有住房保障有利于实现迁移人口向流入城镇的持久性迁移。迁移人口作为一个规模庞大的社会群体,其内部的收入差异较大,阶层分化也已经显现。因此,在扩大迁移人口住房保障覆盖面的同时,需要注意群体内部的阶层分化与收入差异。

（二）以大城市为重点发展保障性租赁房，也不废弃中小城市的购置型保障房

虽然住房保障对于迁移人口的持久性迁移具有正向作用，但是，流入城镇的购置型保障房对乡—城迁移人口和城—城迁移人口的定居意愿影响均显著，流入城镇的租赁型保障房对乡—城迁移人口的定居意愿影响显著，但对城—城迁移人口的定居意愿影响不显著。只有少数住房支付能力不足的一、二线城市对租赁型保障房的认可度较高，而且租赁型保障房在区位、价格、户型等方面都与分散性、多样化的住房需求很难匹配，难以成为解决迁移人口住房问题的主要方式。如前所述，从迁移人口的迁移特征与房价收入比的全国情况来看，让更多的迁移人口在流入城镇拥有住房产权并非不可能。为迁移人口提供产权性住房保障也不是遥不可及的。可将在流入城镇为乡—城迁移人口提供购置型保障房与农村住房制度、土地制度改革相衔接，既不强制要求乡—城迁移人口退出包括宅基地权益在内的"三权"，又尽可能因地制宜地为乡—城迁移人口提供购置型保障房，促进乡—城迁移人口向流入城镇的持久性迁移。现阶段，在对公租房等租赁型保障房认可度较高的少数一、二线城市重点考虑租赁型保障房供给即可，而对乡—城迁移人口数量比例较多的地级市和小城镇等还应重点考虑购置型的住房保障。

（三）根据城市差异、行业特点等，灵活提供实物型与货币型的住房保障

迁移人口是一个规模庞大的社会群体，对其住房问题的解决不可能一刀切，必须以多样化、分层次的住房保障应对迁移人口群体的分化。在不同城市，对不同行业、不同收入水平与就业身份的迁移人口应提供差异化的住房保障方式。迁移人口的住房类型体现出不同的行业特征，制造业乡—城迁移人口住在单位或雇主所提供住房的比例较高，而服务业的迁移人口租住私房的比例较高。这样的行业住房特征，与行业的工作方式和地点直接相关。制造业的工作地点相对固定，单位或雇主提供的住房临近性更强；而服务业的工作地点相对灵活，租住私房的适应性更强。就住房保障而言，集中建设的公租房等实物型保障房更合适制造业工作人员，而货币型的住房补贴则更适合服务业工作人员。从乡—城迁移人口就业的行业特点变化来看，乡—城迁

移人口中从事制造业和建筑业的占比呈现下降趋势，而从事服务业的占比则呈上升趋势。住房保障方式的选择也应考虑到这种趋势变化，在未来需要更为灵活多样的住房保障。

（四）发挥兜底作用的救济性住房保障的供应亟须提上日程

那些在流入城市非正规就业的零工、散工等无固定雇主的农民工群体，其收入保障水平相对最低，应成为住房保障中受到重点关注的人群。在一些较大的经济社会变化冲击下，打零工、散工的农民工等低收入群体的就业机会、收入水平进一步削减，其中一部分人的生活可能陷入困境。在中国城镇化的发展过程中，不能也不可能永远将农村作为农民工在城镇失业的退路，必须为农民工在城镇提供社会保障，住房保障也是其中不可或缺的组成部分。发挥兜底作用的救济性住房保障的供应亟须提上日程，为失业等陷入困境的人提供基本的庇护场所。

四 土地权益方面

（一）将土地权益与户籍脱钩，使户籍迁移意愿与定居迁移意愿同步

当前，有相当一部分在城市长期居住的乡—城迁移人口，即使有条件也不愿意将自己的户籍从农村迁出。户籍迁移意愿与定居迁移意愿不同步的重要根源是户籍与土地权益密切相连，目前公共服务均等化的政策措施多着力于迁移人口在流入城市能与普通市民享有一样的权益，而农业户籍依然与土地承包经营权、宅基地使用权、集体收益分配权等权利相生相伴。这使得农业户籍与非农户籍附属权益的对比关系发生变化，而且农业户籍附属权益超过非农户籍附属权益的预期已经形成，使得越来越多的乡—城迁移人口不愿落户城市。这将阻碍人口城镇化的进程。因而将农村土地权益与农业户籍脱钩是十分必要的。应在充分保护农民和乡—城迁移人口农村土地权益的基础上，切断乡—城迁移人口的农村土地权益与农业户籍的关联，使户籍迁移意愿与定居迁移意愿同步。

（二）以宅基地使用权为重点，审慎推进农村土地制度改革

迁移人口，主要是乡—城迁移人口，涉及的农村土地权益主要包括土地

承包经营权、宅基地使用权和集体经营性建设用地使用权。农村土地制度改革的重点在于宅基地制度的改革。中国乡—城迁移人口在农村的土地权益主要体现在农地和宅基地两方面，但是二者的改革路径却不相同，宅基地制度的改革明显滞后。然而，相对于农地权益，宅基地权益对乡—城人口持久性迁移意愿的影响更大。乡—城迁移人口在农村的土地权益不完整，尤其是宅基地权益不能得到有效的价值实现，不仅影响其留城意愿，也影响其留城能力。宅基地制度改革，要在充分尊重农民意愿、切实保障农民权益的基础上，通过试点总结经验，以宅基地使用权为重点，探索宅基地三权分置的有效实现形式，审慎推进农村土地制度改革，逐步构建乡—城迁移人口在农村土地权益的实现路径，进而提高农村土地与住房的利用效率。

（三）注重保护女性乡—城迁移人口的土地权益

与男性相比，女性的农村土地权益保障较弱，但是女性的非农迁移对其家庭农村土地权益流转的影响较强。考虑婚嫁等特殊情况，要保护女性乡—城迁移人口土地权益。农村土地权益中，无论是承包地，还是宅基地，女性乡—城迁移人口的权益均少于男性。其中，离婚、再婚女性乡—城迁移人口的土地权益问题尤为突出。所以，应在法律政策上进一步完善农村土地权益在农户内部分割的规定，明确分户、结婚、离婚、迁移等情况下土地权益的分割处理的法律依据，从而更好地保护女性乡—城迁移人口的农村土地权益。

受数据获取、时间、精力等条件所限，本书关于住房、土地与人口迁移的影响分析仍有所不足。希望日后还有机会能够进一步深入研究相关问题。

参考文献

[1] 蔡昉. 中国城市限制外地民工就业的政治经济学分析 [J]. 中国人口科学, 2000 (04): 1-10.

[2] 蔡昉. 劳动力迁移的两个过程及其制度障碍 [J]. 社会学研究, 2001 (04): 44-51.

[3] 蔡昉, 都阳, 王美艳. 户籍制度与劳动力市场保护 [J]. 经济研究, 2001 (12): 41-49.

[4] 蔡禾, 王进. "农民工"永久迁移意愿研究 [J]. 社会学研究, 2007 (06): 86-113.

[5] 曹广忠, 刘嘉杰, 刘涛. 空气质量对中国人口迁移的影响 [J]. 地理研究, 2021 (01): 199-212.

[6] 曹裕, 陈晓红, 马跃如. 城市化、城乡收入差距与经济增长——基于我国省级面板数据的实证研究 [J]. 统计研究, 2010 (03): 29-36.

[7] 常敏. 农村集体建设用地隐性流转的现状和归因分析 [J]. 中国农村经济, 2013 (11): 34-45.

[8] 陈会广, 陈昊, 刘忠原. 土地权益在农民工城乡迁移意愿影响中的作用显化——基于推拉理论的分析 [J]. 南京农业大学学报（社会科学版）, 2012 (01): 58-66.

[9] 陈秋红. 环境因素对人口迁移的作用机制分析 [J]. 中国农村观察, 2015 (03): 87-95.

[10] 陈彦光, 周一星. 城市化 Logistic 过程的阶段划分及其空间解释——对 Northam 曲线的修正与发展 [J]. 经济地理, 2005 (06): 817-822.

[11] 程传兴, 张良悦, 赵翠萍. 土地资产置换与农村劳动力城市化迁移 [J]. 中州学

刊，2013（9）：36-42.

[12] 邓曲恒，古斯塔夫森. 中国的永久移民 [J]. 经济研究，2007（04）：137-148.

[13] 董昕. 中国房地产业的公共投资研究 [D]. 财政部财政科学研究所，2010.

[14] 董昕. 中国政府住房保障范围的变迁与现状研究 [J]. 当代财经，2011（05）：84-91.

[15] 董昕. 动态趋势与结构性差异：中国住房市场支付能力的综合测度 [J]. 经济管理，2012（06）：119-127.

[16] 董昕. 中国农民工的住房问题研究 [M]. 北京：经济管理出版社，2013.

[17] 董昕. 住房支付能力与农业转移人口的持久性迁移意愿 [J]. 中国人口科学，2015（06）：91-99.

[18] 董昕. 房价压力、房租负担与人口持久性迁移意愿 [J]. 财经问题研究，2016（03）：3-10.

[19] 董昕. 住房、土地对中国乡—城人口迁移的影响：研究回顾与展望 [J]. 江淮论坛，2017a（06）：23-28.

[20] 董昕. 中国房地产业的发展历程与展望——兼论中国住房制度与土地制度的改革变迁 [J]. 经济研究参考，2017b（52）：50-61.

[21] 董昕. 中国农业转移人口持久性迁移的策略 [J]. 财经问题研究，2018（02）：95-101.

[22] 董昕. 农民工群体的分化与住房保障 [J]. 河北学刊，2020a（05）：163-167.

[23] 董昕. 我国房地产调控中的问题及建议——基于政策连续性和市场稳定性 [J]. 建筑经济，2020b（10）：9-12.

[24] 董昕. 中国城市土地制度的百年演进、历史作用与内在逻辑 [J]. 中国软科学，2021（S1）：1-9.

[25] 董昕. 中国建筑业和房地产业的发展趋势——基于对城镇化进程的再判断 [J]. 建筑经济，2022a，43（10）：29-35.

[26] 董昕. 我国城市更新的现存问题与政策建议 [J]. 建筑经济，2022b，43（01）：27-31.

[27] 董昕. 住房保障、财政支出与城乡人口迁移 [J]. 城市问题，2023（01）：60-68.

[28] 董昕，王茜春. 中国租赁住房市场的发展与建议 [J]. 中国房地产，2021（19）：24-29.

[29] 董昕, 王小映. 弱保障而强影响: 农村土地权益与女性农业转移人口迁移 [J]. 中国土地科学, 2020 (06): 48-56.

[30] 董昕, 张朝辉, 周卫华. 为什么收缩城市的流动人口定居意愿更强? [J]. 中国人口·资源与环境, 2021 (03): 43-51.

[31] 董昕, 张翼. 农民工住房消费的影响因素分析 [J]. 中国农村经济, 2012 (10): 37-48.

[32] 董昕, 周卫华. 住房市场与农民工住房选择的区域差异 [J]. 经济地理, 2014 (12): 140-146.

[33] 董昕, 庄立. 农村土地权益对乡—城人口持久性迁移的影响研究 [J]. 河北学刊, 2019 (04): 146-152.

[34] 董秀茹, 薄乐, 姚迪. 农村集体经营性建设用地现状及入市问题研究——基于东北三省部分地区调查 [J]. 中国农业资源与区划, 2016 (12): 22-27.

[35] 约翰·冯·杜能. 孤立国同农业和国民经济的关系 [M]. 吴衡康, 译. 北京: 商务印书馆, 1986.

[36] 段成荣, 赖妙华, 秦敏. 21世纪以来我国农村留守儿童变动趋势研究 [J]. 中国青年研究, 2017 (06): 52-60.

[37] 段成荣, 谢东虹, 吕利丹. 中国人口的迁移转变 [J]. 人口研究, 2019 (02): 12-20.

[38] 段巍, 王明, 吴福象. 中国式城镇化的福利效应评价 (2000-2017) ——基于量化空间模型的结构估计 [J]. 经济研究, 2020 (05): 166-182.

[39] 丰雷, 藏波, 张清勇, 等. 中国土地经济学30年发展研究 [J]. 中国土地科学, 2017 (12): 4-16.

[40] 丰雷, 蒋妍, 叶剑平, 等. 中国农村土地调整制度变迁中的农户态度——基于1999~2010年17省份调查的实证分析 [J]. 管理世界, 2013 (07): 44-58.

[41] 冯长春, 李天娇, 曹广忠, 等. 家庭式迁移的流动人口住房状况 [J]. 地理研究, 2017 (04): 633-646.

[42] 高波, 陈健, 邹琳华. 区域房价差异、劳动力流动与产业升级 [J]. 经济研究, 2012 (01): 66-79.

[43] 高圣平, 刘守英. 集体建设用地进入市场: 现实与法律困境 [J]. 管理世界, 2007 (03): 62-72.

[44] 辜胜阻，简新华. 论农村人口流迁的双重作用及其对策［J］. 中国人口科学，1995（04）：6-11.

[45] 国务院第七次全国人口普查领导小组办公室. 2020年第七次全国人口普查主要数据［G］. 北京：中国统计出版社，2021.

[46] 韩长赋. 中国农民工的发展与终结［M］. 北京：中国人民大学出版社，2007.

[47] 何炤华，杨菊华. 安居还是寄居？不同户籍身份流动人口居住状况研究［J］. 人口研究，2013（06）：17-34.

[48] 贺雪峰. 三项土地制度改革试点中的土地利用问题［J］. 中南大学学报（社会科学版），2018（03）：1-9.

[49] 洪小良. 城市农民工的家庭迁移行为及影响因素研究——以北京市为例［J］. 中国人口科学，2007（06）：42-50.

[50] 洪岩璧. Logistic 模型的系数比较问题及解决策略：一个综述［J］. 社会，2015（04）：220-241.

[51] 简新华，黄锟. 中国城镇化水平和速度的实证分析与前景预测［J］. 经济研究，2010（03）：28-39.

[52] 蒋耒文，庞丽华，张志明. 中国城镇流动人口的住房状况研究［J］. 人口研究，2005（04）：16-27.

[53] 焦秀琦. 世界城市化发展的 S 型曲线［J］. 城市规划，1987（02）：34-38.

[54] 靳小怡，崔烨，郭秋菊. 城镇化背景下农村随迁父母的代际关系——基于代际团结模式的分析［J］. 人口学刊，2015（01）：50-62.

[55] 郎昱，沈冰阳，施昱年，等. 城市人口迁移、住房供需均衡与房价——基于限购与限贷政策实施力度的分组实证分析［J］. 城市问题，2022（01）：75-85.

[56] 李斌. 城市住房价值结构化：人口迁移的一种筛选机制［J］. 中国人口科学，2008（04）：53-60.

[57] 李恩平. 城市化时间路径曲线的推导与应用——误解阐释与研究拓展［J］. 人口研究，2014，38（03）：28-40.

[58] 李剑林. 基于发展观演变的中国区域经济发展战略及空间格局调整［J］. 经济地理，2007（06）：896-899.

[59] 李玲. 改革开放以来中国国内人口迁移及其研究［J］. 地理研究，2001（04）：453-462.

[60] 李楠. 农村外出劳动力留城与返乡意愿影响因素分析 [J]. 中国人口科学, 2010 (06): 102-108.

[61] 李强. 中国大陆城市农民工的职业流动 [J]. 社会学研究, 1999 (03): 95-103.

[62] 李强. 农民工举家迁移决策的理论分析及检验 [J]. 中国人口·资源与环境, 2014 (06): 65-70.

[63] 李强, 龙文进. 农民工留城与返乡意愿的影响因素分析 [J]. 中国农村经济, 2009 (02): 46-54.

[64] 李晓阳, 黄毅祥, 许秀川. 农民工"候鸟式"迁移影响因素分析——基于重庆市9个主城区的农民工调查 [J]. 中国人口·资源与环境, 2015 (09): 70-80.

[65] 李扬, 刘慧, 汤青. 1985-2010年中国省际人口迁移时空格局特征 [J]. 地理研究, 2015 (06): 1135-1148.

[66] 李勇辉, 李小琴, 沈波澜. 安居才能团聚?——保障性住房对流动人口家庭化迁移的推动效应研究 [J]. 财经研究, 2019 (12): 32-45.

[67] 林李月, 朱宇, 柯文前. 居住选择对流动人口城市居留意愿的影响——基于一项对福建省流动人口的调查 [J]. 地理科学, 2019 (09): 1464-1472.

[68] 刘琳, 罗云毅, 程选, 等. 我国城镇住房保障制度研究 [J]. 宏观经济研究, 2009 (08): 5-11.

[69] 刘妮娜, 刘诚. 合理、有序推进中国人口城镇化的路径分析 [J]. 经济学家, 2014 (02): 21-27.

[70] 刘守英. 中国的二元土地权利制度与土地市场残缺——对现行政策、法律与地方创新的回顾与评论 [J]. 经济研究参考, 2008 (31): 2-12.

[71] 刘守英. 土地乃江山之基 人民乃江山之本——中国共产党推动土地制度百年变革的历史昭示 [J]. 中国领导科学, 2021 (02): 26-30.

[72] 刘姝辰. 家庭住房产权与婚姻关系、生育决策 [D]. 山东大学, 2021.

[73] 刘素华, 苏志霞. 劳动就业制度改革三十年回顾与展望 [J]. 河北师范大学学报 (哲学社会科学版), 2009 (02): 30-33.

[74] 刘同山, 孔祥智. 家庭资源、个人禀赋与农民的城镇迁移偏好 [J]. 中国人口·资源与环境, 2014 (08): 73-80.

[75] 刘同山, 孔祥智. 参与意愿、实现机制与新型城镇化进程的农地退出 [J]. 改革, 2016 (06): 79-89.

[76] 刘晓萍. 农村集体经营性建设用地入市制度研究[J]. 宏观经济研究, 2020 (10): 137-144.

[77] 刘亚辉. 农村集体经营性建设用地使用权入市的进展、突出问题与对策[J]. 农村经济, 2018 (12): 18-23.

[78] 罗明忠, 卢颖霞, 卢泽旋. 农民工进城、土地流转及其迁移生态——基于广东省的问卷调查与分析[J]. 农村经济, 2012 (02): 109-113.

[79] 吕萍, 甄辉. 城乡统筹发展中统一住房保障体系的建设[J]. 城市发展研究, 2010 (01): 123-127.

[80] 吕萍, 甄辉, 丁富军. 差异化农民工住房政策的构建设想[J]. 经济地理, 2012 (10): 108-113.

[81] 吕萍, 周滔. 农民工住房保障问题认识与对策研究——基于成本-效益分析[J]. 城市发展研究, 2008 (03): 110-114.

[82] 马九杰, 孟凡友. 农民工迁移非持久性的影响因素分析——基于深圳市的实证研究[J]. 改革, 2003 (04): 77-86.

[83] 马小红, 段成荣, 郭静. 四类流动人口的比较研究[J]. 中国人口科学, 2014 (05): 36-46.

[84] 梅建明, 王朝才. 农民工"入城"与城乡统筹发展[J]. 财政研究, 2007 (09): 29-31.

[85] 明娟, 曾湘泉. 农村劳动力外出与家乡住房投资行为——基于广东省的调查[J]. 中国人口科学, 2014 (04): 110-120.

[86] 农民工城市贫困项目课题组. 农民工生活状况、工资水平及公共服务：对北京、广州、南京、兰州的调查[J]. 改革, 2008 (07): 84-98.

[87] 钱文荣, 毛迎春. 中国农村妇女土地权利问题的实证研究[J]. 浙江大学学报（人文社会科学版）, 2005 (05): 21-26.

[88] 任媛, 安树伟. 劳动力迁移、城市化发展与民工荒[J]. 经济学动态, 2011 (05): 64-68.

[89] 沈体雁, 古恒宇, 劳昕. 走向空间的人口学研究：西方空间人口学研究的回顾、评价与展望[J]. 世界地理研究, 2021 (02): 389-398.

[90] 盛亦男. 流动人口家庭化迁居水平与迁居行为决策的影响因素研究[J]. 人口学刊, 2014 (03): 71-84.

[91] 释启鹏.制度变迁中的时间与结构：新中国户籍制度的演化［J］.经济社会体制比较，2019（01）：181-191.

[92] 孙斌栋，郑燕.我国区域发展战略的回顾、评价与启示［J］.人文地理，2014（05）：1-7.

[93] 孙三百，黄薇，洪俊杰.劳动力自由迁移为何如此重要？——基于代际收入流动的视角［J］.经济研究，2012（05）：147-159.

[94] 孙中伟.农民工大城市定居偏好与新型城镇化的推进路径研究［J］.人口研究，2015（05）：72-86.

[95] 谭静，余静文，饶璨.二元结构下中国流动人口的回迁意愿与储蓄行为——来自2012年北京、上海、广州流动人口动态监测数据的经验证据［J］.金融研究，2014（12）：23-38.

[96] 陶然，徐志刚.城市化、农地制度与迁移人口社会保障——一个转轨中发展的大国视角与政策选择［J］.经济研究，2005（12）：45-56.

[97] 陶霞飞.住房、家庭与流动——中国住房对人口家庭化流动和流动家庭的影响［J］.湖北经济学院学报，2020（02）：74-83.

[98] 田传浩，方丽.土地调整与农地租赁市场：基于数量和质量的双重视角［J］.经济研究，2013（02）：110-121.

[99] 田传浩，贾生华.农地制度、地权稳定性与农地使用权市场发育：理论与来自苏浙鲁的经验［J］.经济研究，2004（01）：112-119.

[100] 田巍，余淼杰.汇率变化、贸易服务与中国企业对外直接投资［J］.世界经济，2017（11）：23-46.

[101] 汪伟，刘玉飞，史青.人口老龄化、城市化与中国经济增长［J］.学术月刊，2022（01）：68-82.

[102] 王桂新.新中国人口迁移70年：机制、过程与发展［J］.中国人口科学，2019（05）：2-14.

[103] 王桂新，潘泽瀚，陆燕秋.中国省际人口迁移区域模式变化及其影响因素——基于2000和2010年人口普查资料的分析［J］.中国人口科学，2012（05）：2-13.

[104] 王敏.住房、阶层与幸福感——住房社会效应研究［J］.华中科技大学学报（社会科学版），2019（04）：58-69.

[105] 王兆华，马俊华，张斌，等.空气污染与城镇人口迁移：来自家庭智能电表大数

据的证据[J]. 管理世界, 2021 (03): 19-33.

[106] 魏后凯, 苏红键. 中国农业转移人口市民化进程研究[J]. 中国人口科学, 2013 (05): 21-29.

[107] 魏立华, 闫小培. 中国经济发达地区城市非正式移民聚居区——"城中村"的形成与演进——以珠江三角洲诸城市为例[J]. 管理世界, 2005 (08): 48-57.

[108] 我国农民工作十二五发展规划纲要研究课题组. 农民工住房态势及其政策框架[J]. 重庆社会科学, 2010 (10): 67-70.

[109] 吴要武. 70年来中国的劳动力市场[J]. 中国经济史研究, 2020 (04): 30-48.

[110] 吴志明, 赵伦. 人口流迁与城市化: 理解费孝通与霍华德[J]. 城市发展研究, 2010 (09): 13-19.

[111] 夏怡然. 农民工定居地选择意愿及其影响因素分析——基于温州的调查[J]. 中国农村经济, 2010 (03): 35-44.

[112] 谢冬水. 劳动力迁移、农地制度与土地使用权流转[J]. 经济与管理研究, 2012 (03): 59-64.

[113] 徐腾, 姚洋. 城际人口迁移与房价变动——基于人口普查与百度迁徙数据的实证研究[J]. 江西财经大学学报, 2018 (01): 11-19.

[114] 晏智杰. 边际革命和新古典经济学[M]. 北京: 北京大学出版社, 2004.

[115] 杨国永, 许文兴. 权属意识、针对施治与耕地抛荒的现实因应[J]. 改革, 2015 (11): 126-131.

[116] 杨华磊, 何凌云. 人口迁移、城镇化与住房市场[J]. 中国软科学, 2016 (12): 91-104.

[117] 杨菊华. 中国流动人口的社会融入研究[J]. 中国社会科学, 2015 (02): 61-79.

[118] 杨澜. 成为女业主: 住房路径视角下城镇女性购房研究[D]. 华东师范大学, 2021.

[119] 杨璐璐. 农村宅基地"一户多宅"诱因与实态: 闽省个案[J]. 改革, 2016 (01): 95-104.

[120] 杨雪锋, 董晓晨. 不同代际农民工退出宅基地意愿差异及影响因素——基于杭州的调查[J]. 经济理论与经济管理, 2015 (04): 44-56.

[121] 杨雅婷. 我国宅基地有偿使用制度探索与构建[J]. 南开学报（哲学社会科学

版），2016（04）：70-80.

[122] 杨义武，林万龙，张莉琴. 地方公共品供给与人口迁移——来自地级及以上城市的经验证据 [J]. 中国人口科学，2017（02）：93-103.

[123] 杨云彦. 中国人口迁移的规模测算与强度分析 [J]. 中国社会科学，2003（06）：97-107.

[124] 杨云彦，陈金永，刘塔. 中国人口迁移：多区域模型及实证分析 [J]. 中国人口科学，1999（04）：20-26.

[125] 姚从容. 论人口城乡迁移与农村土地产权制度变迁 [J]. 人口与经济，2003（02）：69-74.

[126] 姚华松，许学强，薛德升. 中国流动人口研究进展 [J]. 城市问题，2008（06）：69-76.

[127] 姚洋，张牧扬. 官员绩效与晋升锦标赛——来自城市数据的证据 [J]. 经济研究，2013（01）：137-150.

[128] 叶剑平，蒋妍，丰雷. 中国农村土地流转市场的调查研究——基于2005年17省调查的分析和建议 [J]. 中国农村观察，2006（04）：48-55.

[129] 叶剑平，蒋妍，罗伊·普罗斯特曼，等. 2005年中国农村土地使用权调查研究——17省调查结果及政策建议 [J]. 管理世界，2006（07）：77-84.

[130] 殷晓清. 农民工就业模式对就业迁移的影响 [J]. 人口研究，2001（03）：20-25.

[131] 尹志超，谢海芳，魏昭. 涉农贷款、货币政策和违约风险 [J]. 中国农村经济，2014（03）：14-26.

[132] 俞明轩，谷雨佳，李睿哲. 党的以人民为中心的土地政策：百年沿革与发展 [J]. 管理世界，2021（04）：24-35.

[133] 曾毅，张震，顾大男，等. 人口分析方法与应用 [M]. 第二版. 北京：北京大学出版社，2011.

[134] 张国胜，王征. 农民工市民化的城市住房政策研究：基于国别经验的比较 [J]. 中国软科学，2007（12）：39-46.

[135] 张庆五. 关于人口迁移与流动人口概念问题 [J]. 人口研究，1988（03）：17-18.

[136] 张晓山. 共性与差异：中国农民工的群体分化与政策选择（专题讨论）[J]. 河

北学刊，2020（05）：152-167.

[137] 张翼.农民工"进城落户"意愿与中国近期城镇化道路的选择［J］.中国人口科学，2011（02）：14-26.

[138] 张翼，周小刚.农民工社会保障和就业培训状况调查研究［J］.调研世界，2013（02）：39-43.

[139] 张宗益，王卫，张成翼.非农劳动力迁移特征与影响因素分析——基于重庆的实证研究［J］.人口研究，2007（04）：63-69.

[140] 章铮.进城定居还是回乡发展？——民工迁移决策的生命周期分析［J］.中国农村经济，2006（07）：21-29.

[141] 赵耀辉，刘启明.中国城乡迁移的历史研究：1949-1985［J］.中国人口科学，1997（02）：26-35.

[142] 钟水映，李春香.乡城人口流动的理论解释：农村人口退出视角——托达罗模型的再修正［J］.人口研究，2015（06）：13-21.

[143] 周毅，李京文.城市化发展阶段、规律和模式及趋势［J］.经济与管理研究，2009（12）：89-94.

[144] 朱冬亮.农民与土地渐行渐远——土地流转与"三权分置"制度实践［J］.中国社会科学，2020（07）：123-144.

[145] 朱孔来，李静静，乐菲菲.中国城镇化进程与经济增长关系的实证研究［J］.统计研究，2011（09）：80-87.

[146] 朱宇，林李月，柯文前.国内人口迁移流动的演变趋势：国际经验及其对中国的启示［J］.人口研究，2016（05）：50-60.

[147] 朱泽."民工潮"问题的现状、成因和对策［J］.中国农村经济，1993（12）：33-36

[148] Alonso W. A Theory of the urban land market［J］. Papers in Regional Science，1960，6（1）：149-157.

[149] Alonso W. Location and land use：Toward a general theory of land rent［M］. Harvard University Press，1964.

[150] Antrop M. Landscape change and the urbanization process in Europe［J］. Landscape and Urban Planning，2004，67（1-4）：9-26.

[151] Berger M C，Blomquist G C. Mobility and destination in migration decisions：The roles

of earnings, quality of life, and housing prices [J]. Journal of Housing Economics, 1992, 2 (1): 37-59.

[152] Bertinelli L, Black D. Urbanization and growth [J]. Journal of Urban Economics, 2004, 56 (1): 80-96.

[153] Borjas G J. Economic Theory and international migration [J]. International Migration Review, 1989, 23 (3): 457-485.

[154] Brueckner J K, Lall S V. Chapter 21-Cities in developing countries: Fueled by rural-urban migration, lacking in tenure security, and short of affordable housing [M] // Duranton G, Henderson J V, Strange W C. Handbook of Regional and Urban Economics. Elsevier, 2015: 1399-1455.

[155] Cai Y, Ng Y. Part-Peasants: Incomplete rural-urban labour migration in China [J]. Pacific Economic Review, 2014, 19 (4): 401-422.

[156] Cameron G, Muellbauer J. The housing market and regional commuting and migration choices [J]. Scottish Journal of Political Economy, 1998, 45 (4): 420-446.

[157] Castles S. Understanding Global Migration: A social transformation perspective [J]. Journal of Ethnic and Migration Studies, 2010, 36 (10): 1565-1586.

[158] Chan K W, Buckingham W. Is China abolishing the Hukou system? [J]. The China Quarterly, 2008 (195): 582-606.

[159] Chan K W, Zhang L. The Hukou system and rural-urban migration in China: Processes and changes [J]. The China Quarterly, 1999 (160): 818-855.

[160] Chen M, Yu F. A home of one's own? Gendered homeownership in urban China [J]. China Review, 2020, 20 (2): 143-182.

[161] Chen R, Ye C, Cai Y, et al. The impact of rural out-migration on land use transition in China: Past, present and trend [J]. Land Use Policy, 2014, 40: 101-110.

[162] Chernina E, Castañeda Dower P, Markevich A. Property rights, land liquidity, and internal migration [J]. Journal of Development Economics, 2014, 110: 191-215.

[163] Christaller W. Central places in southern Germany [M]. Prentice-Hall, 1966.

[164] D Albis H, Boubtane E, Coulibaly D. International migration and regional housing markets: Evidence from France [J]. International Regional Science Review, 2018, 42 (2): 147-180.

[165] DaVanzo J. Repeat migration in the United States: Who moves back and who moves on? [J]. The Review of Economics and Statistics, 1983, 65 (4): 552-559.

[166] Davis J C, Henderson J V. Evidence on the political economy of the urbanization process [J]. Journal of Urban Economics, 2003, 53 (1): 98-125.

[167] de Janvry A, Emerick K, Gonzalez-Navarro M, et al. Delinking land rights from land use: certification and migration in Mexico [J]. American Economic Review, 2015, 105 (10): 3125-3149.

[168] Djajić S, Vinogradova A. Overshooting the savings target: Temporary migration, investment in housing and development [J]. World Development, 2015, 65: 110-121.

[169] Dorigo G, Tobler W. Push-pull migration laws [J]. Annals of the Association of American Geographers, 1983, 73 (1): 1-17.

[170] Erman T. Squatter (gecekondu) housing versus apartment housing: Turkish rural-to-urban migrant residents' perspectives [J]. Habitat International, 1997, 21 (1): 91-106.

[171] Erol I, Unal U. Internal migration and house prices in Australia [J]. Regional Studies, 2022: 1-16.

[172] Fawcett J T. Networks, linkages, and migration systems [J]. International Migration Review, 1989, 23 (3): 671-680.

[173] Fetter F A. The economic law of market areas [J]. The Quarterly Journal of Economics, 1924, 38 (3): 520-529.

[174] Gao J, Song G, Sun X. Does labor migration affect rural land transfer? Evidence from China [J]. Land Use Policy, 2020, 99: 105096.

[175] Garriga C, Hedlund A, Tang Y, et al. Rural-urban migration, structural transformation, and housing markets in China [Z]. National Bureau of Economic Research, 2017.

[176] Haas A, Osland L. Commuting, migration, housing and labour markets: Complex interactions [J]. Urban Studies, 2014, 51 (3): 463-476.

[177] Hao P, Sliuzas R, Geertman S. The development and redevelopment of urban villages in Shenzhen [J]. Habitat International, 2011, 35 (2): 214-224.

[178] Harris J R, Todaro M P. Migration, unemployment and development: A two-sector analysis [J]. The American Economic Review, 1970, 60 (1): 126-142.

[179] Hawley A H. Ecology and human ecology [J]. Social Forces, 1944, 22 (4): 398-405.

[180] Hughes G, McCormick B. Do council housing policies reduce migration between regions [J]. The Economic Journal, 1981, 91 (364): 919-937.

[181] Jeanty P W, Partridge M, Irwin E. Estimation of a spatial simultaneous equation model of population migration and housing price dynamics [J]. Regional Science and Urban Economics, 2010, 40 (5): 343-352.

[182] Jeong J. From illegal migrant settlements to central business and residential districts: Restructuring of urban space in Beijing's migrant enclaves [J]. Habitat International, 2011, 35 (3): 508-513.

[183] King G, Zeng L. Logistic Regression in Rare Events Data [J]. Political Analysis, 2001, 9 (2): 137-163.

[184] King R, Skeldon R. 'Mind the gap!' Integrating approaches to internal and international migration [J]. Journal of Ethnic and Migration Studies, 2010, 36 (10): 1619-1646.

[185] Lee E S. A theory of migration [J]. Demography, 1966, 3 (1): 47-57.

[186] Lewis W A. Economic development with unlimited supplies of labour [J]. The Manchester School, 1954, 22 (2): 139-191.

[187] Liu S, Xie F, Zhang H, et al. Influences on rural migrant workers' selection of employment location in the mountainous and upland areas of Sichuan, China [J]. Journal of Rural Studies, 2014, 33: 71-81.

[188] Liu Y, Wu F. Urban poverty neighbourhoods: Typology and spatial concentration under China's market transition, a case study of Nanjing [J]. Geoforum, 2006, 37 (4): 610-626.

[189] Lösch A. The economics of location [M]. New Haven: Yale University Press, 1954.

[190] Ma X, Heerink N, van Ierland E, et al. Land tenure insecurity and rural-urban migration in rural China [J]. Papers in Regional Science, 2016, 95 (2): 383-406.

[191] Malpezzi S. Hedonic pricing models: A selective and applied review [M] //O'Sullivan

T, Gibb K. Housing Economics and Public Policy. 2002: 67-89.

[192] Marshall A. Principles of economics: Unabridged eighth edition [M]. Cosimo, Inc., 2009.

[193] Massey D S, Arango J, Hugo G, et al. Theories of international migration: A review and appraisal [J]. Population and Development Review, 1993, 19 (3): 431-466.

[194] Mayda A M. International migration: A panel data analysis of the determinants of bilateral flows [J]. Journal of Population Economics, 2010, 23 (4): 1249-1274.

[195] McGranahan D A. Landscape influence on recent rural migration in the U.S. [J]. Landscape and Urban Planning, 2008, 85 (3): 228-240.

[196] Mckenzie D, Rapoport H. Network effects and the dynamics of migration and inequality: Theory and evidence from Mexico [J]. Journal of Development Economics, 2007, 84 (1): 1-24.

[197] Meng L, Xiao X, Zhou Y. Housing boom and household migration decision: New evidence from China [J]. The Journal of Real Estate Finance and Economics, 2021.

[198] Mills E S. An aggregative model of resource allocation in a metropolitan area [J]. The American Economic Review, 1967, 57 (2): 197-210.

[199] Modestino A S, Dennett J. Are American homeowners locked into their houses? The impact of housing market conditions on state-to-state migration [J]. Regional Science and Urban Economics, 2013, 43 (2): 322-337.

[200] Monte F, Redding S J, Rossi-Hansberg E. Commuting, migration, and local employment elasticities [J]. American Economic Review, 2018, 108 (12): 3855-3890.

[201] Muriuki G W, Jacobson C, McAlpine C, et al. Migrating, staying, or moving on: Migration dynamics in the Chyulu Hills, Kenya [J]. Population, Space and Place, 2011, 17 (5): 391-406.

[202] Muth R F. The spatial structure of the housing market [J]. Papers of the Regional Science Association, 1961, 7 (1): 207-220.

[203] Nygaard C. International migration, housing demand and access to homeownership in the UK [J]. Urban Studies, 2011, 48 (11): 2211-2229.

[204] O'Sullivan A. Urban economics (8th Edition) [M]. Chicago: McGraw-Hill/

Irwin, 2012.

[205] O'Sullivan A, Gibb K. Housing economics and public policy [M]. John Wiley & Sons, 2008.

[206] Piotrowski M, Ghimire D, Rindfuss R. Farming systems and rural out-migration in Nang Rong, Thailand, and Chitwan Valley, Nepal [J]. Rural Sociology, 2013, 78 (1): 75-108.

[207] Potepan M J. Intermetropolitan migration and housing prices: simultaneously determined? [J]. Journal of Housing Economics, 1994, 3 (2): 77-91.

[208] Ranis G, Fei J C H. A theory of economic development [J]. The American Economic Review, 1961, 51 (4): 533-565.

[209] Ravenstein E G. The laws of migration [J]. Journal of the Statistical Society of London, 1885, 48 (2): 167-235.

[210] Ravenstein E G. The laws of migration [J]. Journal of the Royal Statistical Society, 1889, 52 (2): 241-305.

[211] Riley S F, Nguyen G, Manturuk K. House price dynamics, unemployment, and the mobility decisions of low-income homeowners [J]. Journal of Housing and the Built Environment, 2015, 30 (1): 141-156.

[212] Roback J. Wages, rents, and the quality of life [J]. Journal of Political Economy, 1982, 90 (6): 1257-1278.

[213] Rogers A, Raquillet R, Castro L J. Model migration schedules and their applications [J]. Environment and Planning A, 1978, 10 (5): 475-502.

[214] Rosen S. Hedonic prices and implicit markets: product differentiation in pure competition [J]. The Journal of Political Economy, 1974, 82 (1): 34-55.

[215] Saiz A. Immigration and housing rents in American cities [J]. Journal of Urban Economics, 2007, 61 (2): 345-371.

[216] Song Y, Zenou Y. Urban villages and housing values in China [J]. Regional Science and Urban Economics, 2012, 42 (3): 495-505.

[217] Stark O. The migration of labor [M]. Wiley Blackwell, 1991.

[218] Stark O, Bloom D E. The new economics of labor migration [J]. The American Economic Review, 1985, 75 (2): 173-178.

[219] Stawarz N, Sander N, Sulak H. Internal migration and housing costs—a panel analysis for Germany [J]. Population, Space and Place, 2021, 27 (4): e2412.

[220] Taylor E J. The new economics of labour migration and the role of remittances in the migration process [J]. International Migration, 1999, 37 (1): 63-88.

[221] Tisdale H. The process of urbanization [J]. Social Forces, 1942, 20 (3): 311-316.

[222] Todaro M P. A model of labor migration and urban unemployment in less developed countries [J]. The American Economic Review, 1969, 59 (1): 138-148.

[223] Valletta R G. House lock and structural unemployment [J]. Labour Economics, 2013, 25: 86-97.

[224] VanWey L K. Land ownership as a determinant of international and internal migration in Mexico and internal migration in Thailand1 [J]. International Migration Review, 2005, 39 (1): 141-172.

[225] Viljoen C, Lowies B, Lushington K, et al. Female perspectives on housing quality and household characteristics, perceptions and challenges: Evidence from Australia [J]. Habitat International, 2020, 105: 102276.

[226] Wang X, Hui E C, Sun J. Population migration, urbanization and housing prices: Evidence from the cities in China [J]. Habitat International, 2017, 66: 49-56.

[227] Weber A. Theory of the location of industries [M]. University of Chicago Press, 1962.

[228] Willekens F, Massey D, Raymer J, et al. International migration under the microscope [J]. Science, 2016, 352 (6288): 897.

[229] Wu W. Migrant settlement and spatial distribution in metropolitan Shanghai [J]. The Professional Geographer, 2008, 60 (1): 101-120.

[230] Yan X, Bauer S, Huo X. Farm size, land reallocation, and labour migration in rural China [J]. Population, Space and Place, 2014, 20 (4): 303-315.

[231] Yu A T W, Wu Y, Zheng B, et al. Identifying risk factors of urban-rural conflict in urbanization: A case of China [J]. Habitat International, 2014, 44: 177-185.

[232] Zabel J E. Migration, housing market, and labor market responses to employment shocks [J]. Journal of Urban Economics, 2012, 72 (2-3): 267-284.

[233] Zelinsky W. The hypothesis of the mobility transition [J]. Geographical Review, 1971, 61 (2): 219-249.

[234] Zhang K H, Song S. Rural-urban migration and urbanization in China: Evidence from time-series and cross-section analyses [J]. China Economic Review, 2003, 14 (4): 386-400.

[235] Zhao Y. Labor Migration and earnings differences: The case of rural China [J]. Economic Development and Cultural Change, 1999a, 47 (4): 767-782.

[236] Zhao Y. Leaving the countryside: Rural-to-urban migration decisions in China [J]. The American Economic Review, 1999b, 89 (2): 281-286.

[237] Zhou J, Chi-Man Hui E. Housing prices, migration, and self-selection of migrants in China [J]. Habitat International, 2022, 119: 102479.

[238] Zipf G K. The P1 P2/D hypothesis: On the intercity movement of persons [J]. American Sociological Review, 1946, 11 (6): 677-686.

图书在版编目(CIP)数据

居所变迁：住房、土地与人口迁移的关系研究／董昕著．--北京：社会科学文献出版社，2023.4
ISBN 978-7-5228-1558-9

Ⅰ.①居… Ⅱ.①董… Ⅲ.①住房制度-关系-人口迁移-研究-中国 ②土地制度-关系-人口迁移-研究-中国 Ⅳ.①C922.2

中国国家版本馆 CIP 数据核字（2023）第 046027 号

居所变迁：住房、土地与人口迁移的关系研究

著　　者／董　昕
出 版 人／王利民
组稿编辑／陈　颖
责任编辑／桂　芳
责任印制／王京美

出　　版／社会科学文献出版社·皮书出版分社（010）59367127
　　　　　地址：北京市北三环中路甲 29 号院华龙大厦　邮编：100029
　　　　　网址：www.ssap.com.cn
发　　行／社会科学文献出版社（010）59367028
印　　装／三河市尚艺印装有限公司

规　　格／开　本：787mm×1092mm　1/16
　　　　　印　张：14.75　字　数：222 千字
版　　次／2023 年 4 月第 1 版　2023 年 4 月第 1 次印刷
书　　号／ISBN 978-7-5228-1558-9
定　　价／88.00 元

读者服务电话：4008918866

版权所有 翻印必究